双边市场环境下
产品选择及其促销定价策略研究

SHUANGBIAN SHICHANG HUANJING XIA
CHANPIN XUANZE JI QI CUXIAO DINGJIA CELÜE YANJIU

陈建建 著

图书在版编目(CIP)数据

双边市场环境下产品选择及其促销定价策略研究/陈建建著. —武汉:中国地质大学出版社,2023.12

ISBN 978-7-5625-5720-3

Ⅰ.①双… Ⅱ.①陈… Ⅲ.①电子商务-产品-定价-研究 Ⅳ.①F713.36 ②F714.1

中国国家版本馆 CIP 数据核字(2023)第 235490 号

双边市场环境下产品选择及其促销定价策略研究			陈建建 著
责任编辑:沈婷婷	选题策划:沈婷婷		责任校对:徐蕾蕾
出版发行:中国地质大学出版社(武汉市洪山区鲁磨路388号)			邮编:430074
电 话:(027)67883511	传 真:(027)67883580		E-mail:cbb@cug.edu.cn
经 销:全国新华书店			http://cugp.cug.edu.cn
开本:787毫米×1092毫米 1/16		字数:214千字	印张:8.5
版次:2023年12月第1版		印次:2023年12月第1次印刷	
印刷:武汉邮科印务有限公司			
ISBN 978-7-5625-5720-3			定价:48.00元

如有印装质量问题请与印刷厂联系调换

前　言

随着电子商务的飞速发展和线上购物需求的不断增加,越来越多的第三方卖家加入电商平台,使得平台上的产品竞争愈发激烈。本书综合运用双边市场理论、博弈论、市场营销学等基础理论与方法,充分考虑双边市场的经济特性、企业和消费者的行为特征,针对电商平台自营产品和第三方卖家的产品选择及促销策略展开了深入研究,主要研究内容和创新性工作如下。

首先,本书分析了双边网络外部性、平台的收费机制以及自营产品的竞争优势如何影响平台自营及第三方卖家的产品选择策略。研究结果表明,在会员费制情形下,当平台自营产品的竞争优势较弱时,或者当平台自营产品竞争优势适中且卖家到消费者的交叉网络外部性较弱时,平台和第三方卖家会销售同类竞争性产品。无论平台采取何种收费机制,随着其自营产品的竞争优势强度的增加,平台和第三方卖家将倾向于销售不同类非竞争性产品。

其次,在平台和第三方卖家销售竞争性产品情境下,探讨了市场扩张效应、佣金率、价格敏感型消费者比例以及促销参与成本对电商平台自营产品和第三方卖家的产品独立促销策略的影响。研究发现,促销产品在促销前后会出现"先涨价后降价"的情况。此外,在市场扩张效应、促销参与成本、价格敏感型消费者占比等满足一定条件时,平台或者第三方卖家促销其产品均能实现平台和第三方卖家共赢。

再次,在考虑平台自营产品与第三方卖家的产品非竞争情境下,研究了平台联合促销的发布决策、第三方卖家的参与决策以及联合促销定价策略。结果表明,当市场扩张效应较强,或者当市场扩张效应适中且促销成本分摊比例较小时,平台会向第三方卖家推出联合促销方案。此外,只有当佣金率较高且促销成本分摊比例适中时,联合促销可以使平台和第三方卖家实现双赢。

最后,进一步探究竞争情境下平台自营产品与第三方卖家的产品的联合促销策略。研究发现,当促销力度对平台自营产品和第三方卖家的产品需求的影响程度较大,或者当促销力度对平台自营产品需求的影响程度适中且对第三方卖家的产品需求的影响程度较小时,实行联合促销策略会使平台和第三方卖家均受益。

研究成果进一步丰富了平台化运营以及市场营销领域的相关理论体系,为平台化商务模式下的产品选择和促销策略提供了理论依据,也为电商平台的监管提供了参考性建议。

本书的出版得到了江西财经大学省双一流建设经费和江西省教育厅科学技术研究项目(GJJ2200548)的资助,感谢江西财经大学信息管理学院的领导对本书出版的大力支持!

目　录

1 绪　论 …………………………………………………………………………………… (1)
　1.1 选题背景与问题提出 …………………………………………………………… (1)
　　1.1.1 选题背景 …………………………………………………………………… (1)
　　1.1.2 问题提出 …………………………………………………………………… (2)
　1.2 研究意义 ………………………………………………………………………… (4)
　　1.2.1 理论意义 …………………………………………………………………… (4)
　　1.2.2 实践价值 …………………………………………………………………… (4)
　1.3 研究内容与技术路线 …………………………………………………………… (5)
　　1.3.1 电商平台自营产品与第三方卖家的产品选择策略 ……………………… (5)
　　1.3.2 电商平台自营产品与第三方卖家的产品独立促销策略 ………………… (5)
　　1.3.3 非竞争情境下的电商平台自营产品与第三方卖家的产品联合促销策略 … (6)
　　1.3.4 竞争情境下的电商平台自营产品与第三方卖家的产品联合促销策略 …… (6)
　1.4 结构安排 ………………………………………………………………………… (8)

2 文献综述 ………………………………………………………………………………… (9)
　2.1 电商平台运营策略综述 ………………………………………………………… (9)
　　2.1.1 平台盈利模式及定价策略 ………………………………………………… (10)
　　2.1.2 平台产品及其销售渠道选择 ……………………………………………… (11)
　　2.1.3 平台产品竞争与合作策略 ………………………………………………… (13)
　2.2 电商平台产品促销策略综述 …………………………………………………… (14)
　　2.2.1 独立促销策略 ……………………………………………………………… (15)
　　2.2.2 联合促销策略 ……………………………………………………………… (17)
　2.3 现有研究的主要不足 …………………………………………………………… (18)

3 电商平台自营产品与第三方卖家的产品选择策略 ………………………………… (20)
　3.1 研究问题描述 …………………………………………………………………… (20)
　3.2 模型建立 ………………………………………………………………………… (21)
　　3.2.1 非竞争情境 ………………………………………………………………… (22)
　　3.2.2 竞争情境 …………………………………………………………………… (23)
　3.3 均衡结果分析 …………………………………………………………………… (25)
　　3.3.1 市场均衡 …………………………………………………………………… (25)
　　3.3.2 非竞争情境下的均衡结果分析 …………………………………………… (27)
　　3.3.3 竞争情境下的均衡结果分析 ……………………………………………… (32)

  3.3.4 策略对比分析 ……………………………………………………… (35)
 3.4 扩展分析 …………………………………………………………………… (37)
  3.4.1 佣金费制情境下的产品选择策略 ………………………………… (37)
  3.4.2 会员费制与佣金费制的均衡结果对比分析 ……………………… (41)
 3.5 讨论与管理洞察 …………………………………………………………… (42)
 3.6 本章小结 …………………………………………………………………… (43)

4 电商平台自营产品与第三方卖家的产品独立促销策略 ……………………… (45)
 4.1 研究问题描述 ……………………………………………………………… (45)
 4.2 模　型 ……………………………………………………………………… (47)
 4.3 第三方卖家的产品未促销情形下平台自营产品促销策略 …………… (50)
  4.3.1 市场均衡 …………………………………………………………… (51)
  4.3.2 策略对比分析 ……………………………………………………… (53)
 4.4 第三方卖家的产品促销情形下平台自营产品促销策略 ……………… (58)
  4.4.1 市场均衡 …………………………………………………………… (59)
  4.4.2 策略对比分析 ……………………………………………………… (61)
 4.5 扩展分析 …………………………………………………………………… (64)
 4.6 讨论与管理洞察 …………………………………………………………… (65)
 4.7 本章小结 …………………………………………………………………… (67)

5 非竞争情境下的电商平台自营产品与第三方卖家的产品联合促销策略 …… (68)
 5.1 研究问题描述 ……………………………………………………………… (68)
 5.2 模　型 ……………………………………………………………………… (69)
 5.3 市场均衡 …………………………………………………………………… (71)
 5.4 策略对比分析 ……………………………………………………………… (73)
  5.4.1 均衡价格及需求对比分析 ………………………………………… (73)
  5.4.2 联合促销策略分析 ………………………………………………… (77)
  5.4.3 最优促销成本分摊比例 …………………………………………… (80)
 5.5 考虑促销参与成本的联合促销策略分析 ……………………………… (82)
 5.6 讨论与管理洞察 …………………………………………………………… (84)
 5.7 本章小结 …………………………………………………………………… (86)

6 竞争情境下的电商平台自营产品与第三方卖家的产品联合促销策略 ……… (88)
 6.1 研究问题描述 ……………………………………………………………… (88)
 6.2 模　型 ……………………………………………………………………… (89)
  6.2.1 第三方卖家未参与联合促销的市场均衡 ………………………… (92)
  6.2.2 第三方卖家参与联合促销的市场均衡 …………………………… (95)
 6.3 策略对比分析 ……………………………………………………………… (98)
  6.3.1 均衡价格及需求对比分析 ………………………………………… (98)
  6.3.2 均衡利润对比分析 ………………………………………………… (101)

  6.3.3 联合促销策略分析 …………………………………………… (104)
 6.4 讨论与管理洞察 ………………………………………………………… (107)
 6.5 本章小结 ………………………………………………………………… (108)
7 总结与展望 …………………………………………………………………… (110)
 7.1 全书总结 ………………………………………………………………… (110)
 7.2 管理启示和政策建议 …………………………………………………… (112)
 7.3 未来研究展望 …………………………………………………………… (114)
主要参考文献 ……………………………………………………………………… (116)

1 绪 论

1.1 选题背景与问题提出

1.1.1 选题背景

近年来,随着数字技术的普及,以互联网为代表的平台经济快速发展并渗透到各个领域。例如:购物领域包括亚马逊、京东等电商零售平台,网约车市场包括神舟专车、滴滴出行等平台,社交平台包括微信、Facebook等网络社交软件,娱乐休闲领域包括优酷、YouTube等视频平台以及抖音、快手等直播平台。时至今日,平台经济已成为推动世界经济发展的重要引擎,并且在互联网时代形成了全新的规模、内涵和影响力。

为了支持和推动平台经济的规范发展,我国政府相关部门出台了一系列促进平台经济健康发展的政策。2016年国务院办公厅发布的《国务院办公厅关于推动实体零售创新转型的意见》中明确提出,大力发展平台经济,以流通创新基地为基础,培育一批为中小企业和创业者提供专业化服务的平台载体,提高协同创新能力。此后,2018年政府工作报告中提到鼓励大企业、高校和科研院所开放创新资源,发展平台经济、共享经济,形成线上线下结合、产学研用协同、大中小企业融合的创新创业格局,打造"双创"升级版。2019年国务院办公厅印发的《国务院办公厅关于促进平台经济规范健康发展的指导意见》表明,互联网平台经济是生产力新的组织方式,是经济发展新动能,对优化资源配置、促进跨界融通发展和大众创业万众创新、推动产业升级、拓展消费市场尤其是增加就业都有重要作用。2021年3月,习近平总书记在中央财经委员会第九次会议上发表的重要讲话强调,我国平台经济发展正处在关键时期,要着眼长远、兼顾当前、补齐短板、强化弱项、营造创新环境、解决突出矛盾问题,推动平台经济规范健康持续发展。此外,商务部等在同一年印发《关于扩大跨境电商零售进口试点、严格落实监管要求的通知》,明确将跨境电商零售进口试点范围扩大至所有自贸试验区、跨境电商综试区、综合保税区、进口贸易促进创新示范区、保税物流中心(B型)所在城市(及区域),促进电商平台行业规范健康持续发展。相关系列政策凸显了平台经济的重大影响力。以互联网平台经济为核心带动其他相关产业的协同创新和发展,已成为国家经济发展的重大战略。

全球互联网平台经济取得长足发展并继续保持快速增长态势。哈佛大学的一项研究显示,全球十五大互联网公司均采用平台模式运行,全球前100家企业中,大约有60家企业的主要收入来自平台模式。阿里研究院与德勤管理咨询有限公司联合发布了《平台经济协同治理三大议题》,报告提出平台经济协同治理存在三大挑战:权益保护、合理税收和公平竞争。德勤管理咨询有限公司预计中国平台经济规模将会在2030年突破100万亿。作为平台经济的重要组成部分,电商平台发展非常迅速。中国信息通信研究院发布的《平台经济与竞争政策观察(2021年)》数据表明,截至2020年底,全球市场价值超过100亿美元的平台企业高达76家,其中,全球电商平台数量最多,100亿美元以上的电商平台多达18家。特别是新冠病毒感染疫情在全球范围内暴发,人们的购物、娱乐、餐饮等活动加速向线上转移,进一步加速了电商平台的发展,并使之成为全球经济衰退背景下的一道独特风景。同时,电商平台用户和数据资源加速向少数头部平台集中,各细分领域集中化和寡占化现象极为普遍。例如,作为国际最大的电商平台之一,亚马逊业务包括各种类型产品、服务和交付渠道。数据显示,2020年亚马逊净销售额为3 860.6亿美元,较2019年的2 805.2亿美元增长了37.6%,在2020年第四季度,55%的产品销售来自第三方卖家。而《线上商家高质量发展生态研究——2021京东商家成长报告》显示,2021年京东第一季度净收入达到2032亿元,相较于2020年第一季度增加了39%。2021年上半年,京东新增商家数量环比增长102%,年轻商家用户数量增幅明显,细分品类也迎来成长的黄金期。综上所述,不论从商家数量还是增速来看,互联网平台经济都具有较高的增长潜力。

1.1.2 问题提出

平台经济是由平台推动的经济和社会活动,通过促成供求双方或多方之间的交易,收取恰当的费用或赚取差价而获得收益。与传统销售模式相比,平台经济呈现以下几方面特点:首先,平台具有双边或多边市场属性,平台企业更注重搭建交易场所,提供相关产品与服务,促成双边或者多边用户交易。其次,平台企业具有直接网络外部性和交叉网络外部性,即同边用户对产品或服务的效用不仅取决于该边用户的规模,还取决于另一边用户的规模。双边市场两边相互依赖,且不受地域、时间、空间、自然资源等条件限制产生规模效应。再次,平台企业的盈利模式与传统企业有所不同。大多数平台主要通过聚集产品和服务供应商,赚取广告和佣金利润,例如通过向接入平台的用户收取会员费或佣金费盈利。由于两边或者多边用户差异性较大,平台一般采用非对称性定价或倾斜性定价策略。最后,平台企业还具有双边或者多边用户的互动性、用户多归属、竞争的多维性等特点。显然,与传统线下单边市场相比,电商平台企业在市场结构、盈利模式、产品布局、竞争形式等方面均有所不同。当下关于平台经济的相关研究进行得如火如荼,涉及管理科学、信息科学、产业经济学、市场营销学等多学科的前沿理论与方法,其交叉领域的复杂性给相关研究带来了更多的挑战。同时,平台经济仍处于不断发展的过程,并不断地产生新的经济现象,现有的相关文献仍存在着较大的空白。特别是随着平台规模的扩大和商家交互的日渐复杂,平台产品运营问题更加突显,主要体现在以下几个方面。

首先,对于初创平台,由于双边网络外部性,消费者加入平台所获得的效用取决于参与平台的卖家所提供的产品规模,而进入平台的卖家销售产品产生的收益取决于平台的消费者基础,由此产生了"先有鸡还是先有蛋"的问题。针对此类问题,电商平台往往会通过提供自营产品来吸引消费者加入平台并购买产品,同时,平台积累的消费者又会吸引第三方卖家加入平台并提供产品。随着产品与消费者的不断增加,平台将会形成一个消费者和产品逐渐增加的良性生态系统。具体而言,电商平台为满足用户对产品的多样化需求,不仅向用户直接销售自营产品,还允许第三方卖家加入平台,向消费者提供第三方卖家的产品(简称第三方产品)。在此期间,平台和第三方卖家可以通过选择不同类型的非竞争性产品或者相同类型的竞争性产品实现其利润最大化。

其次,平台与第三方卖家销售同类型的竞争性产品会引发产品竞争并蚕食自营产品的市场份额。在日益激烈的竞争环境下,促销工具已被诸如京东、亚马逊等电子商务平台广泛采用。在竞争情形下,第三方卖家面对平台发起的促销活动往往做出不同的应对策略,一些商家会参与到促销活动中,而另一些商家仍保持原有销售策略。同时,电商平台中参与促销活动的产品会经常出现"先涨价后降价"的现象。此外,根据双边市场特征,双边平台的主导优势导致平台自营卖家和第三方卖家的促销策略具有不对称性。在双边市场环境下,平台对第三方卖家的收费机制(第三方卖家的平台接入费)、消费者结构、市场扩张效应等因素会影响平台商家的促销定价策略。

最后,随着平台企业发展日渐成熟,电商平台商家之间的竞争与合作日益频繁,以"跨店满减"为代表的联合促销活动是平台与第三方卖家进行合作促销的典型案例。例如,京东在大型促销活动期间通过消费者抢购"跨店满减"优惠券、商家整点发放满减折扣、商家预售满减等形式推出联合促销活动,从而达到刺激消费的目的。此时,一些第三方卖家会参与联合促销活动提高其产品的曝光度获取销量和利润。这种建立在双边平台环境下的新型联合促销现象值得进一步探讨。根据双边市场的特征,平台与第三方卖家在竞争与非竞争情境下的联合促销均与单边市场有所不同。例如,联合促销活动的开放策略以及促销力度决策均由平台主导。

基于上述研究背景、产业现状以及电商平台的经济现象,本书重点围绕电商平台的产品选择及其促销策略展开深入研究,旨在协调电商平台自营和第三方卖家的产品布局以及商家之间的竞争与合作,解释电商平台商家产品选择及其促销过程中涌现出来的新现象,进而为平台企业、第三方卖家以及相关政府部门提供关于平台产品布局及营销方面的决策支持。因此,本书拟解决以下科学问题。

第一,在双边市场环境下,双边网络外部性、平台的收费机制以及自营产品竞争优势如何影响电商平台自营与第三方卖家的产品选择策略(选择竞争性产品还是非竞争性产品)?

第二,市场扩张效应、佣金率、价格敏感型消费者比例、促销参与成本如何影响电商平台自营产品和第三方卖家的产品的独立促销策略?

第三,在平台自营产品与第三方卖家的产品处于非竞争情形下,促销成本分摊比例等关键因素如何影响平台自营产品和第三方卖家的产品的联合促销策略?

第四,在平台自营产品与第三方卖家的产品存在竞争的情形下,电商平台与第三方卖家如何开展联合促销策略?

1.2 研究意义

本书在系统梳理电商平台的盈利模式、产品选择、产品竞合策略以及产品促销策略相关理论和文献的基础上,研究了电商平台自营产品与第三方卖家的产品选择及其促销策略,具有重要的理论意义和实践价值。

1.2.1 理论意义

首先,研究成果将进一步完善双边市场下平台盈利模式及定价策略的相关理论与方法。一方面,本书厘清了双边市场的双边网络外部性和规模效应、自营式电商平台上产品竞争的不对称性、平台企业的主导性等特征对自营产品与第三方卖家的产品选择及其促销策略的影响;另一方面,本书深入探究了初创平台收费制度选择以及不同收费制度下平台的最优定价策略。同时,面向平台自营产品与第三方卖家的产品,具体围绕产品选择策略、竞合策略、促销策略以及产品定价策略展开了深入研究,进一步丰富了电商平台企业的产品营销理论。

1.2.2 实践价值

本书不仅为平台企业管理者和平台内部商家提供决策支持,而且为消费者的产品购买决策提供建议。一方面,关于电商平台内部产品布局、竞合策略、促销策略等的研究不仅有助于企业的平台化转型、平台产业结构优化升级,推动平台企业的良性发展以及提高社会资源配置效率,而且为第三方卖家的平台进入决策、第三方卖家的产品独立促销以及联合促销策略提供了参考性建议;另一方面,关于电商平台产品定价及其促销策略的研究为消费者购买产品提供了指导性建议。此外,本书有助于政府部门和行业组织对电商平台的监管与治理。目前,我国正处在平台发展的关键时期,相关研究成果对于规范电商零售企业平台化转型具有重要的现实意义。同时,对于成熟大型电商平台,本书也将为监管部门制定反垄断以及防止恶性竞争政策提供有价值的参考意见。

1.3 研究内容与技术路线

在典型平台企业调研的基础上,深入观察互联网平台的新现象与新举措,分析平台企业的产业案例,总结和分析相关产业实践并提炼研究问题。同时,通过对相关文献进行对比和整理,归纳和总结各文献的相似性与差异性,并与提出的科学问题相印证,明确国内外的研究现状及相关问题的研究意义。通过对相关科学问题的筛选和整理,确定本书的研究主题为"双边市场环境下产品选择及定价策略研究",主要研究内容如下。

1.3.1 电商平台自营产品与第三方卖家的产品选择策略

深入探讨了电商平台对第三方卖家实行会员费制和佣金费制的最优定价策略,对比分析两种收费制度情形下,平台和第三方卖家对高端或低端产品类型的选择策略。在此基础上,分析了平台的定价策略、双边网络外部性以及自营产品的竞争优势如何影响平台和第三方卖家的产品选择策略,包括平台和第三方卖家选择销售高端产品还是低端产品(高端产品和低端产品以产品单价高低界定),以及平台和第三方卖家选择同类型竞争产品还是不同类型的非竞争产品两方面的产品选择决策。

1.3.2 电商平台自营产品与第三方卖家的产品独立促销策略

由于平台自营产品与第三方卖家的产品在非竞争情境下的独立促销策略与非平台企业的促销策略类似[1],因此,本书重点考虑平台与第三方卖家选择相互竞争产品的情境。首先,分别探讨了第三方卖家的产品促销和未促销情况下,平台自营产品独立促销策略对其价格、产品需求以及商家利润的影响。然后,在此基础上,在第三方卖家的产品促销决策内生情形下,探讨了平台自营产品和第三方卖家的产品的独立促销的策略选择。最后,深入分析平台向第三方卖家收费时的佣金率、市场扩张效应强度、价格敏感型消费者比例以及促销参与成本对促销产品选择以及产品竞争的影响。

---

[1] 2.2节对相关研究进行了详细介绍。

1.3.3 非竞争情境下的电商平台自营产品与第三方卖家的产品联合促销策略

进一步考虑电商平台和第三方卖家进行合作的情形下,分析自营产品和第三方卖家的产品联合促销对其产品定价、产品需求以及商家利润的影响;深入分析促销成本分摊比例、市场扩张效应强度、佣金率等关键因素对自营产品和第三方卖家的产品联合促销策略的影响。

1.3.4 竞争情境下的电商平台自营产品与第三方卖家的产品联合促销策略

深入研究平台自营产品与第三方卖家的产品存在竞争的情境下,联合促销策略对产品定价、产品需求以及商家利润的影响;进一步探讨了平台的联合促销发布决策和第三方卖家关于联合促销的参与决策,分析了促销力度、联合促销对产品需求的影响强度、促销成本分摊比例等因素对自营产品和第三方卖家的产品联合促销策略、促销产品选择以及产品竞争的影响。

如图1-1所示,本书的研究内容在结构上具有紧密的联系。本书首先探讨了电商平台在不同收费制(会员费制和佣金费制)下平台和第三方卖家的产品选择问题,即销售同类型竞争产品还是不同类型非竞争产品,其研究结论为后续研究内容奠定了基础。其次在平台和第三方卖家提供自营产品和第三方卖家的产品情境下,探究平台和第三方卖家如何通过独立促销策略以及促销产品选择来扩大市场规模,并缓和同类产品之间的竞争。最后在独立促销策略研究的基础上,分别从自营产品与第三方卖家的产品非竞争层面和竞争层面的角度,研究如何通过电商平台与第三方卖家的联合促销策略扩大产品种类以满足消费者需求并且实现共赢。

本书在对各个科学问题展开研究时,主要通过双边市场理论、最优化理论、博弈论等理论以及模型分析、案例分析、比较静态分析、数值模拟仿真等方法构建博弈分析模型进行相关研究。根据图1-1的技术路线,本书的具体实施步骤如下。

第一,研究问题描述。结合国内外相关文献梳理和典型平台企业调研,提炼出本书的具体科学问题。

第二,研究主体分析。以双边市场理论为指导,通过案例分析等方法深入剖析各个研究问题的固有特征,构建决策框架,提取决策行为主体和决策变量,分析决策顺序,确定参与者的角色定位。

第三,构建博弈模型与求解。首先,根据研究主体的分析,设定合理的假设,并对相关变量进行量化。其次,根据消费者的购买行为分布构建相应的效用函数或者需求函数,并且根据决策主体的利润来源推导出相关决策主体的利润函数。最后,根据决策顺序和利润函数对模型的利润最大化问题进行求解,推导出相关变量的均衡结果(包括最优盈利模式和产品价格、最优产品需求、最优商家利润等),并求解出相应最优解的限制条件和合理适用范围。

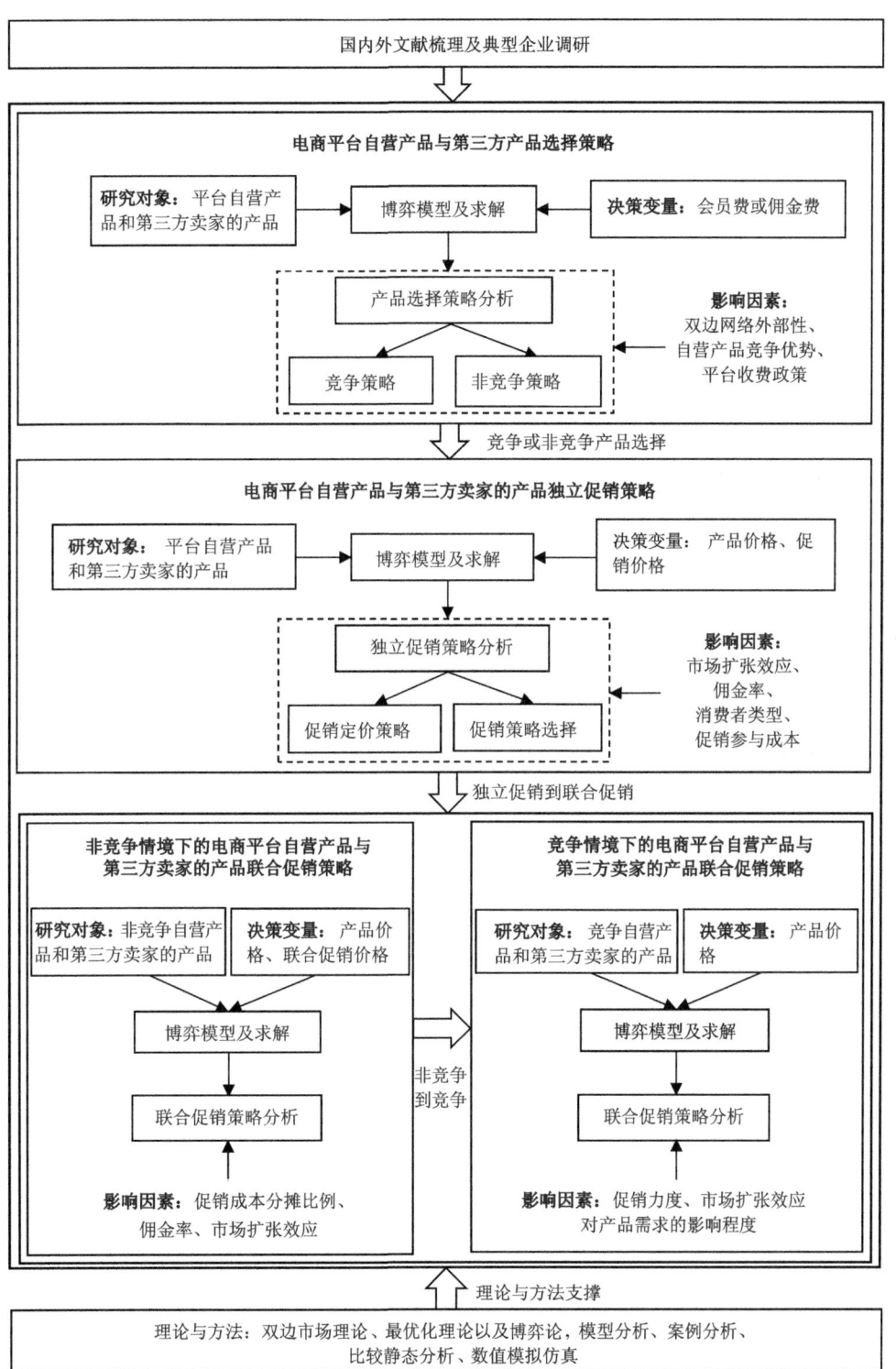

图 1-1 研究框架与技术路线

第四,结果分析。首先,在最优化理论的基础上,对市场均衡结果进行分析,即研究环境参数对研究主体最优决策的影响。其次,根据研究问题进行策略对比分析,包括平台盈利模式选择、产品定价策略、独立促销策略、联合促销策略等,并整理相关重要结论。最后,利用数值模拟仿真、比较静态分析等方法探究相关结论的适用条件和内在机理。

第五,形成管理启示。该步骤基于具体的研究成果,从决策主体的角度出发,分别对研究结果进行讨论并挖掘相应的管理启示。

1.4 结构安排

本书共分为7章。第1章是本书的绪论部分,介绍了研究背景和现状、研究问题以及研究意义,概述了主要研究内容、技术路线以及创新点;第2章是本书的文献综述部分,对国内外相关领域的文献进行综合述评;第3章主要探讨了电商平台自营产品与第三方卖家的产品选择策略,即选择竞争性产品还是非竞争性产品;第4章主要考虑了电商平台自营产品和第三方卖家的产品的独立促销策略;第5章主要分析了非竞争情境下的电商平台自营产品与第三方卖家的产品联合促销策略;第6章主要分析了竞争情境下电商平台自营产品与第三方卖家的产品联合促销策略;第7章总结全书的主要研究内容,并给出管理启示和政策建议,讨论了未来的研究方向和平台经济发展前景。

2 文献综述

本章首先介绍电商平台环境下自营产品与第三方卖家的产品选择及其促销策略的国内外研究现状和发展动态,主要分为电商平台运营策略综述和产品促销策略综述,重点总结了与关键科学问题相关的国内外研究。具体而言,电商平台运营策略综述包括平台盈利模式及定价策略、平台产品及其销售渠道选择、平台产品竞争与合作策略;电商平台产品促销策略综述包括独立促销策略和联合促销策略。然后,本章讨论了现有研究的主要不足,进一步突出本书的理论贡献。

2.1 电商平台运营策略综述

电商平台运营策略是平台建设和发展的重要组成部分。本书考虑的电商平台运营中存在三种不同群体:平台运营商、第三方卖家、消费者。平台不仅作为第三方卖家和消费者群体之间的服务中介而构成双边平台系统,还作为商家销售自营产品。以京东为例,消费者和第三方卖家位于平台的两边,京东作为中介连接第三方卖家和消费者,但同时也提供自营产品;对于在线视频网站而言,观众和视频供应商作为视频平台的两边,平台为视频制作者提供场所以便平台上的用户能观看视频,但同时也提供自制视频增加视频的多样性;游戏平台在开发游戏的同时,也允许第三方游戏供应商入驻平台,提供各种各样的游戏为玩家带来不同的游戏体验。

关于双边平台的定义最早可以追溯到 Rochet 和 Tirole(2003),他们从平台价格结构的角度给出了双边平台的定义,即考虑连接两类用户的平台,假设平台对买方和卖方用户的每次交易分别收取一定的费用,如果买方和卖方用户之间的交易量的大小不仅取决于平台所收取的总费用水平,而且还依赖于总费用水平在两类用户之间的分配情况,即当总费用保持一定时,交易量随买方承担的费用的变化而变化,这样的平台被称为双边平台。总之,在给定的费用水平下,平台买卖双方中任意一方收费变动,必然会对平台的总体需求和交易量产生影响,从而改变平台的利润。从交叉网络外部性的角度出发,Armstrong 和 Wright(2007)认为中介机构或者平台连接两种类型的用户,并且加入平台某一边用户的效用取决于另一边加入平台的用户规模。尽管从交叉网络外部性角度对双边平台的定义更符合人们的直观理解,但保证某一边用户加入平台的效用与平台另一边用户的规模呈正相关的前提条件是保证其他条件不变,包括平台向双边用户收取的费用不随用户接入规模的变化而改变,但实际上平台对于用户的收费是会随着外界条件的改变而变化的。此外,交叉网络外部性分为正的交叉网络外部性和负的交叉网络外部性,即与平台有关联的一端用户群体将受到与同一平台有关联的另一端用户群体的正向或者负向的影响。

从上述定义可以看出,本书的研究对象包括平台主体和双边用户,而双边用户具有需求互补性,平台具有定价结构非中性,双边用户间具有交叉网络外部性等显著特征。因此,本书主要涉及电商平台盈利模式、产品结构与定位,本章重点评述与关键科学问题相关的电商平台盈利模式及定价策略、平台产品及其销售渠道选择以及平台产品竞争与合作策略3个方面。

2.1.1 平台盈利模式及定价策略

在电商平台的运营策略理论研究中,平台盈利模式及定价策略是基本的研究问题之一。关于电商平台定价的影响因素,不同的学者从不同的角度进行了总结。Rochet 和 Tirole (2006)从价格结构的角度定义双边平台时,表明各市场的需求价格弹性会对平台的定价产生一定影响。纪汉霖和管锡展(2006)系统地总结了影响平台定价策略的若干因素,主要包括交叉网络外部性强度、用户的归属属性、价格弹性、平台的排他性、两边收费的难易程度、平台观察用户参与和交易的难易程度、产品差异化等,并表明双边平台定价理论仍具有较大的研究空间。在此基础上,纪汉霖(2011)比较了用户多归属与单归属条件下的平台定价和盈利模式,结论表明平台用户多归属与单归属对平台定价策略的影响不同,并且平台有动机去采取措施阻止多归属行为。Armstrong(2006)认为,交叉网络外部性强度、平台的收费方式(固定费制、交易费制)以及用户的归属情况是影响双边平台均衡价格的3个重要因素。Bakos 和 Katsamakas(2008)在电商企业提供平台给买卖双方进行交易的情形下,指出电商企业应根据双边网络外部性进行平台定价以及价值分配。车雯雯(2010)则将影响双边平台定价的因素总结为:①用户归属情况,包括需求价格弹性以及两类用户之间的交叉网络外部性强度;②平台行为,主要指平台的竞争、捆绑等;③服务提供商,主要体现在服务提供商的市场实力方面。陈斐然和朱道立(2021)研究了双边平台用户均衡定点问题的用户规模轨迹迭代方程的极限解,进而获得给定用户规模的平台最优价格策略,为平台企业提供定价决策参考。此外,在市场竞争情形下,彭讲华(2010)构建了网上购物平台的定价模型,得出了平台提高其差异化水平会使平台会员费提高并且能增加平台盈利的结论。池坤鹏(2012)通过 Hotelling 模型对两步收费制下的团购平台的定价策略进行了探讨,结论表明较大的产品差异化程度有助于提高平台的交易水平。

平台企业不仅需要考虑平台价格结构的影响因素,还需要具体分析其盈利模式和定价策略。一般来说,电商平台有 3 种基本的定价模式,包括注册费、交易费、两步收费。早期关于电商平台的定价策略的研究可以追溯到 Armstrong 和 Wright(2004),其结果表明在垄断平台向两边收取会员费时,当成本较低,另一边用户数量众多且网络效应较强时,平台会以零价格甚至负价格向入驻商家收费。Muthers 和 Wismer(2013)研究了占有市场垄断地位的电商平台向第三方卖家收费的费率体系,尝试寻找恰当的费率来避免销售商入驻率低的问题。Rochet 和 Tirole(2003)指出,平台应该对其两方用户设置不对称定价,即对其一方用户制定相对较低的价格。进一步地,Schiff(2003)发现平台会对评价较低的一边用户收取较低的费用甚至给予补贴,并向评价高的一边用户群体收取较高的费用。Jullien(2004)研究了垄断平台应该如何提供中介服务,并讨论了有效的垄断定价策略。Bakos 和 Katsamakas(2008)针对电商企业提供平台给买卖双方进行交易的情形,在网络效应内生的基础上,研究分析了电商企业应用双边网络外部性进行平台定价的策略。曹俊浩等(2010)对平台竞争情况下的定价策略进行了研究,并发现平台通过提高服务水平可以制定较高的收费策略。同时,一些双边平台必须通过向卖家或在线内容提供商提供补贴来确保其参与率。此外,平台企业会根据其平台的功能及特征来决定收费机制。例如,一些平台倾向于收取会员费,因为观察用户之间的交互或交易有时并不容易,例如在征婚平台、广告平台等情况下的收费政策。其他研究考虑到固定收费机制无法根据产品的具体销量收费而向商家收取交易费以实现平台利润最大化。纪汉霖(2011)分别考虑了垄断平台收取注册费、交易费和两步收费 3 种收费方式的适用范围以及最优定价策略。同时,他还考虑了双寡头竞争平台 3 种收费方式下平台的最优定价情况。骆品亮和傅联英(2014)运用双边市场理论方法,研究了传统零售企业的平台化转型及其双边定价模式选择,研究结果表明,传统零售商可先选择转型为佣金制零售平台作为过渡;随着单位分销成本的进一步提高,零售企业可以进一步提高佣金率并转型为两步收费制平台。

2.1.2 平台产品及其销售渠道选择

对于平台自营和第三方卖家,它们需要选择合适的时机、销售渠道以及差异化产品进行产品销售。一方面,在电子商务环境下,学者们对平台商家的产品质量控制以及差异化策略做了较多的研究。Young 和 Chen(2014)研究了零售商出售质量有明显差异的可替代产品的销售情况,结果显示在线评论为消费者在产品质量的不确定性方面提供了相关参考信息并且是影响上游厂商和零售商行为的有效手段。万兴和高觉民(2013)基于抽象函数建立了纵向差异化双边市场的一般模型，讨论了在垄断和双寡头情形下的平台质量选择，即低质量平台宜采取"分而治之"的策略，高质量平台则宜"因时而动"。Alexander 和 Tobias(2013)表明平台制定更高的产品标准会影响第三方卖家的质量和数量，并对产品高质量的差异化有一定的正面影响。Gabszewicz 和 Wauthy(2014)建立了多归属双边市场模型研究双寡头竞争，结果表明，一个平台提供低质量免费产品，另一个平台销售高质量付费产品可以使两家企业得到最大收益。此外，Justus 和 Ulrich(2014)通过对谷歌、脸书、亚马逊等平台的案例研究也发现差异化是为了吸引更多消费者来获得更大的市场份额。Yusuke(2016)认为高质量的平台企业会使产品多样性下降，导致对用户的吸引力降低，其短期利润会低于低质量的平台。

另一方面，随着互联网技术的迅速发展和第三方物流公司的出现，许多传统制造商纷纷开辟了基于网络的直销渠道，如 IBM 等，同时也将产品转售给零售商，然后零售商在平台上销售。由于网上直销渠道的引入造成了制造商和零售商之间的利益博弈及渠道冲突，因此，平台商家需要对产品进行渠道选择决策。Hagiu 和 Wright(2015)首次比较了中间商的两种策略，一种为经销商模式，即从供应商处购买产品再转销给消费者；另一种为平台模式，即允许依附平台的卖家直接将产品销售给消费者。结果发现，不同销售渠道的选择取决于独立供应商或中间商是否有更重要的信息以及特定产品的营销活动，例如产品溢出效应、异质或互补信息等。Chiang 等(2003)研究了制造商通过线上直接渠道销售产品是否有利可图。研究发现，开通直销渠道会诱使零售商降低价格，进而刺激零售渠道的需求，即使在直接销售渠道中没有需求，制造商仍然有利可图。Cai(2010)研究了由零售渠道和直接渠道组成的多渠道结构下的供应商渠道选择问题。Kwark 等(2017)研究了第三方信息和定价机制对零售商或者上游卖家的影响，探讨了零售商选择销售两个不同制造商生产的可替代产品还是为制造商提供产品。结果表明，当第三方信息的精确度高(低)时，如果质量维度起主导作用，零售商可以通过采用直销(转售)策略从第三方信息中受益。在此基础上，Abhishek 等(2016)在线上与线下渠道间存在溢出效应情形下，探讨了两个线上平台与一个供应商之间关于转售以及平台销售的模式选择。研究结果表明，当电子渠道中的产品销售对传统渠道的产品需求产生负面影响时，电子零售商更倾向于搭建平台；当电子渠道中的产品销售有助于刺激传统渠道产品需求时，电商平台更倾向于转售模式。而 Tian 等(2018)研究了单个网络零售商销售不同产品时，其与上游供应商之间的博弈。发现当订单履行成本较大且供应商的竞争强度较大时，纯转售模式是最佳模式；当订单履行成本较小且竞争强度较小时，纯市场模式是首选模式；当订单履行成本适中且竞争强度适中时，均衡结果为混合模式。此外，范小军和刘艳(2014)分析了双渠道战略中服务价值及制造商引入线上渠道的双赢效果。李佩和魏航(2018)通过对比零售商在分销模式、平台模式、混合模式下的利润，总结了零售商经营模式选择条件以及零售商经营模式转变机制。Choi(1991)构建了由两个制造商和一个零售商组成的供应链系统,分别讨论了3种博弈结构模型:制造商斯塔克尔伯格模型、零售商斯塔克尔伯格模型和纳什讨价还价博弈模型。结果显示,制造商偏好于提供产品给单一零售商,而零售商则偏好于销售多个产品。Cai 等(2009)讨论了零售商建立在线渠道和制造商建立在线渠道两种渠道模式的区别和适用条件及双渠道供应链的协调机制。Zhen 等(2022)讨论了拥有线上和线下渠道的零售商销售渠道选择决策机制,并强调了销售渠道的竞争强度以及线上与线下渠道的溢出效应是销售渠道选择的关键因素。

2.1.3 平台产品竞争与合作策略

随着电商平台发展的日益成熟,平台提供的自营产品和第三方卖家的产品会因为制造商和零售商之间的利益博弈及渠道冲突而产生竞争。Jiang 等(2011)首次研究了电商平台亚马逊自营产品和第三方卖家的产品销售之间的竞争均衡,结果表明,平台在竞争中占据优势,倾向于销售高需求的自营产品,而第三方卖家应该调整商品的库存量或者服务水平来抵御亚马逊通过后台数据对畅销商品的发掘,从而侵入该商品的销售市场。Armstrong 和 Wright(2007)通过构建博弈理论模型来分析平台应该间接补贴消费者以吸引更多的消费者参与,还是通过吸引卖家进入平台销售产品并直接与卖家竞争。Zhang 等(2018)发现当潜在消费者准备进入市场时,老牌企业可能会受到市场进入威慑的激励,自愿将消费者推荐给其竞争对手而不收取任何报酬,从而加强市场竞争。Kuksov 和 Prasad(2017)探讨了为什么诸如亚马逊等平台企业允许竞争对手在自己的商店中投放广告,研究发现,在用户的搜索成本、产品信息和偏好方面存在差异的情形下,如果广告佣金足够高,为竞争对手提供无差异化产品广告投放可以缓解价格竞争并提高两家公司的利润。Mantin 等(2014)从零售商引入第三方市场的策略性探讨了在线零售商为什么允许第三方卖家与其自营产品竞争,并发现零售商引入第三方卖家可以提高其与制造商的议价能力,或者通过向第三方卖家收取较高的接入费而获利。而 Song 等(2021)解释了平台和第三方卖家销售竞争性产品的原因,消费者对产品的初始意识、产品溢出效应和平台的佣金率决定了零售商的开放策略以及第三方卖家提供产品的竞争策略。

此外,电商平台上的商家为了获取更高的利润经常会合作销售产品。Weber(2016)发现供应链中的参与者与平台是否合作主要取决于消费者的期望和产品成本。Mantena 和 Saha(2012)研究了技术不对称对平台间竞争和合作的影响。Moorthy 等(2018)针对制造商通过竞争对手的渠道销售自己产品这一现象,研究了制造商和零售商间的渠道合作,发现品牌较弱的制造商比品牌较强的制造商更可能达成合作。而 Kuksov 和 Prasad(2017)发现,当佣金足够高时,商家将允许竞争对手在其店内为可替代产品做广告。此外,商家在进行合作时会通过签订合约来约束合作双方。例如,Ryan 等(2012)考虑一个在线市场,零售商可以通过这个平台直接将他们的产品卖给消费者,也可能选择与大型公司签订合同销售其产品来扩大零售商的可用市场。David 和 Adida(2015)提出了一个线性数量折扣合约进行直接渠道和零售渠道间的合作,并展示了其完美协调双渠道供应链的能力。结果表明,供应商应将其产品出售给尽可能多的零售商。并且,当零售商对称时,线性数量折扣合同能完美地协调供应链;而当零售商不对称时,线性数量折扣合同能够提高供应链效率。Giannoccaro 和 Pontrandolfo (2004)基于供应商、制造商和零售商三方分析了收益共享合同对供应链协调发挥的作用,并表明适当的合同设计可以引导制造商、分销商和零售商提高利润达到共赢。Yao 等(2008)引入了在线零售商竞争的因素,研究了制造商作为斯塔克尔伯格竞争的领导者,在销售季节之前向两个竞争零售商提供收益共享合同对供应链绩效的影响。研究发现,收益共享合同中的利润分配有利于制造商,同时,零售商之间的竞争强度增大将提高供应链效率,但却会损害零售商的利润。Cachon 和 Lariviere(2005)分析了收益共享合同对供应链协调的关键作用,并将收益共享合同和其他合同形式作对比来分析各合同的优势和劣势。

2.2 电商平台产品促销策略综述

促销在营销领域占据着重要的地位,是电商平台企业最主要的营销工具之一,同时也是众多学者关注的重点。相关学者根据自己对促销的理解给出了不同的定义。例如,Blattberg 等(1981)对促销进行界定时,认为促销有 5 个方面的含义:促销聚焦于行动,促销是营销活动,促销是为了对行为产生直接的影响,促销是为了影响消费者或者营销中介,促销是为了创造即时的销售或者让顾客即时购买。Shimp(2000)认为促销是一种激发消费者做出期望购买行为的营销刺激,这些刺激可以暂时性地改变该品牌的感知价值。韩睿(2005)给予了促销概念新的见解,认为它是厂商通过一系列有效的形式如预售等,使得产品的销售更加快捷,顾客购买的欲望更加强烈,是一种十分重要的营销手段。郝辽钢(2008)表明,促销是企业通过提供各种短期性的刺激,直接影响消费者对产品或服务的价值感知和购买行为,从而促使消费者做出即时购买行动的一种营销活动。Kotler 等(2016)认为促销是通过刺激消费者对特定的产品或服务实施购买行为,或者令其产生购买的动机。因此,促销有助于消费者减少购买促销商品的开销,使其获得实用型收益而促进其重复购买;促销有利于使消费者偏离购买目标而产生冲动性购买;促销还能帮助企业推出新产品、提升品牌知名度、清理库存等。

针对不同的商品,促销的方式各不相同,比较典型的有发放优惠券、给予折扣、返利、捆绑销售、团购、满减、秒杀等。Brassington 和 Pettit(1997)从促销目的的角度出发,将促销分为:对产品的促销,包括买一赠一、满减优惠、捆绑销售等;通过赠品的形式促销,包括赠送额外商品、有奖销售等;对商店的促销,包括店内展示、店内活动等。从商品的价格角度出发,

Diamond(1992)认为促销可分为价格促销和非价格促销。根据美国营销学会的观点,价格促销是通过价格信息的刺激来促进消费者购买,例如通过给予折扣价格、发放优惠券等方式实现产品降价;非价格促销是不通过直接产品价格优惠的其他刺激方式,例如发放赠品等推广活动。两者的区别在于前者给予金钱刺激,而后者倾向于情感激励。赵丽和罗亚(2008)以京东、当当网等购物电商平台中的促销活动为例,总结了8种常见的促销方式,即价格折扣、抽奖活动、限时抢购、量多优惠、赠品促销、特价销售、赠送运费、发放代金券。此外,促销可根据其对消费者的激励作用发生时间分为3类,即购买前(如预售优惠、发放优惠券)、购买时(如打折)、购买动作完成后(如返利、返券)。

综上可知,企业在实际情形下会运用不同类型的促销方式来达到不同的营销目的。在促销过程中,商家会通过采取不同的促销定价以及促销策略选择来达到利润最大化。同时,企业间也会通过相互合作,扩大促销产品的影响力而开展联合促销活动。结合本书的主要科学问题,本节主要从价格促销的角度对企业的独立促销策略和联合促销策略进行综述,进而延伸到电商平台促销策略研究。

2.2.1 独立促销策略

一方面,大多数文献在考虑产品促销时,往往针对性地聚焦于某一商家的一种或一类产品的价格促销,因此,学者们对促销产品的定价策略进行了大量的研究。Wang等(2018)表明,由于产品在特定节日结束后会有较大的价值损失,节日期间的商品低价促销阶段的定价决策不受消费者战略等待行为的影响。Herbon(2017)考虑了零售商对季节性产品的订购及定价策略。Varian等(2018)分析了两个或多个零售商竞争情形下的产品促销定价模式,并发现随机促销定价策略是最优的。结果表明,商家应根据旺季来临的时间调整库存并确定最优产品价格。殷哲和胡芳芳(2019)探讨了电商平台是否应该在促销期为零售商实施物流补贴策略,且在物流补贴情形下零售商应如何制定最优的两期降价销售策略。Chen等(2020)研究了在线零售平台不同销售模式下的最优促销定价策略,有趣的是,代理模式下的促销产品定价可能会高于转售模式下的产品定价。结果显示,只有当促销前夕的平台服务费较高或市场潜力较小,且消费者等待促销期降价的损失较低时才应该实施物流补贴策略。

随着参与促销活动产品的多样化以及促销方式的精准化,针对企业促销活动中具体的促销方式,相关文献对其促销定价策略也进行了较深入的研究。早期的研究主要聚焦在产品折扣定价对产品需求的影响上。例如,Besanko和Winston(1990)引入效用折扣因子,建立了新产品的跨期定价问题,发现策略性消费者需求的价格弹性大于短视消费者并且低估消费者的策略行为会损害企业的效益。Cachon和Robert(2009)在研究零售商的折扣价格策略时,发现消费者的策略性行为会减小折扣期的折扣力度和零售商的利润。李娟和濮阳小娟(2017)

讨论存在策略性消费者的比价行为时,分别给出零售电商平台的动态价格折扣策略和最优价格承诺策略。随后,一些学者通过设定优惠券面值的方式进行促销定价研究,对不同类型的消费者进行价格歧视。Narasimhan(1984)把优惠券作为对忠诚和非忠诚消费者进行价格歧视的工具,他通过求解最优优惠券票面价值来实现忠诚和非忠诚消费者的转换以实现利润最大化。Arcelus 等(2007)考虑了优惠券的随机兑现率,研究了销售商的定价和优惠券折扣制定规则。预售定价策略也是企业进行促销活动经常使用的手段,并且企业经常通过预售进行产品价格承诺以及动态定价。例如,Aviv 等(2009)表明策略型消费者会选择等待至降价购买,而这种消费行为不利于零售商的产品销售,针对这种情况,零售商可以通过同时公布第一阶段和第二阶段价格来刺激策略型消费者购买。在此基础上,Zhao 和 Stecke(2010)指出在价格承诺机制下,商家在预售期公布两阶段的价格可以减小消费者因价格调整而选择等待的不确定性。此外,相关文献还研究了产品捆绑定价、产品返利定价等问题,这些研究为企业选择不同促销方式和对应的定价策略提供了依据。

另一方面,企业在进行产品促销定价决策时还需要考虑产品的促销策略选择。尽管产品促销能增强产品的曝光度并且刺激消费者购买产品来增加销量,但是促销也会产生成本。对商家而言,产品在促销期间会产生推广成本、促销优惠成本、服务成本、物流成本等。而对消费者而言,其获得产品优惠时需要一定的促销参与成本,包括关注促销活动、特定的促销时间购买、搜索或者领取促销优惠等参与成本。企业需要权衡促销的优劣进行促销决策。因此,早期的相关文献主要考虑线下商家产品促销策略以及促销方式的选择。Srinivasan 等(2004)研究发现对零售产品进行促销会损害零售商的利润,但却有利于制造商。不过对于不太流行的产品,促销产生的冲动消费会使零售商有利可图。Dogan 等(2010)研究了两个不对称竞争企业通过返利促销对消费者市场进行细分,并发现价格非敏感型消费者市场竞争有所缓和且两家公司均能受益于促销策略。同时,一些学者还关注了不同促销方式的优劣,并通过促销方式的对比来进行促销模式选择。例如,Lu 和 Moorthy(2007)讨论了优惠券促销与返利促销的不同点:优惠券的发放是在促销交易达成之前,而返利促销是在促销交易达成之后,并讨论了企业两种促销策略选择的条件。

近年来,由于互联网的快速发展,相关研究开始聚焦于在线零售平台的促销策略决策。一些学者研究了零售平台在批发销售和转售两种模式情形下制造商和零售商的促销策略渠道选择。例如,Aydin 等(2008)比较分析了制造商和零售商分别提供折扣促销情形下的利润,研究表明,一般情形下制造商提供的折扣促销策略将优于零售商提供的折扣促销策略。此外,陈瑞义等(2018)分析了平台企业新产品预告策略的选择机制并表明在垄断情形下正式预告并非总是平台企业利润占优策略,新产品预告收益与成本权衡是策略选择的关键,而竞争会削弱预告收益与成本权衡带来的影响,不对称预期的充分利用才是平台企业新产品预告策略选择的关键。Jiang等(2008)建立了一个长期优化模型探究线上市场中双渠道零售商促销其产品的必要条件,结果表明,在特定条件下,在特定有限市场进行促销可能优于在全部市场进行促销。Cao等(2019)分析了电商平台产品以旧换新促销策略。结果表明,不管是现金券以旧换新促销还是礼品卡以旧换新促销都不一定使平台受益。

2.2.2 联合促销策略

随着市场竞争的不断增强,越来越多的企业开始进行企业间联合促销。联合促销最早起源于Aaker(2004)提到的共生营销,此后,联合促销通过多种形式出现,如合作促销、促销联盟等,广大学者渐渐地对联合促销的相关定义达成共识。联合促销除了可以根据促销方式的不同进行分类以外,还可以根据联合促销的对象分为纵向联合促销(VJP)和横向联合促销(HJP),纵向联合促销(Aust和Buscher,2014)是指供应链上游的制造商向下游的零售商提供一定的补贴来共同进行促销活动。它主要可以分为由一个制造商和一个零售商组成的简单市场渠道的供应链,以及由多个制造商或者多个零售商构成的复杂市场渠道的供应链(Jorgensen和Zaccour,2014),通过不同的供应链结构、合作机制设置来改善消费者需求,最终增加企业以及供应链的利润。横向联合促销(Karrary,2011)是指两个或两个以上的品牌共同开展促销活动。Crawford(1970)提出了对不同类型横向联合促销进行分类的理论框架,包括不同行业企业品牌联合促销、同行业企业品牌联合促销、同一企业的不同品牌联合促销等。在横向联合促销活动中,一些零售商可能会寻求机会分摊促销活动的成本,目的是从额外的销售中受益而不必支付他们自己可能无法负担的高昂成本。当前关于联合促销的文献主要集中于企业间、制造商和零售商之间以及电商平台商家之间的联合促销策略。

首先,大多数文献聚焦于企业间的联合促销产品选择,包括合作企业选择的产品属性、增加彼此产品价值的能力以及提高其他营销活动的有效性。人们普遍认为联合促销有可能帮助实现营销的快速传播,包括品牌知名度、品牌知识和质量信号的快速传播,并且还可以帮助参与公司达到更高的成本效率,即在大多数情形下,公司会共同分担联合促销活动的成本(Son等,2006)。由于更高的促销预算、参与公司的集体营销努力、良好的消费者反应以及通过联合提升形象等作用的增加,联合促销的有效性也被认为高于企业的独立促销活动。同时,相关文献也考虑了联合促销可能会造成企业利润的损失。在联合促销过程中,潜在的内部风险和外部风险因素可能会对促销合作双方产生负面影响,从而导致企业形象受损和利润减少。例如,消费者对各参与联合促销产品的负面评价。

其次,大量的文献聚焦于制造商与零售商的联合促销策略。制造商通常会向零售商提供现金奖励或者向零售平台提供佣金用以推广他们的产品,而零售商获取供应商的收益,部分用于投放广告或定期促销活动,例如包邮、在线促销或店内产品展示等,这些行为能有效地提高渠道成员的产品销售利润。Moon等(2018)在两阶段的供应链中,探讨了制造商投资以及零售商投资对于供应链协调的影响。罗美玲等(2019)在"互联网+"背景下研究了制造商或者零售商向顾客提供消费优惠进行联合促销的策略,结果表明,在制造商主导的供应链结构中,零售商向消费者实施消费返利的概率较大且能达到供应链协调。考虑到零售商的战略库存,Zhao等(2010)在制造商和零售商合作过程中比较了无预售、预售适度降价、预售大幅降价3种促销策略,并讨论了零售商应该如何制定预售策略来提高自身利润。Geng和Mallik(2011)在顾客需求随机的情形下,利用多阶段博弈模型研究了制造商和零售商联合制定邮寄返利形式的优惠促销活动时的最优决策。然而,针对存在寄售合同的零售商,由于运营和销售的相互作用,制造商和零售商之间开展的联合促销往往对零售商十分有利,但在大多数情况下会损害制造商的利润(Giovanni,2019)。禹爱民和刘丽文(2012)在随机需求和联合促销情形下研究了双渠道供应链协调,发现回购契约能给供应链成员带来好处但不能协调供应链。此外,考虑到供应链中零售商之间的竞争,联合促销并不总是最优选择。例如,Bergen和John(1997)发现联合促销策略应根据市场条件,例如零售商竞争环境和交叉价格效应等变化进行调整。Karray(2011,2015)研究了竞争零售商联合促销的盈利能力,结果表明,采取联合促销对渠道对称的零售商和制造商有好处,但在竞争激烈和不对称的渠道中采取联合促销可能是有害的。周永卫和范贺花(2015)研究在联合促销和两个销售渠道均存在不确定需求环境下双渠道供应链的定价策略,结果表明零售商的促销努力程度、两渠道的需求不确定性、促销成本、消费者的渠道偏好系数、零售商的单位产品批发价格、单位产品生产成本等对制造商和零售商定价策略都会产生影响。

最后,还有一些学者聚焦于电商平台商家之间的联合促销策略研究。例如,金磊等(2013)假设零售商通过网上渠道和实体店渠道销售产品,研究了协调双渠道的动态定价策略和库存策略。王道平等(2015)以网络零售商入驻多个电商平台开设网店为背景,研究了网络零售商协调多个网店的动态定价决策和电商平台的动态促销决策。姜璇等(2020)利用不同的博弈模型分析了入驻商家和平台之间3种不同的促销模式,包括由其中一方率先发起促销的模式和二者同时发起促销的模式,研究不同模式下销售商和平台商的最优促销策略。

2.3 现有研究的主要不足

围绕本书的主要科学问题,一方面,本章总结了电商平台运营策略理论,主要包括电商平台的盈利模式及定价策略、产品及其渠道选择以及产品竞合策略的研究现状。首先,电商平台的盈利模式主要指平台向第三方收取的平台接入费,包括会员费、交易费和两步收费等形式,本章归纳了平台收取的接入费影响因素,不同收费制度选择以及各收费制度下的定价策略。其次,本章回顾了电商平台上自营产品和第三方卖家的产品的选择决策,主要聚焦于产品质量控制和差异化策略,并在此基础上讨论了电商平台的渠道选择,即线下渠道、线上渠道、经销商渠道和直销渠道。最后,本章讨论了不同渠道的商家产品竞争与合作策略。另一方面,本章还概括了电商平台促销策略理论,主要从独立促销策略和联合促销策略的角度紧贴本书的研究问题进行综述。第一,本章对促销的相关定义进行界定,归纳了促销的各种方式和用途。第二,本章从传统企业的独立促销定价及策略选择研究延伸到电商平台的独立促销策略研究。第三,本章从传统企业间联合促销策略研究延伸到电商平台不同渠道商家的联合促销策略研究。通过对上述文献的梳理可以发现,当前学术界在电商平台运营策略和产品促销策略两个方面已有较为丰富的研究成果。然而,鲜有文献从双边市场的视角关注平台和第三方卖家所售的产品类型、促销策略以及决策间的相互影响。基于此,当前研究在以下几个方面有待进一步完善。

(1)在电商平台产品运营方面,当前研究主要关注大型电商平台自营产品和第三方卖家的产品的质量差异化策略以及渠道选择,而对初创平台的产品选择策略研究较少。对于初创平台而言,大部分研究主要考虑大型电商平台自营产品和第三方卖家的产品的竞争合作策略,并未考虑电商平台成立之初,依托于双边网络外部性,平台为了吸引消费者先销售自营产品,然后吸引第三方卖家进入平台销售第三方卖家的产品的序贯博弈实际情景下的产品竞争策略选择。此外,现有文献大多只关注平台如何设置接入费用以确保平台上的用户规模,未考虑平台的自营产品与第三方卖家的产品布局对平台接入费的影响。综上所述,研究初创平台情景下,平台收费机制、双边网络外部性等因素对平台自营产品与第三方卖家的产品的选择策略的影响有助于企业平台化转型以及平台与第三方卖家的产品布局。

(2)在独立促销策略方面,已有文献大多集中在企业层面,基于双边市场环境下自营产品与第三方卖家的产品的促销策略问题研究较少。以往研究主要从促销渠道以及促销方式决策的角度出发,很少探究平台主导下自营产品与第三方卖家的产品竞争情形下的促销策略。此外,电商平台与传统企业促销策略的影响因素大相径庭,有必要结合双边市场的特点探讨平台商家促销策略的影响因素并进行分析。因此,研究平台自营产品与第三方卖家的产品的独立促销策略在一定程度上丰富了平台商家促销与竞争策略理论,为平台商家促销定价策略的实施提供了理论依据和指导。

(3)在联合促销方面,大多数文献关注企业间产品进行联合促销所提供的产品属性以及如何增加彼此产品价值的能力,而未有文献考虑在双边市场环境下,当平台和第三方卖家分别销售自营产品和第三方卖家的产品时平台联合促销发布决策以及第三方卖家的参与决策。另外,相关文献还考虑了制造商与零售商的联合促销策略,其联合促销决策由双方共同决定。然而,电商平台中的联合促销活动一般由平台发布并对促销力度进行决策,此情形下具有平台特性的自营产品与第三方卖家的产品联合促销策略及其关键影响因素值得进一步探究。

3 电商平台自营产品与第三方卖家的产品选择策略

本章主要研究电商平台自营产品和第三方卖家的产品选择策略,包括平台或者第三方卖家选择销售高端产品还是低端产品,以及选择销售同类型竞争产品还是选择销售不同类型的非竞争产品两方面的产品选择决策。首先,本章考虑平台向第三方卖家收取会员费时,平台应该选择销售高端产品还是低端产品。其次,将第三方卖家产品选择内生化,探讨平台和第三方卖家选择销售竞争性产品还是选择销售非竞争性产品。最后,比较不同产品选择情形下的收费制度决策,即选择会员费制还是佣金费制,并进一步比较了不同收费制下的产品选择策略来验证结论的稳健性。

3.1 研究问题描述

互联网的快速发展促使越来越多的传统零售企业进行平台化转型。对于初创平台,消费者加入平台所获得的效用取决于参与平台的卖家所提供产品的规模,而进入平台的卖家销售产品产生的收益又取决于消费者基础。这就产生了"先有鸡还是先有蛋"的问题,即平台为了吸引消费者,应该积累大量的注册卖家销售多种多样的产品,但卖家的参与度取决于平台上消费者群体的规模。因此,平台需要在选择先吸引消费者加入平台还是增加平台卖家参与度的问题上作出决策。

为了避免"先有鸡还是先有蛋"的问题,亚马逊、京东等多家平台公司在建立之初,选择从上游供应商批发产品,再通过自有平台转售产品来吸引消费者。例如,京东作为中国最大的电子商务公司之一,通过销售一系列高端产品组合开展其零售业务,包括计算机类、通信类和消费类电子产品来吸引消费者进入平台注册成为平台会员并购买产品,然后再向第三方卖家开放零售平台并允许其在平台上销售第三方卖家的产品,以扩大产品类别。京东消费及产业发展研究院发布的《线上商家高质量发展生态研究——2021京东商家成长报告》显示,京东新增商家数量在2021上半年环比增长102%。新蛋网自2001年起从事系统组件和电子产品零售,在 2011 年向第三方卖家开放平台并允许其在平台上直接向消费者销售产品。电商平台当当网成立之初以销售图书等产品组合为主,从 2010 年开始,向第三方卖家开放平台,并试图渗透到高端市场。国际电商巨头亚马逊也是作为图书经销商起步,然后引进第三方卖家,慢慢发展成为几乎覆盖全品类的大型零售市场。

与销售低端产品组合相比,平台销售高端产品组合可以获得更高的单位产品利润,但高端产品的市场需求较小,会减少加入平台的消费者数量,并进一步影响进入平台的第三方卖家规模从而降低平台的长期利润。有趣的是,许多平台允许第三方卖家销售与之相同的产品,即当第三方卖家加入平台时,一些卖家会选择在电商平台上销售与平台不同类型的产品来扩大平台产品品类,而有些卖家却会销售与平台相同的产品系列。这类竞争在一定程度上会降低平台和第三方卖家从各自相同品类的产品中获得的市场份额。此外,当第三方卖家进入平台时,平台的收费政策(Rochet 和 Tirole,2006;Muthers 和 Wismer,2013),即采用会员费或佣金费制,是平台面临的重要决策问题,不同的定价策略对第三方卖家的进入决策以及产品选择策略均会产生影响。

因此,针对上述现象,本章旨在研究以下科学问题。

对于初创平台,平台会在何种条件下销售高端产品或者低端产品?

平台和第三方卖家在何种条件下销售不同类型的非竞争性产品或者相同类型的竞争性产品?

为什么平台上的第三方卖家会销售与平台相同类型的竞争性产品?

平台的最优定价策略是什么?定价策略如何影响产品选择决策?

3.2 模型建立

本章通过建立一个两阶段博弈模型来研究平台和第三方卖家的最优产品选择决策。如图 3-1 所示,在第一阶段,平台选择其自营产品在自有平台上销售,即选择高端产品组合(用 H 表示)或者低端产品组合(用 L 表示)。然后,消费者决定是否加入平台以及购买自营产品。第二阶段,平台决定向第三方卖家收取接入平台的会员费,第三方卖家决定是否加入该平台并选择所售的产品类型。然后,更多的消费者在观察到第三方卖家的参与后被吸引进平台,平台上的所有消费者做出购买决策。

关于平台与第三方卖家的产品选择决策,博弈模型的潜在均衡结果为{HH,HL,LH,LL}。如果平台和第三方卖家选择相同的产品组合进行销售,即均销售高端产品组合或者低端产品组合(HH 或者 LL),则称之为竞争情境;如果平台和第三方卖家选择销售不同产品组合,即一方选择高端产品组合,另一方选择低端产品组合(HL 或 LH),则称之为非竞争情境。

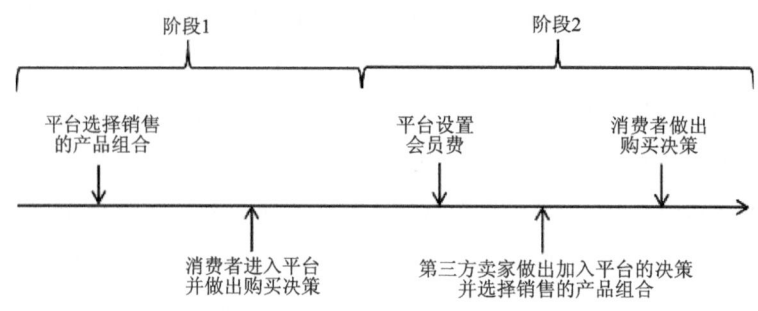

图 3-1 两阶段博弈模型的决策顺序

3.2.1 非竞争情境

在非竞争情境下,如果平台选择销售产品组合 $i[i\in\{H,L\}]$,则第三方卖家选择产品组合 $j[j\neq i,j\in\{H,L\}]$。根据以往关于双边市场的文献,假设消费者购买平台上的各类产品是随机的,即消费者在平台上寻找到一个满足其需求的产品的机会均等,其概率为 $\tau[\tau\in(0,1)]$,称之为匹配度。假设平台销售的产品组合中的产品数量为 $n_i[i\in\{H,L\}]$[①],则产品种类越多,消费者找到匹配其需求的产品的概率越大,那么 $n_i\tau$ 可表示此产品组合的总匹配度,可理解为消费者购买产品的数量。因此,在第一阶段,消费者加入平台的期望支付函数可表示为

$$U_i^1 = n_i\tau\, u_i - c_B \tag{3-1}$$

式中,$u_i[i\in\{H,L\}]$ 表示消费者在平台提供的产品组合中发现匹配其需求的产品的期望盈余[②]。消费者进入平台通常需要支付一定的机会成本,用 c_B 表示。由于消费者进入平台取决于其从平台上产品获得的期望盈余,不同的消费者对平台上的产品有不同的期望盈余,假设 u_i 服从 $[0,a_i]$ 的均匀分布,用 u_i^* 表示买家的边际期望盈余,且满足 $n_i\tau u_i^* - c_B = 0$。因此,进入平台的消费者数量为

$$m_i^1 = a_i - \frac{c_B}{n_i\tau} \tag{3-2}$$

则平台上自营产品的需求为

$$D_i^1 = m_i^1 n_i\tau = n_i\tau a_i - c_B \tag{3-3}$$

在第二阶段,第三方卖家向平台支付会员费并加入平台,其加入平台的支付函数为

$$U_{ij}^S = \beta_1 m_i^1 \tau \rho_j - p_{ij} - c_S \tag{3-4}$$

式中,β_1 表示消费者到第三方卖家的网络外部性强度($\beta_1>1$),$\rho_j[i,j\in\{L,H\}]$ 表示第三方卖

---

① 产品组合中的产品数量可以解释为产品组合中的产品种类。在现实中,低端产品组合的产品数量一般为高端产品组合的产品数量数倍。

② 在本章中,价格对消费者决策的影响包含在期望盈余里。

家产品组合 j 的单位产品利润。假设提供高端产品组合意味着更高的单品平均利润，即 $\rho_H > \rho_L$。p_{ij} 表示当平台和第三方卖家分别销售产品组合 i 和 j 时的会员费。注意到许多平台的双边用户之间的交易并不容易监测，或者实时观察交易的过程需要花费较高的成本，在此情形下，简单地收取接入双边市场的费用，即会员费①，更为方便与高效。此外，根据价格歧视和拉姆齐定价的相关理论，固定费用机制（如会员费）不仅能观察双边用户的盈余，还可以通过补贴政策促进平台上的商家与消费者达成交易。因此，在基本模型中主要考虑会员费制。假设 c_S 表示卖家加入平台的机会成本，且服从 $[0,c]$ 的均匀分布。则加入该平台的第三方卖家的人数可表示为

$$N_{ij} = m_i^1 \beta_1 \tau \rho_j - p_{ij} \tag{3-5}$$

假设每个卖家销售不同的产品，则 N_{ij} 也可表示第三方卖家销售的产品种类数量。当第三方卖家的产品在平台上销售时，由于产品种类数量的增加，消费者加入平台的期望效用增加。因此，在第二阶段，消费者加入平台的期望支付函数可表示为

$$U_{ij}^2 = n_i \tau u_i - c_B + \beta_2 N_{ij} \tag{3-6}$$

式中，β_2 表示第三方卖家到消费者的网络外部性（$\beta_2 > 0$），且 $\beta_2 N_{ij}$ 表示消费者增加的效用。因此，在双边网络外部性的影响下，消费者基础增加且自营产品的需求也相应增加。由于 u_i 服从 $[0,a_i]$ 的均匀分布，在第二阶段加入平台的消费者数量类似于式(3-2)，可表示为

$$m_{ij}^2 = a_i - \frac{c_B - \beta_2 N_{ij}}{n_i \tau} \tag{3-7}$$

则在第二阶段平台自营产品的需求为

$$D_{ij}^2 = m_{ij}^2 n_i \tau = n_i \tau a_i - c_B + \beta_2 N_{ij} \tag{3-8}$$

此外，平台的利润分为两部分：①销售自营产品组合 i 时包括第一阶段的需求产生的利润（$\rho_i D_i^1$）和第二阶段需求所产生的利润（$\rho_i D_i^2$）；②第三方卖家的会员费（$p_{ij} N_{ij}$）。在非竞争情境下，平台销售产品组合 i 时的总利润为

$$\pi_{ij} = \rho_i D_i^1 + \rho_i D_i^2 + p_{ij} N_{ij} \tag{3-9}$$

式中，$i, j \in \{H, L\}$ 且 $j \neq i$。此时，第三方卖家的利润为

$$\pi_{ij}^S = \rho_j D_{ij}^S - p_{ij} N_{ij} \tag{3-10}$$

式中，$D_{ij}^S = m_{ij}^2 n_j \tau = \left(a_i - \dfrac{c_B - \beta_2 N_{ij}}{n_i \tau}\right)(m_i^1 \beta_1 \rho_j \tau - p_{ij}) \tau$。

3.2.2 竞争情境

对于竞争情境下的市场配置 HH 和 LL，假设第三方卖家选择销售与平台相同的可替代

---

① 在本章的 3.4 节中将考虑佣金费制情形下的扩展模型来研究产品选择策略问题。

产品。此时，平台自营产品与第三方卖家的产品的竞争会影响双方利润并导致消费者与自营产品的匹配度下降。例如，消费者会根据自己的偏好在自营产品和第三方卖家的产品中购买一方产品，而不是同时购买两方的可替代产品。假设一部分消费者偏好于自营产品，其比例表示为 $\delta[\delta \in (0,1)]$，而另一部分消费者偏好于第三方卖家的产品，其比例为 $(1-\delta)$。δ 和 $(1-\delta)$ 可分别表示自营产品和第三方卖家的产品的竞争优势强度。则在第二阶段，消费者与自营产品(或第三方卖家的产品)的匹配度为 $\tau\delta$[或 $\tau(1-\delta)$]。因此，在竞争情境下，加入平台的第三方卖家数量，即第三方卖家的产品组合的产品种类数量为

$$N_{ij} = m_i^1 \beta_1 \tau (1-\delta) \rho_j - p_{ij} \tag{3-11}$$

式中，$\rho_j[j \in \{H,L\}]$ 表示第三方卖家的产品组合的单位产品平均利润，且 $p_{ij}(i=j)$ 表示平台向第三方卖家收取的会员费。则在第二阶段，消费者加入平台的期望支付函数可以表示为

$$U_{ij}^2 = n_i \tau \delta u_i - c_B + \beta_2 N_{ij} \tag{3-12}$$

由于 u_i 服从 $[0, a_i]$ 的均匀分布，加入平台的消费者数量为

$$m_{ij}^2 = a_i - \frac{c_B - \beta_2 N_{ij}}{n_i \tau \delta} \tag{3-13}$$

在第二阶段平台自营产品的需求为

$$D_{ij}^2 = n_i \tau \delta a_i - c_B + \beta_2 N_{ij} \tag{3-14}$$

因此，竞争情境下平台销售产品组合 i 时的总利润为

$$\pi_{ij} = \rho_i D_{ij}^1 + \rho_i D_{ij}^2 + p_{ij} N_{ij} \tag{3-15}$$

式中，$i \in \{H,L\}$ 且 $j=i$。第三方卖家的利润为

$$\pi_{ij}^S = p_j D_{ij}^S - p_{ij} N_{ij} \tag{3-16}$$

式中，$D_{ij}^S = m_{ij}^2 n_j \tau = \left(a_i - \dfrac{c_B - \beta_2 N_{ij}}{n_i \tau \delta}\right)[m_i^1 \beta_1 \rho_j \tau (1-\delta) - p_{ij}]\tau(1-\delta)$。表 3-1 总结了本章主要参数和变量以及它们各自对应的含义。

表 3-1 符号解释

符号	含义
i,j	产品组合类型，自营产品组合 i，第三方卖家的产品组合 j，$i,j \in \{H,L\}$
ρ_i	产品组合 i 的单位产品利润
n_i	平台销售的自营产品组合 i 的产品种类数量
N_{ij}	加入平台的第三方卖家数量
δ	平台自营产品相对于第三方卖家的产品的竞争优势强度
β_1	消费者到第三方卖家的网络外部性强度
β_2	第三方卖家到消费者的网络外部性强度

续表 3-1

符号	含义
u_i	消费者对自营产品 i 的期望盈余
c_B	消费者加入平台的机会成本
c_S	第三方卖家加入平台的机会成本
p_{ij}	平台向第三方卖家收取的会员费
τ	匹配度,衡量消费者搜寻到满足自己偏好的产品的概率
m_i^1	第一阶段加入平台的消费者数量
m_{ij}^2	第二阶段加入平台的消费者数量
U_{ij}^S	卖家加入平台的支付函数
D_i^1	第一阶段自营产品需求
D_{ij}^2	第二阶段自营产品需求
π_{ij}	平台的利润
π_{ij}^S	第三方卖家的利润

3.3 均衡结果分析

本章首先计算了竞争和非竞争情境下的最优会员费和利润,然后分别分析竞争和非竞争情境下的平台收费决策,最后通过比较均衡利润来讨论平台的产品组合选择策略。

3.3.1 市场均衡

在非竞争情境下,根据式(3-9),平台通过决策向第三方卖家收取会员费来最大化其利润 $\pi_{ij}[i,j \in \{H,L\},$ 且 $j \neq i]$:

$$\max_{p_{ij}} \pi_{ij}(p_{ij}) = \rho_i D_i^1 + \rho_i D_{ij}^2 + p_{ij} N_{ij} \tag{3-17}$$

$$\text{s.t. } D_i^1, D_{ij}^2, N_{ij} \geq 0, p_{ij} \in R$$

通过求解式(3-17)所述的博弈模型可得到引理 3-1。

引理 3-1(非竞争情境下的均衡结果):当平台实行会员费机制且第三方卖家销售与平台不同的非竞争性产品组合时,市场均衡时平台设置的会员费为 $p_{ij}^* = \dfrac{\beta_1 \tau \rho_j (a_i n_i \tau - c_B) - \beta_2 n_i \tau \rho_i}{2 n_i \tau}$。相应地,第三方卖家数量为 $N_{ij}^* = \dfrac{\beta_1 \tau \rho_j (a_i n_i \tau - c_B) + \beta_2 n_i \tau \rho_i}{2 n_i \tau}$,平台和第三方卖家的利润分别为 $\pi_{ij}^* = 2 \rho_i (n_i \tau a_i - c_B) + \left[\dfrac{\beta_1 \tau \rho_j (a_i n_i \tau - c_B) + \beta_2 n_i \tau \rho_i}{2 n_i \tau} \right]^2$ 和 $\pi_{ij}^{S*} = \dfrac{(m_i^1 \beta_1 \rho_j \tau + \rho_i \beta_2)[2 n_i a_i \tau \rho_i - }{4 n_i}$

$\dfrac{m_i^1\beta_1\rho_j\tau\, n_i - 2c_B\rho_i + (m_i^1\beta_1\rho_j\tau + \rho_i\beta_2 + n_i)\rho_i\beta_2}{4n_i}$ 其中 $m_i^1 = a_i - \dfrac{c_B}{n_i\tau}$,$i,j \in \{H,L\}$,且 $j \neq i$。

证明:在非竞争情境下,由式(3-17)可知,平台利润函数是关于会员费 p_{ij} 的凹函数,通过求解利润函数关于会员费的一阶条件,可得最优会员费为 $p_{ij}^* = \dfrac{\beta_1\tau\rho_j(a_in_i\tau - c_B) - \beta_2 n_i\tau\rho_i}{2n_i\tau}$。将最优会员费代入式(3-5)可得加入的第三方卖家数量为 $N_{ij} = m_i^1\beta_1\tau\rho_j - p_{ij} = \dfrac{\beta_1\tau\rho_j(a_in_i\tau - c_B) + \beta_2 n_i\tau\rho_i}{2n_i\tau}$。此外,根据式(3-3)、式(3-14)和式(3-17),平台利润函数为

$\pi_{ij}^* = 2\rho_i(n_i\tau a_i - c_B) + \left[\dfrac{\beta_1\tau\rho_j(a_in_i\tau - c_B) + \beta_2 n_i\tau\rho_i}{2n_i\tau}\right]^2$ 和第三方卖家利润为

$\pi_{ij}^{S*} = \dfrac{(m_i^1\beta_1\rho_j\tau + \rho_i\beta_2)[2n_ia_i\tau\rho_i - m_i^1\beta_1\rho_j\tau\, n_i - 2c_B\rho_i + (m_i^1\beta_1\rho_j\tau + \rho_i\beta_2 + n_i)\rho_i\beta_2]}{4n_i}$。

在竞争情境下,根据式(3-15),本节构建的博弈模型可表示为

$$\max_{p_{ij}} \pi_{ij}(p_{ij}) = \rho_i D_{ij}^1 + \rho_i D_{ij}^2 + p_{ij} N_{ij} \tag{3-18}$$
$$\text{s.t. } D_{ij}^1, D_{ij}^2, N_{ij} \geqslant 0, p_{ij} \in R$$

式中,$i \in \{H,L\}$,且 $j = i$。

引理 3-2(竞争情境下的均衡结果):当平台实行会员费机制且第三方卖家销售与平台不同的非竞争性产品组合时,市场均衡时平台设置的会员费为 $p_{ij}^* = \dfrac{\alpha\tau(1-\delta)\rho_j(a_in_i\tau - c_B) - \beta n_i\tau\rho_i}{2n_i\tau}$,相应地,加入电商平台的第三方卖家数量为 $N_{ij}^* = \dfrac{\alpha\tau(1-\delta)\rho_j(a_in_i\tau - c_B) + \beta n_i\tau\rho_i}{2n_i\tau}$,平台企业和第三方卖家的利润分别为 $\pi_{ij}^* = \rho_i[n_i\tau(1+\delta)a_i - 2c_B] + \left[\dfrac{\alpha\tau(1-\delta)\rho_j(a_in_i\tau - c_B) + \beta n_i\tau\rho_i}{2n_i\tau}\right]^2$

和 $\pi_{ij}^{S*} = \left\{\dfrac{(2a_i\rho_i - m_i^1\rho_j\beta_1)\tau(1-\delta) + \rho_i\beta_2}{2} - \dfrac{\rho_i(1-\delta)[2c_B - (m_i^1\beta_1\rho_j\tau(1-\delta) + \rho_i\beta_2)\beta_2]}{2n_i\delta}\right\}$

$\left[\dfrac{m_i^1\beta_1\rho_j\tau(1-\delta) + \rho_i\beta_2}{2}\right]$,其中 $m_i^1 = a_i - \dfrac{c_B}{n_i\tau}$,$i,j \in \{H,L\}$ 且 $j = i$。

证明:在非竞争情境下,由式(3-18)可知,平台利润函数是关于会员费 p_{ij} 的凹函数,由利润函数关于会员费的一阶条件可求得平台的最优会员费为 $p_{ij}^* = \dfrac{\alpha\tau(1-\delta)\rho_j(a_in_i\tau - c_B) - \beta n_i\tau\rho_i}{2n_i\tau}$。将最优会员费代入式(3-11)可得 $N_{ij} = m_i^1\beta_1\tau(1-\delta)\rho_j - p_{ij} = \dfrac{\alpha\tau(1-\delta)\rho_j(a_in_i\tau - c_B) + \beta n_i\tau\rho_i}{2n_i\tau}$。同时,根据式(3-3)、式(3-8)和式(3-18)可得平台利润函数为 $\pi_{ij}^* = \rho_i[n_i\tau(1+\delta)a_i - 2c_B] + \left[\dfrac{\alpha\tau(1-\delta)\rho_j(a_in_i\tau - c_B) + \beta n_i\tau\rho_i}{2n_i\tau}\right]^2$。此外,将最优会员费代入式(3-10)可得第三方卖家利润为 $\pi_{ij}^{S*} = \left\{\dfrac{(2a_i\rho_i - m_i^1\rho_j\beta_1)\tau(1-\delta) + \rho_i\beta_2}{2} - \dfrac{\rho_i(1-\delta)[2c_B - (m_i^1\beta_1\rho_j\tau(1-\delta) + \rho_i\beta_2)\beta_2]}{2n_i\delta}\right\}$

$\left[\dfrac{m_i^1 \beta_1 \rho_j \tau(1-\delta) + \rho_i \beta_2}{2}\right]$。

表 3-2 和表 3-3 总结了 4 种潜在市场均衡结果的会员费及利润计算公式。

表 3-2　市场均衡的最优会员费计算公式

平台	第三方卖家	
	H	L
H	$p_{HH}^* = \dfrac{\beta_1 \tau(1-\delta)\rho_H(a_H n_H \tau - c_B) - \beta_2 n_H \tau \rho_H}{2 n_H \tau}$	$p_{HL}^* = \dfrac{\beta_1 \tau \rho_L(a_H n_H \tau - c_B) - \beta_2 n_H \tau \rho_H}{2 n_H \tau}$
L	$p_{LH}^* = \dfrac{\beta_1 \tau \rho_H(a_L n_L \tau - c_B) - \beta_2 n_L \tau \rho_L}{2 n_L \tau}$	$p_{LL}^* = \dfrac{\beta_1 \tau(1-\delta)\rho_L(a_L n_L \tau - c_B) - \beta_2 n_L \tau \rho_L}{2 n_L \tau}$

表 3-3　市场均衡的最优利润计算公式

平台	第三方卖家	
	H	L
H	$\pi_{HH}^* = \rho_H[n_H \tau(\delta+1)a_H - 2c_B] + \left[\dfrac{m_H^1 \beta_1 \rho_H \tau(1-\delta) + \rho_H \beta_2}{2}\right]^2$ $\pi_{HH}^{S*} = \left[\dfrac{m_H^1 \beta_1 \rho_H \tau(1-\delta) + \rho_H \beta_2}{2}\right] \left\{ \rho_H(1-\delta)\left[a_H \tau - \dfrac{2c_B - (m_H^1 \beta_1 \rho_H \tau(1-\delta) + \rho_H \beta_2)\beta_2}{2 n_H \delta}\right] - \dfrac{m_H^1 \beta_1 \rho_H \tau(1-\delta) - \rho_H \beta_2}{2} \right\}$	$\pi_{HL}^* = 2\rho_H(n_H \tau a_H - c_B) + \left(\dfrac{m_H^1 \beta_1 \rho_L \tau + \rho_H \beta_2}{2}\right)^2$ $\pi_{HL}^{S*} = \left(\dfrac{m_H^1 \beta_1 \rho_L \tau + \rho_H \beta_2}{2}\right) \left\{ \rho_H\left[a_H \tau - \dfrac{2c_B - (m_H^1 \beta_1 \rho_L \tau + \rho_H \beta_2)\beta_2}{2 n_H}\right] - \dfrac{m_H^1 a \rho_L \tau - \rho_H \beta_2}{2} \right\}$
L	$\pi_{LH}^* = 2\rho_L(n_L \tau a_L - c_B) + \left(\dfrac{m_L^1 \beta_1 \rho_H \tau + \rho_L \beta_2}{2}\right)^2$ $\pi_{LH}^{S*} = \left(\dfrac{m_L^1 \beta_1 \rho_H \tau + \rho_L \beta_2}{2}\right) \left\{ \rho_L\left[a_L \tau - \dfrac{2c_B - (m_L^1 \beta_1 \rho_H \tau + \rho_L \beta_2)\beta_2}{2 n_L}\right] - \dfrac{m_L^1 \beta_1 \rho_H \tau - \rho_L \beta_2}{2} \right\}$	$\pi_{LL}^* = \rho_L[n_L \tau(\delta+1)a_L - 2c_B] + \left[\dfrac{m_L^1 \beta_1 \rho_L \tau(1-\delta) + \rho_L \beta_2}{2}\right]^2$ $\pi_{LL}^{S*} = \left[\dfrac{m_L^1 \beta_1 \rho_L \tau(1-\delta) + \rho_L \beta_2}{2}\right] \left\{ \rho_L(1-\delta)\left[a_L \tau - \dfrac{2c_B - (m_L^1 \beta_1 \rho_L \tau(1-\delta) + \rho_L \beta_2)\beta_2}{2 n_L \delta}\right] - \dfrac{m_L^1 \beta_1 \rho_L \tau(1-\delta) - \rho_L \beta_2}{2} \right\}$

注：$m_i^1 = a_i - \dfrac{c_B}{n_i \tau} [i \in \{H, L\}]$。

3.3.2　非竞争情境下的均衡结果分析

为了避免与平台相互竞争,第三方卖家通常会提供与平台不同类型的产品组合。因此,本节研究自营产品和第三方卖家的产品非竞争情境下的平台最优产品选择策略。由引理 3-1 求解最优会员费,可以得到命题 3-1。

命题 3-1(非竞争情境下的定价策略):当平台实行会员费制且第三方卖家销售与平台不同的产品组合时,如果第三方卖家到消费者的网络外部性较弱$\left[\beta_2 \leqslant \frac{\alpha\tau\rho_j(a_in_i\tau-c_B)}{\rho_in_i\tau}\right]$时,则平台实行收费政策($p_{ij}^* \geqslant 0$);否则,当第三方卖家到消费者的网络外部性较强$\left[\beta_2 > \frac{\alpha\tau\rho_j(a_in_i\tau-c_B)}{\rho_in_i\tau}\right]$时,则平台实行补贴政策($p_{ij}^* < 0$)。

证明:在非竞争情境下,由引理 3-1 可知 $p_{ij}^* = \frac{\alpha\tau\rho_j\left(a_i-\frac{c_B}{n_i\tau}\right)-\beta_2\rho_i}{2}$,其中 $i,j \in \{H,L\}$ 且 $j \neq i$。则当 $\beta_2 \leqslant \frac{\alpha\tau\rho_j(a_in_i\tau-c_B)}{n_i\tau\rho_i}$ 时,可得 $p_{ij}^* \geqslant 0$;当 $\beta_2 > \frac{\alpha\tau\rho_j(a_in_i\tau-c_B)}{n_i\tau\rho_i}$,则 $p_{ij}^* < 0$。

显然,第三方卖家到消费者的网络外部性的增强会增加第二阶段进入平台的消费者数量,这会刺激平台吸引更多的第三方卖家加入平台并销售第三方卖家的产品。因此,当卖家到消费者的网络外部性较强时,平台会通过补贴第三方卖家吸引更多的消费者进入平台,这些消费者通过购买自营产品而使平台受益。而且,通过比较 π_H^* 和 π_L^*,命题 3-2 给出了平台在非竞争情境下的最优产品组合选择策略。

命题 3-2(非竞争情境下的自营产品选择):当平台实行会员费制且第三方卖家销售与平台不同的产品组合时,有以下几种选择策略。

①若高端产品与低端产品的单位产品利润比值较小$\left(1 < \frac{\rho_H}{\rho_L} \leqslant \frac{\tau a_L n_L - c_B}{\tau a_H n_H - c_B}\right)$,如果第三方卖家到消费者的网络外部性较强($\beta_2 \geqslant \beta_2^+$),则平台选择销售高端产品;如果第三方卖家到消费者的网络外部性较弱($\beta_2 < \beta_2^+$),则平台选择销售低端产品。

②若高端产品与低端产品的单位产品利润比值较大$\left(\frac{\rho_H}{\rho_L} > \max\left\{\frac{\tau a_L n_L - c_B}{\tau a_H n_H - c_B}, 1\right\}\right)$,如果消费者到第三方卖家的网络外部性较弱$\left(\beta_1 \leqslant \sqrt{-\frac{E_3}{E_2}}\right)$,则平台选择销售高端产品。如果消费者到第三方卖家的网络外部性较强$\left(\beta_1 > \sqrt{-\frac{E_3}{E_2}}\right)$,当第三方卖家到消费者的网络外部性较弱或者较强($\beta_2 \geqslant \beta_2^+$ 或者 $\beta_2 \leqslant \beta_2^-$)时,则平台选择销售高端产品;当第三方卖家到消费者的网络外部性适中($\beta_2^- < \beta_2 < \beta_2^+$)时,则平台选择销售低端产品。

命题 3-2 的最优产品选择策略可表示为决策树,如图 3-2 所示。

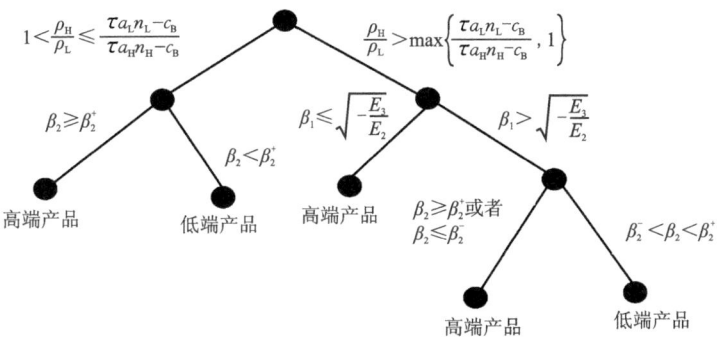

注:$\beta_2^- = \dfrac{E_1\alpha - \sqrt{E_2\alpha^2 + E_3}}{\rho_H^2 - \rho_L^2}$;$\beta_2^+ = \dfrac{E_1\alpha + \sqrt{E_2\alpha^2 + E_3}}{\rho_H^2 - \rho_L^2}$,其中$E_1 = \rho_H\rho_L(m_L^1 - m_H^1)$;$E_2 = (\tau m_L^1\rho_H^2 - \tau m_H^1\rho_L^2)^2$;
$E_3 = 8(\rho_H^2 - \rho_L^2)(\tau a_L n_L\rho_L - \tau a_H n_H\rho_H + c_B\rho_H - c_B\rho_L)$和$m_i^1 = a_i - \dfrac{c_B}{n_i\tau}(i \in \{H, L\})$。

图 3-2 非竞争情境下平台自营产品选择策略树

证明:在会员费制情形下,根据表 3-3,对比平台选择高端产品的利润 π_{HL}^* 和选择低端产品的利润 π_{LH}^*,当且仅当 $2\rho_H(n_H\tau a_H - c_B) + \left(\dfrac{m_H^1\alpha\tau\rho_L + \beta\rho_H}{2}\right)^2 \geqslant 2\rho_L(n_L\tau a_L - c_B) + \left(\dfrac{m_L^1\alpha\tau\rho_H + \beta\rho_L}{2}\right)^2$ 时,
$\pi_{HL}^* \geqslant \pi_{LH}^*$,其中 $m_H^1 = a_H - \dfrac{c_B}{n_H\tau}$,$m_L^1 = a_L - \dfrac{c_B}{n_L\tau}$。为了便于计算,令 $\beta_2^- = \dfrac{E_1\alpha - \sqrt{E_2\alpha^2 + E_3}}{\rho_H^2 - \rho_L^2}$,
$\beta_2^+ = \dfrac{E_1\alpha + \sqrt{E_2\alpha^2 + E_3}}{\rho_H^2 - \rho_L^2}$,其中 $E_1 = \rho_H\rho_L(m_L^1 - m_H^1)$;$E_2 = (\tau m_L^1\rho_H^2 - \tau m_H^1\rho_L^2)^2$;$E_3 = 8(\rho_H^2 - \rho_L^2)$
$(\tau a_L n_L\rho_L - \tau a_H n_H\rho_H + c_B\rho_H - c_B\rho_L)$,则可得,如果 $1 < \dfrac{\rho_H}{\rho_L} \leqslant \dfrac{\tau a_L n_L - c_B}{\tau a_H n_H - c_B}$,当且仅当 $\beta \geqslant \beta_1^+$ 时,
$\pi_{HL}^* \geqslant \pi_{LH}^*$ 成立;如果 $\dfrac{\rho_H}{\rho_L} > \max\left\{\dfrac{\tau a_L n_L - c_B}{\tau a_H n_H - c_B}, 1\right\}$,当且仅当满足以下 3 个条件之一:① $\beta_1 \leqslant$
$\sqrt{-\dfrac{E_3}{E_2}}$;② $\beta_1 > \sqrt{-\dfrac{E_3}{E_2}}$ 且 $\beta_2 \geqslant \beta_2^+$;③ $\beta_1 > \sqrt{-\dfrac{E_3}{E_2}}$ 且 $\beta_2 \leqslant \beta_2^-$ 时,$\pi_{HL}^* \geqslant \pi_{LH}^*$ 成立。

如果 $2\rho_H(n_H\tau a_H - c_B) + \left(\dfrac{m_H^1\alpha\tau\rho_L + \beta\rho_H}{2}\right)^2 < 2\rho_L(n_L\tau a_L - c_B) + \left(\dfrac{m_L^1\alpha\tau\rho_H + \beta\rho_L}{2}\right)^2$,则
$\pi_{HL}^* < \pi_{LH}^*$。因此,当 $1 < \dfrac{\rho_H}{\rho_L} \leqslant \dfrac{\tau a_L n_L - c_B}{\tau a_H n_H - c_B}$ 时,当且仅当 $\beta_2 < \beta_2^+$,$\pi_{HL}^* < \pi_{LH}^*$ 成立;当 $\dfrac{\rho_H}{\rho_L} > \max$
$\left\{\dfrac{\tau a_L n_L - c_B}{\tau a_H n_H - c_B}, 1\right\}$ 时,当且仅当 $\beta_1 > \sqrt{-\dfrac{E_3}{E_2}}$ 且 $\beta_2^- < \beta_2 < \beta_2^+$,$\pi_{HL}^* < \pi_{LH}^*$ 成立。

命题 3-2 表明,平台的最优产品组合选择取决于高端产品与低端产品的单位产品利润比值和双边网络外部性强度。为了更好地解释此命题,引理 3-3 给出了平台各阶段获得的利润的敏感性分析。

引理 3-3(各阶段利润敏感性分析):当平台实行会员费制且销售其自营产品时,平台在第

一阶段销售自营产品所产生的利润不随双边网络外部性的变化而改变。来自第三方卖家会员费所产生的利润随着消费者到第三方卖家的网络外部性强度的增强而增加,随着第三方卖家到消费者的网络外部性的增强而降低。第二阶段的自营产品需求所产生的利润及平台总利润随着双边网络外部性强度的增强而增加。

证明:在会员收费制情形下,根据式(3-9),平台的总利润由 3 部分组成:①第一阶段的自营产品需求所产生的利润,即 $\pi_{ij}^{1*} = \rho_i(n_i\tau a_i - c_B)$;②第三方卖家支付的交易费所产生的利润,即 $\pi_{ij}^{2S*} = \dfrac{(m_i^1\tau\beta_1\rho_j)^2 - (\beta_2\rho_j)^2}{4}$;③第二阶段的自营产品需求所产生的利润,即 $\pi_{ij}^{2*} = \rho_i(n_i\tau a_i - c_B) + \rho_i\beta_2\left(\dfrac{m_i^1\tau\beta_1\rho_j + \beta_2\rho_j}{2}\right)$。则易得

(1) $\dfrac{\partial \pi_{ij}^{1*}}{\partial \beta_1} = \dfrac{\partial \pi_{ij}^{1*}}{\partial \beta_2} = 0$;

(2) $\dfrac{\partial \pi_{ij}^{2S*}}{\partial \beta_1} = \dfrac{\rho_j^2 m_i^{1\,2}\beta_1}{2} > 0$, $\dfrac{\partial \pi_{ij}^{2S*}}{\partial \beta_2} = -\dfrac{\rho_j^2 \beta_2}{2} < 0$;

(3) $\dfrac{\partial \pi_{ij}^{2*}}{\partial \beta_1} = \dfrac{m_i^1 \rho_i \beta_2 \rho_j}{2} > 0$, $\dfrac{\partial \pi_{ij}^{2*}}{\partial \beta_2} = \rho_i\left(\dfrac{m_i^1 \beta_1 \rho_j + 2\beta_2\rho_i}{2}\right) > 0$; $\dfrac{\partial \pi_{ij}^{*}}{\partial \beta_2} = \dfrac{\rho_i}{2}(\beta_1\rho_j m_i^1 + \beta_2\rho_i) > 0$,

$\dfrac{\partial \pi_{ij}^{*}}{\partial \beta_1} = \dfrac{\rho_j}{2}\left(a_i\tau - \dfrac{c_B}{n_i}\right)(\beta_1\rho_j m_i^{1\,2} + \beta_2\rho_i) > 0$。

如命题 3-2①和图 3-2 决策树的左分支所示,当高端产品和低端产品的单位产品利润比值较小时,如果消费者加入平台受到平台上第三方卖家数量的影响较大且第二阶段销售的自营产品是平台利润的主要来源,则销售高端产品比销售低端产品更有利可图,如图 3-3(a)所示。在这种情况下,销售高端产品组合可以在第一阶段吸引更多的第三方卖家加入平台,从而在第二阶段吸引更多消费者进入平台购买产品。因此,第二阶段销售高端产品的利润高于销售低端产品所获得的利润,并且随着卖家到消费者的网络外部性的增强,其利润差距变大。因此,如果卖家到消费者的网络外部性足够强时,平台销售高端产品的利润更高。

有趣的是,当高端产品与低端产品的单位产品利润比值足够大时(如图 3-2 中决策树的右分支所示),除了当消费者到第三方卖家的网络外部性足够强且第三方卖家到消费者的网络外部性适中的情形外,平台均选择高端产品组合。如命题 3-2②所示,只要买家到卖家的网络外部性较弱,平台的最优决策便是销售高端产品组合,因为在这种情况下,从高端产品中获得的单位产品利润明显高于低端产品。然而,如果消费者到卖家的网络外部性足够强,那么第三方卖家到消费者的网络外部性强度起决定作用。如图 3-3(b)所示,如果 β_2 较小,则平台在第二阶段通过销售自营产品获得的利润较低。因此,通过销售较高利润率的高端产品来获得高额的第一阶段利润是平台的最优策略。当从卖家到买家的网络外部性足够强时,与命题 3-2②所述原因类似,平台销售高端产品的利润更高。因此,在消费者对第三方卖家的网络外部性足够强且第三方卖家对消费者的网络外部性适中的情况下,平台应该销售低端产品组合。

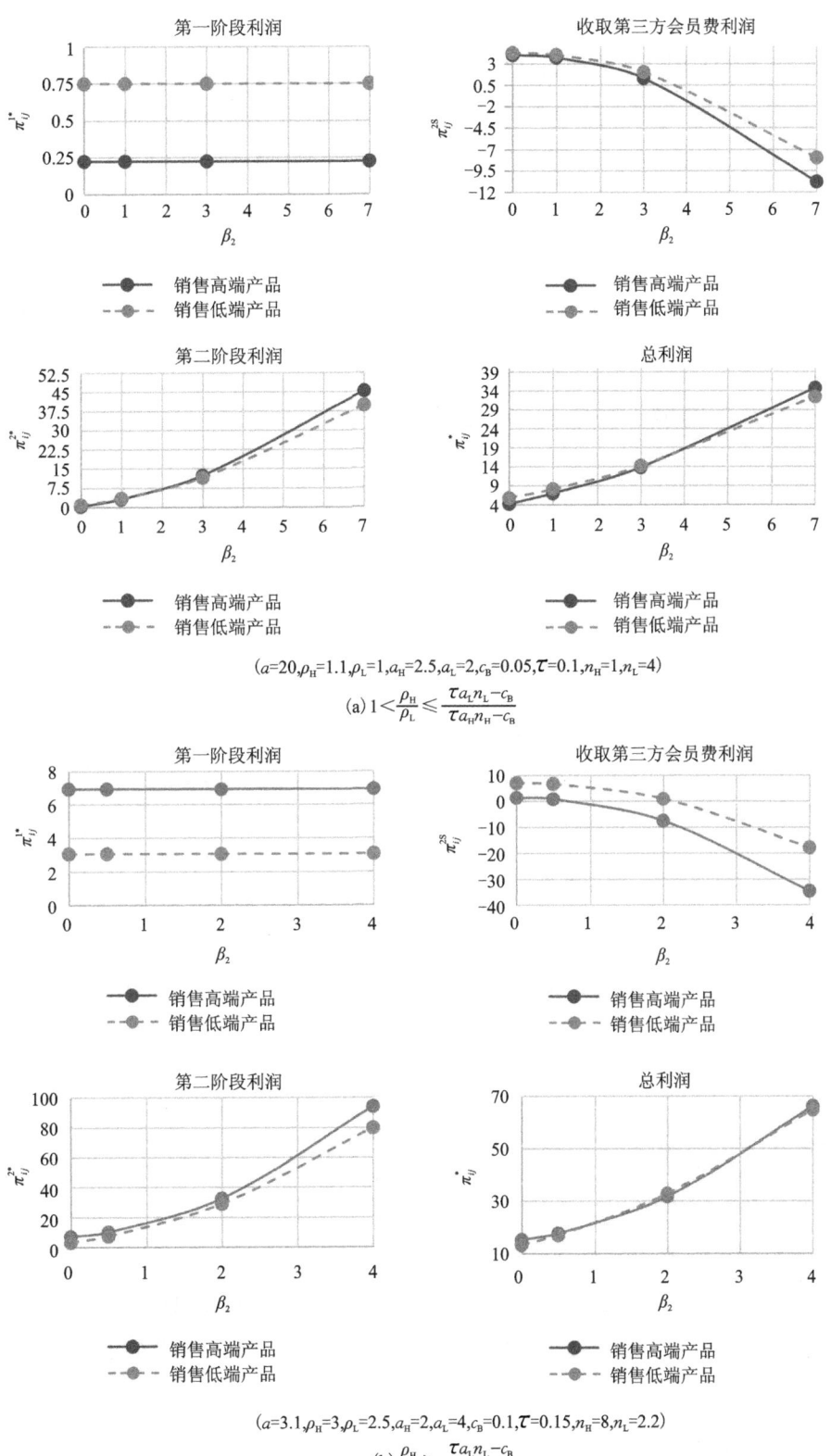

图 3-3 双边网络外部性强度对平台各部分利润的影响

该研究结果适用于初创平台的产品选择决策,解释了京东选择销售高端产品而当当网选择销售低端产品的原因。当当网成立于1999年,当时中国网民数量较少。因此,尽管平台上有大量的第三方卖家,但平台能够吸引的买家数量有限,即卖家对买家的网络外部性强度相对较弱。然而,京东在2007年上线,此时互联网发展迅猛,网上交易的潜在买家数量呈几何倍数增长,即卖家到买家的网络外部性显著增强,因此京东选择销售高端产品组合。命题3-2强调了平台自营产品选择策略的重要性。对于初创平台而言,研究结果表明了平台应该如何根据双边网络外部性的强度选择产品组合,也解释了为什么不同平台在成立时选择不同的产品组合。

3.3.3 竞争情境下的均衡结果分析

前文考虑了平台和第三方卖家提供不同产品组合时平台的最优产品选择策略,但常见的是在很多电商平台上,平台与第三方卖家经常会销售相同类型的可替代产品,例如,京东、亚马逊等。本节将对平台和第三方卖家提供可替代产品的均衡结果进行分析。由表3-2所示的会员费的均衡结果可以得到以下命题。

命题3-3(竞争情境下的定价策略):当平台实行会员费制且第三方卖家销售与平台相同的产品组合时,如果第三方卖家到消费者的网络外部性较弱$\left[\beta_2 \leqslant \frac{\alpha\tau\rho_j(a_i n_i\tau - c_B)}{\rho_i n_i\tau}\right]$且自营产品的竞争优势较弱$\left[\delta \leqslant 1 - \frac{\beta_2 \rho_i n_i\tau}{\alpha\tau\rho_j(a_i n_i\tau - c_B)}\right]$,则平台实行收费政策;否则$\left[\beta_2 > \frac{\alpha\tau(1-\delta)\rho_j(a_i n_i\tau - c_B)}{\rho_i n_i\tau}\right.$或者$\delta > 1 - \frac{\beta_2 \rho_i n_i\tau}{\alpha\tau\rho_j(a_i n_i\tau - c_B)}\left.\right]$,平台向第三方卖家实行补贴政策。

证明:在竞争情境下,根据引理3-2,可以得到$p_{ij}^* = \frac{\alpha\tau(1-\delta)\rho_j\left(a_i - \frac{c_B}{n_i\tau}\right) - \beta_2\rho_i}{2}$,其中$i, j \in \{H, L\}$且$j \neq i$。因此,当且仅当$\beta_2 \leqslant \frac{\alpha\tau\rho_j(a_i n_i\tau - c_B)}{\rho_i n_i\tau}$且$\delta \leqslant 1 - \frac{\beta_2 \rho_i n_i\tau}{\alpha\tau\rho_j(a_i n_i\tau - c_B)}$时,$p_{ij}^* \geqslant 0$,平台实行收费政策,否则$\left[\beta_2 > \frac{\alpha\tau(1-\delta)\rho_j(a_i n_i\tau - c_B)}{\rho_i n_i\tau}\right.$或者$\delta > 1 - \frac{\beta_2 \rho_i n_i\tau}{\alpha\tau\rho_j(a_i n_i\tau - c_B)}\left.\right]$,平台向第三方卖家实行补贴政策。

命题3-3表明,只有当自营产品竞争优势和第三方卖家到消费者的网络外部性均较弱时,平台才会对第三方卖家收费。这是因为当自营产品竞争优势较强或者卖家到消费者网络外部性较强时,平台会通过补贴政策吸引卖家进入平台,从而吸引更多的消费者进入平台购买自营产品。与命题3-1的非竞争情境下的定价策略比较,命题3-3表明在竞争情境下实行补贴政策的概率增加。原因在于,自营产品与第三方卖家的产品的竞争导致较少的第三方卖家进入平台,因此平台只能向第三方卖家实行补贴来达到吸引第三方卖家的目的。

命题 3-4(竞争情境下的平台利润敏感性分析):当平台实行会员费制且第三方卖家销售与平台相同的产品组合时,如果第三方卖家到消费者的网络外部性较强$\left(\beta \geqslant \frac{2n_i^2 \tau a_i}{\alpha \rho_j(a_i n_i \tau - c_B)}\right)$,平台利润随着自营产品的竞争优势强度增强而增加;如果第三方卖家到消费者的网络外部性适中$\left\{\frac{2\rho_i n_i^3 \tau a_i - [\alpha \rho_j(n_i \tau a_i - c_B)]^2}{n_i \alpha \rho_j(n_i \tau a_i - c_B)\rho_i} < \beta < \frac{2n_i^2 \tau a_i}{\alpha \rho_j(a_i n_i \tau - c_B)}\right\}$,随着自营产品的竞争优势强度增强,平台利润先增加后减小;如果第三方卖家到消费者的网络外部性较弱$\left\{\beta \leqslant \frac{2\rho_i n_i^3 \tau a_i - [\alpha \rho_j(n_i \tau a_i - c_B)]^2}{n_i \alpha \rho_j(n_i \tau a_i - c_B)\rho_i}\right\}$,平台利润随着自营产品的竞争优势强度增强而减小。

证明:在竞争情境下,根据表 3-3 的平台利润,可得 π_{ij}^* 关于 δ 的导数为 $\frac{\partial \pi_{ij}^*}{\partial \delta} = \rho_i n_i \tau a_i - \frac{\alpha \rho_j \tau m_i^1 [\alpha \rho_j \tau(1-\delta)m_i^1 + \rho_i \beta]}{2}$。因此,当且仅当 $\beta \geqslant \frac{2n_i a_i}{\alpha \rho_j m_i^1}$ 或 $\frac{2\rho_i n_i \tau a_i - (\alpha \rho_j \tau m_i^1)^2}{\alpha \rho_j \tau m_i^1 \rho_i} < \beta < \frac{2n_i a_i}{\alpha \rho_j m_i^1}$ 且 $0 < \delta \leqslant \frac{(\alpha \rho_j \tau m_i^1)^2 + \alpha \rho_j \tau m_i^1 \rho_i \beta - 2\rho_i n_i \tau a_i}{(\alpha \rho_j \tau m_i^1)^2}$ 时,$\frac{\partial \pi_{ij}^*}{\partial \delta} \geqslant 0$ 成立。而当且仅当 $\beta \leqslant \frac{2\rho_i n_i \tau a_i - (\alpha \rho_j \tau m_i^1)^2}{\alpha \rho_j \tau m_i^1 \rho_i}$ 或者 $\frac{2\rho_i n_i \tau a_i - (\alpha \rho_j \tau m_i^1)^2}{\alpha \rho_j \tau m_i^1 \rho_i} < \beta < \frac{2n_i a_i}{\alpha \rho_j m_i^1}$ 且 $\frac{(\alpha \rho_j \tau m_i^1)^2 + \alpha \rho_j \tau m_i^1 \rho_i \beta - 2\rho_i n_i \tau a_i}{(\alpha \rho_j \tau m_i^1)^2} < \delta < 1$(其中 $m_i^1 = a_i - \frac{c_B}{n_i \tau}$)时,$\frac{\partial \pi_{ij}^*}{\partial \delta} < 0$ 成立。

从命题 3-4 可以观察到,平台的利润可能不会随着其产品的竞争优势增强而增加。如果第三方卖家到消费者的网络外部性较强,那么增强平台自营产品的竞争优势会降低其总利润,因为第三方卖家竞争优势的减弱导致进入平台的卖家减少而降低了平台会员费的收入以及第二阶段自营产品利润。反之,如果第三方卖家到消费者的网络外部性较弱,那么平台将受益于其较强的产品竞争优势,此时第二阶段的产品利润有所增加。从平台企业的角度来看,本命题揭示了提供具有较强竞争优势的自营产品可能不会盈利,而故意降低自有产品的竞争力可能有助于平台从第三方卖家获得更多利润,从而最终提高整体盈利。在此基础上,由于利润函数较为复杂,无法得出自营产品选择的解析决策,因此本节通过数值实验来解决该问题,结果如图 3-4 所示。数值结论 3-1 给出了平台在竞争情境下的最优产品组合选择策略。

数值结论 3-1:在平台实行会员费制且第三方卖家销售与平台相同的产品组合情形下:①当高端产品与低端产品的单位产品利润比值较小时,如果第三方卖家到消费者的网络外部性较弱,则平台选择销售低端产品;如果第三方卖家到消费者的网络外部性较强,则平台选择销售高端产品。②当高端产品与低端产品的单位产品利润比值较大时,如果消费者到第三方卖家的网络外部性较强,则平台选择销售高端产品;如果消费者到第三方卖家的网络外部性较弱,若第三方卖家到消费者的网络外部性较弱,平台选择销售低端产品;若第三方卖家到消费者的网络外部性较强,则平台选择销售高端产品。

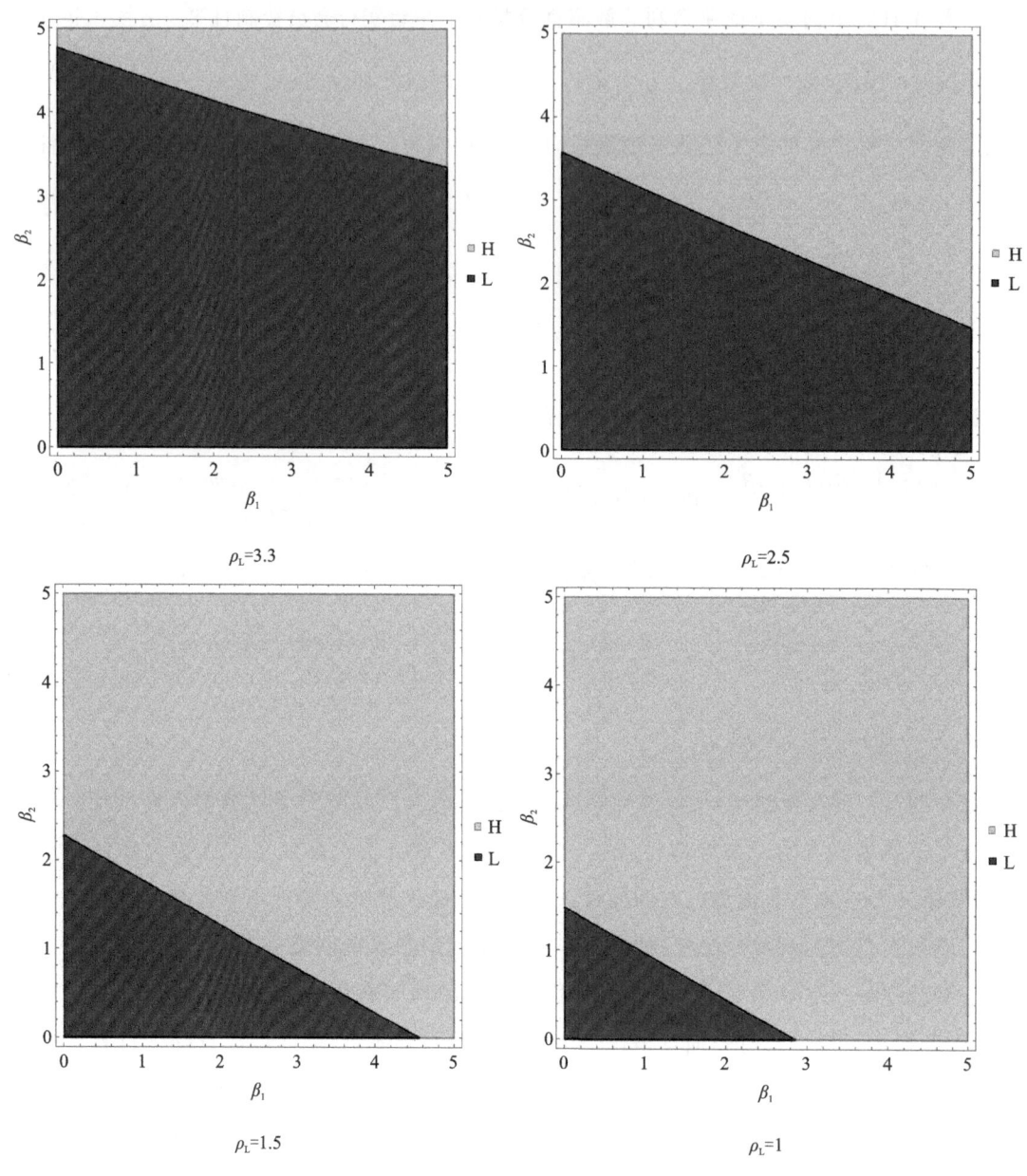

$(a_H=5.3, a_L=7.4, \rho_H=5.4, n_H=1, n_L=5, c_B=0.5, \tau=0.6, \delta=0.8)$

图 3-4 竞争情境下平台自营产品选择策略

在竞争情境下，自营产品与第三方卖家的产品的竞争会降低平台和第三方卖家产品的市场份额。因此，平台自营产品在竞争情境下的产品选择策略与在非竞争情境下的结果有所不同。如果高端产品与低端产品的单位产品利润比例较小，只要消费者到第三方卖家的网络外部性或者卖家到消费者的网络外部性较强，平台则通过获得更高的会员费利润或者自营产品收益选择高端产品。此外，随着高端产品与低端产品的单位产品利润比例增大，选择低端产品组合的利润减少，因此，平台更可能选择销售高端产品。

3.3.4 策略对比分析

根据前文的分析,本节对竞争和非竞争情境下平台自营产品和第三方卖家的产品定价及选择策略进行对比分析。命题 3-5 描述了平台不同产品选择策略下的收费定价变化。

命题 3-5(定价策略对比)：在会员费制情形下,当平台选择销售低端产品时,竞争情境下的会员费总是低于非竞争情境。当平台选择销售高端产品时,如果自营产品的竞争优势较弱 $\left(\delta < 1 - \dfrac{\rho_L}{\rho_H}\right)$,竞争情境下的会员费高于非竞争情境;如果自营产品的竞争优势较强 $\left(\delta \geq 1 - \dfrac{\rho_L}{\rho_H}\right)$,竞争情境下的会员费低于非竞争情境。

证明：根据表 3-2 的会员费均衡结果,当平台选择销售低端产品时,$p_{LH}^* = \dfrac{m_i^1 \alpha \rho_H \tau - \rho_L \beta}{2}$ 且 $p_{LL}^* = \dfrac{m_i^1 \alpha \rho_L \tau (1-\delta) - \rho_L \beta}{2}$,则 $p_{LH}^* > p_{LL}^*$ 恒成立;当平台选择高端产品时,$p_{HH}^* = \dfrac{m_i^1 \alpha \rho_H \tau (1-\delta) - \rho_H \beta}{2}$ 且 $p_{HL}^* = \dfrac{m_i^1 \alpha \rho_L \tau - \rho_H \beta}{2}$。如果 $\delta < 1 - \dfrac{\rho_L}{\rho_H}$,则有 $p_{HH}^* > p_{HL}^*$;如果 $\delta \geq 1 - \dfrac{\rho_L}{\rho_H}$,则有 $p_{HL}^* \geq p_{HH}^*$,其中 $m_i^1 = a_i - \dfrac{c_B}{n_i \tau}$。

命题 3-5 描述了当且仅当平台选择销售高端产品组合并且此产品的竞争优势较弱时,平台在非竞争情境下向第三方卖家收取的会员费比竞争情境下更低。原因在于,当自营产品的竞争优势较弱时,第三方卖家可以通过其较强的产品竞争优势获得更高的利润。此时,平台主要通过依靠收取较高的会员费获利,因此在竞争情境下应设置高额的会员费。否则,当自营产品的竞争优势较强时,平台应该收取较低的会员费,以鼓励更多的卖家和额外的消费者在第二阶段进入平台,最终增加平台从第二阶段的需求中获得的利润。根据表 3-3 的均衡利润结果,本节将分析平台和第三方卖家的产品组合选择策略,即选择竞争性产品还是非竞争性产品,结果如图 3-5 所示。数值结论 3-2 给出了会员费制下的最优产品选择策略。

数值结论 3-2：在会员费制情形下,当自营产品组合的竞争优势较弱时,平台和第三方卖家总是选择相同的产品组合而实行竞争策略(HH 或者 LL);当自营产品组合的竞争优势较强时,平台和第三方卖家选择实行非竞争策略(LH 或者 HL);当自营产品组合的竞争优势适中时,如果第三方卖家到消费者的网络外部性较强或者较弱,平台和第三方卖家实行竞争策略(HH 或者 LL),如果卖家到消费者的网络外部性适中,选择不同产品组合的非竞争策略(LH 或者 HL)将更加有利可图。随着自营产品组合的竞争优势的增强,非竞争策略(LH 或者 HL)更可能成为均衡结果;竞争策略(HH 或者 LL)成为均衡结果的概率降低。

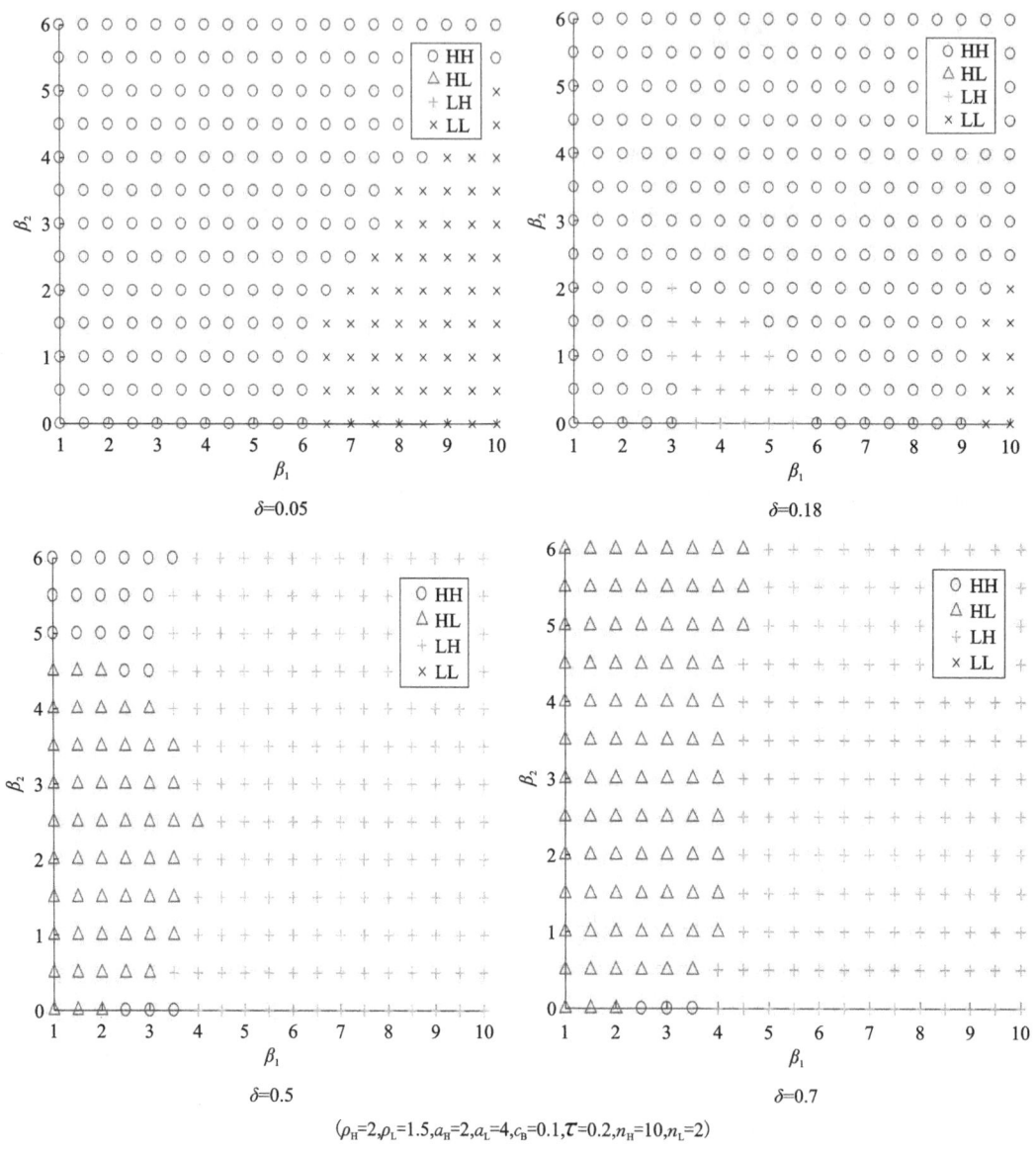

($\rho_H=2, \rho_L=1.5, a_H=2, a_L=4, c_B=0.1, \tau=0.2, n_H=10, n_L=2$)

图 3-5 会员费制下的产品选择策略

数值结论 3-2 探讨了自营产品的竞争优势强度是如何影响均衡结果的。从图 3-5 可以看出,当自营产品的竞争优势较弱($\delta=0.05$ 或者 0.18)时,在大多数情况下,第三方卖家会因为其产品较强的竞争优势而出售与平台相同的产品组合。当自营产品的竞争优势较强时,如果第三方卖家销售与之相同的产品组合会降低第三方卖家的产品的需求,因此,随着竞争优势的增强,HH 或 LL 成为均衡结果的概率会降低。换言之,当自营产品组合的竞争优势较强($\delta=0.5$ 或者 0.7)时,大多数情况下会出现非竞争均衡结果。这一数值结果意味着初创平台可能会通过增强其自营产品的竞争优势来鼓励第三方卖家选择不同的产品组合。

3.4 扩展分析

在前面的章节中,基础模型假设平台对第三方卖家采取相对易于操作的会员费制,但这种固定费用机制与第三方卖家的产品的销量没有直接关系。不同于会员费制,佣金费制是按交易额度收取费用的常见收费制度之一。平台通常会向第三方卖家按照每次交易额度的一定比例收取费用,这种收费制度已经被 eBay、京东等众多平台所采用。因此,本节首先将在佣金费制的背景下考虑平台的最优产品组合选择策略,然后通过对比分析会员费制和佣金费制下的产品选择策略来验证基础模型结果的稳健性。

3.4.1 佣金费制情境下的产品选择策略

本节建立佣金费制情形下的博弈模型。假设 γ_{ij} 为平台提供产品组合 i 向第三方卖家的产品组合 j 每笔成交额收费时的佣金率。类似于基础模型的分析,在非竞争情境下,第三方卖家加入平台的期望支付函数可表示为

$$U^{St}_{ij} = m_i^1 \tau \beta_1 \rho_j (1-\gamma_{ij}) - c_S \tag{3-19}$$

在竞争情境下,相应的支付函数为

$$U^{St}_{ij} = m_i^1 \tau (1-\delta) \beta_1 \rho_j (1-\gamma_{ij}) - c_S \tag{3-20}$$

则在竞争和非竞争情境下加入平台的第三方卖家数量分别为

$$N^t_{ij} = m_i^1 \tau \beta_1 \rho_j (1-\gamma_{ij}) \tag{3-21}$$

和

$$N^t_{ij} = m_i^1 \tau (1-\delta) \beta_1 \rho_j (1-\gamma_{ij}) \tag{3-22}$$

在第二阶段,相应的加入平台的消费者数量分别为

$$m^{2t}_{ij} = a_i - \frac{c_B - \beta_2 N^t_{ij}}{n_i \tau} \tag{3-23}$$

和

$$m^{2t}_{ij} = a_i - \frac{c_B - \beta_2 N^t_{ij}}{n_i \tau \delta} \tag{3-24}$$

因此,佣金费制下平台最大化利润模型可表示为

$$\max_{\gamma<1} \pi t_{ij}(\gamma) = \begin{cases} \rho_i(D1_i + D^{2t}_{ij}) + N^t_{ij} m^t_{ij} \tau \rho_j \gamma_{ij}, & j \neq i \\ \rho_i(D_i^1 + D^{2t}_{ij}) + N^t_{ij} m t_{ij} \tau (1-\delta) \rho_j \gamma_{ij}, & j = i \end{cases} \tag{3-25}$$

其中 $D_i^1 = n_i \tau a_i - c_B$ 且 $D^{2t}_{ij} = n_i \tau a_i - c_B + \beta_2 N^t_{ij}$。第三方卖家的利润为

$$\pi^{st}_{ij} = \begin{cases} m_i^1 \beta_1 \rho_j^2 \tau^2 (1-\gamma_{ij})^2 \left(a_i - \dfrac{c_B - \beta_2 N^t_{ij}}{n_i \tau}\right), & i \neq j \\ m_i^1 \beta_1 \rho_j^2 \tau^2 (1-\delta)^2 \left(a_i - \dfrac{c_B - \beta_2 N^{t*}_{ij}}{n_i \tau \delta}\right)(1-\gamma_{ij})^2, & i = j \end{cases} \tag{3-26}$$

则由式(3-25)可求得最优佣金率为

$$\gamma_{ij}^* = \begin{cases} \dfrac{2A_{ij}\beta + a_i\tau n_i - c_B - \sqrt{B_{ij}\beta_2^2 + C_{ij}\beta_2 + (a_i\tau n_i - c_B)^2}}{3A_{ij}}, & i \neq j \\ \dfrac{2A_{ij}\beta + a_i\tau n_i\delta - c_B - \sqrt{B_{ij}\beta^2 + C_{ij}\beta_2 + (a_i\tau n_i\delta - c_B)^2}}{3A_{ij}}, & i = j \end{cases} \quad (3\text{-}27)$$

其中 $A_{ij} = \begin{cases} m_i^1\beta_1\beta_2\rho_j\tau, & j \neq i \\ m_i^1\tau(1-\delta)\beta_1\beta_2\rho_j, & j = i \end{cases}$; $C_{ij} = \begin{cases} m_i^1\beta_1\tau\rho_j(a_i\tau n_i - c_B), & j \neq i \\ m_i^1\beta_1\rho_j\tau(1-\delta)(a_i\tau n_i\delta - c_B), & j = i \end{cases}$,

且 $B_{ij} = \begin{cases} m_i^1\beta_1\tau\rho_j(m_i^1\beta_1\tau\rho_j + 3n_i\rho_i), & j \neq i \\ m_i^1\beta_1\rho_j(1-\delta)\left[m_i^1\beta_1\tau(1-\delta)\rho_j + \dfrac{3n_i\rho_i\delta}{1-\delta}\right], & j = i \end{cases}$。表 3-4 和表 3-5 分别给出了 4 种潜在市场均衡下的平台最优佣金率及平台和第三方卖家的最优利润。在此基础上,命题 3-6 分析了在最优佣金费制情形下的定价策略。

表 3-4 佣金费制下的最优佣金率

平台	第三方卖家	
	H	L
H	$\gamma_{HH}^* = \dfrac{2A_{HH}\beta_2 + a_H\tau n_H\delta - c_B}{3A_{HH}} - \dfrac{\sqrt{B_{HH}\beta_2^2 + C_{HH}\beta_2 + (a_H\tau n_H\delta - c_B)^2}}{3A_{HH}}$	$\gamma_{HL}^* = \dfrac{2A_{HL}\beta_2 + a_H\tau n_H - c_B}{3A_{HL}} - \dfrac{\sqrt{B_{HL}\beta_2^2 + C_{HL}\beta_2 + (a_H\tau n_H - c_B)^2}}{3A_{HL}}$
L	$\gamma_{LH}^* = \dfrac{2A_{LH}\beta_2 + a_L\tau n_L - c_B}{3A_{LH}} - \dfrac{\sqrt{B_{LH}\beta_2^2 + C_{LH}\beta_2 + (a_L\tau n_L - c_B)^2}}{3A_{LH}}$	$\gamma_{LL}^* = \dfrac{2A_{LL}\beta_2 + a_L\tau n_L\delta - c_B}{3A_{LL}} - \dfrac{\sqrt{B_{LL}\beta_2^2 + C_{LL}\beta_2 + (a_L\tau n_L - c_B)^2}}{3A_{LL}}$

表 3-5 佣金费制下的最优利润

平台	第三方卖家	
	H	L
H	$\pi_{HH}^{t*} = \rho_H[n_H\tau(\delta+1)a_H - 2c_B + \beta_2 N_{HH}^{t*}] + N_{HH}^{t*} m_{H2}^{t*}\tau(1-\delta)\rho_L\gamma_{HH}^*$ $\pi_{HH}^{Sr*} = m_{H1}\beta_1\rho_L^2\tau^2(1-\delta)^2\left(a_H - \dfrac{c_B - \beta_2 N_{HH}^{t*}}{n_H\tau\delta}\right)(1-\gamma_{HH}^*)^2$	$\pi_{HL}^{t*} = \rho_H(2n_H\tau a_H - 2c_B + \beta_2 N_{HL}^{t*}) + N_{HL}^{t*} m_{H2}^{t*}\tau\rho_L\gamma_{HL}^*$ $\pi_{HL}^{Sr*} = m_{L1}\beta_1\rho_H^2\tau^2(1-\gamma_{HL}^*)^2\left(a_L - \dfrac{c_B - \beta_2 N_{HL}^{t*}}{n_L\tau}\right)$

续表3-5

平台	第三方卖家	
	H	L
L	$\pi_{LH}^{t*} = \rho_L (2n_L \tau a_L - 2c_B + \beta_2 N_{LH}^{t*}) + N_{LH}^{t*} m_{L2}^{i*}$ $\tau \rho_H \gamma_{LH}^*$ $\pi_{LH}^{q*} = m_{H1} \beta_1 \rho_L^2 \tau^2 (1-\gamma_{LH}^*)^2$ $\left(a_i - \dfrac{c_B - \beta_2 N_{LH}^{t*}}{n_H \tau}\right)$	$\pi_{LL}^{t*} = \rho_L [n_L \tau (\delta+1) a_L - 2c_B + \beta_2 N_{LL}^{t*}] + N_{LL}^{t*}$ $m_{L2}^{t*} \tau (1-\delta) \rho_H \gamma_{LL}^*$ $\pi_{LL}^{S*} = m_{L1} \beta_1 \rho_L^2 \tau^2 (1-\delta)^2 \left(a_L - \dfrac{c_B - \beta_2 N_{LL}^{t*}}{n_L \tau \delta}\right)$ $(1-\gamma_{LL}^*)^2$

命题 3-6(佣金费制定价策略)：在佣金费制情形下，如果消费者到第三方卖家的网络外部性较强，则平台向第三方实行收费政策。如果消费者到第三方卖家的网络外部性较弱，当第三方卖家到消费者的网络外部性较强时，平台补贴第三方卖家；否则，当第三方卖家到消费者的网络外部性较弱时，平台实行收费政策。

证明：从非竞争和竞争两种情境分别进行证明。在非竞争情境下，根据式(3-27)，佣金率 $\gamma_{ij}^* = \dfrac{(a_i \tau n_i - c_B) + (m_i^1 \tau \beta_1 \rho_j - n_i \rho_i) \beta_2}{2 A_{ij} \beta_2 + a_i \tau n_i - c_B + \sqrt{B_{ij} \beta_2^2 + C_{ij} \beta_2 + (a_i \tau n_i - c_B)^2}}$。当 $\beta_1 \geqslant \dfrac{n_i \rho_i}{\tau m_i^1 \rho_j}$ 时，$\gamma_{ij}^* \geqslant 0$ 成立。当 $\beta_1 < \dfrac{n_i \rho_i}{\tau m_{i1} \rho_j}$ 时，如果 $\beta_2 > \dfrac{a_i \tau n_i - c_B}{n_i \rho_i - m_i^1 \beta_1 \tau \rho_j}$，则有 $\gamma_{ij}^* < 0$；如果 $\beta_2 \leqslant \dfrac{a_i \tau n_i - c_B}{n_i \rho_i - m_i^1 \beta_1 \tau \rho_j}$，则有 $\gamma_{ij}^* \geqslant 0$。其中 $A_{ij} = m_i^1 \beta_1 \rho_j \tau$，$B_{ij} = m_i^1 \beta_1 \tau \rho_j (m_i^1 \alpha \tau \rho_j + 3 n_i \rho_i)$，$C_{ij} = m_i^1 \beta_1 \tau \rho_j (a_i \tau n_i - c_B)$。类似地，在自营产品与第三方卖家的产品竞争情境下，佣金率 $\gamma_{ii}^* = \dfrac{(a_i \tau n_i \delta - c_B) + \beta_2 \left[m_i^1 \tau (1-\delta) \alpha \rho_j - \dfrac{\rho_i n_i \delta}{(1-\delta)}\right]}{2 A_{ij} \beta_2 + a_i \tau n_i \delta - c_B + \sqrt{B_{ij} \beta_2^2 + C_{ij} \beta_2 + (a_i \tau n_i \delta - c_B)^2}}$。当 $\beta_1 \geqslant \dfrac{n_i \rho_i \delta}{\tau (1-\delta)^2 m_i^1 \rho_j}$ 时，$\gamma_{ii}^* \geqslant 0$ 成立。当 $\beta_1 < \dfrac{n_i \rho_i \delta}{\tau (1-\delta)^2 m_{i1} \rho_j}$ 时，如果 $\beta_2 > \dfrac{(1-\delta)(a_i \tau \delta n_i - c_B)}{n_i \rho_i \delta - m_i^1 \beta_1 \tau (1-\delta)^2 \rho_j}$，则有 $\gamma_{ii}^* < 0$；如果 $\beta_2 \leqslant \dfrac{(1-\delta)(a_i \tau \delta n_i - c_B)}{n_i \rho_i \delta - m_i^1 \beta_1 \tau (1-\delta)^2 \rho_j}$，则有 $\gamma_{ii}^* \geqslant 0$。其中 $A_{ij} = m_i^1 \tau (1-\delta) \beta_1 \rho_j$；$B_{ij} = m_i^1 \beta_1 \tau \rho_j (1-\delta) \left[m_i^1 \alpha \tau (1-\delta) \rho_j + \dfrac{3 n_i \rho_i \delta}{1-\delta}\right]$；$C_{ij} = m_i^1 \beta_1 \rho_j \tau (1-\delta)(a_i \tau n_i \delta - c_B)$，$i,j \in \{H,L\}$ 且 $j \neq i$。

命题 3-6 揭示了佣金费制下平台对第三方卖家进入平台的定价决策。当消费者到第三方卖家的网络外部性较弱且第三方卖家到消费者的网络外部性较强时，此时第三方卖家加入平台能吸引大量消费者，平台的利润主要来源于自营产品在第二阶段的产品销售，从而补贴第三方卖家吸引更多的消费者进入平台。否则，平台卖家应向第三方卖家收费。这一发现解释了在某些平台经济领域，补贴卖家成为一种很常见的定价策略。

同时,数值结果进一步表明,在佣金费制下,平台自营产品和第三方卖家的产品选择策略的均衡结果取决于自营产品的竞争优势。图 3-6 所示的数值结果可以得出数值结论 3-3。

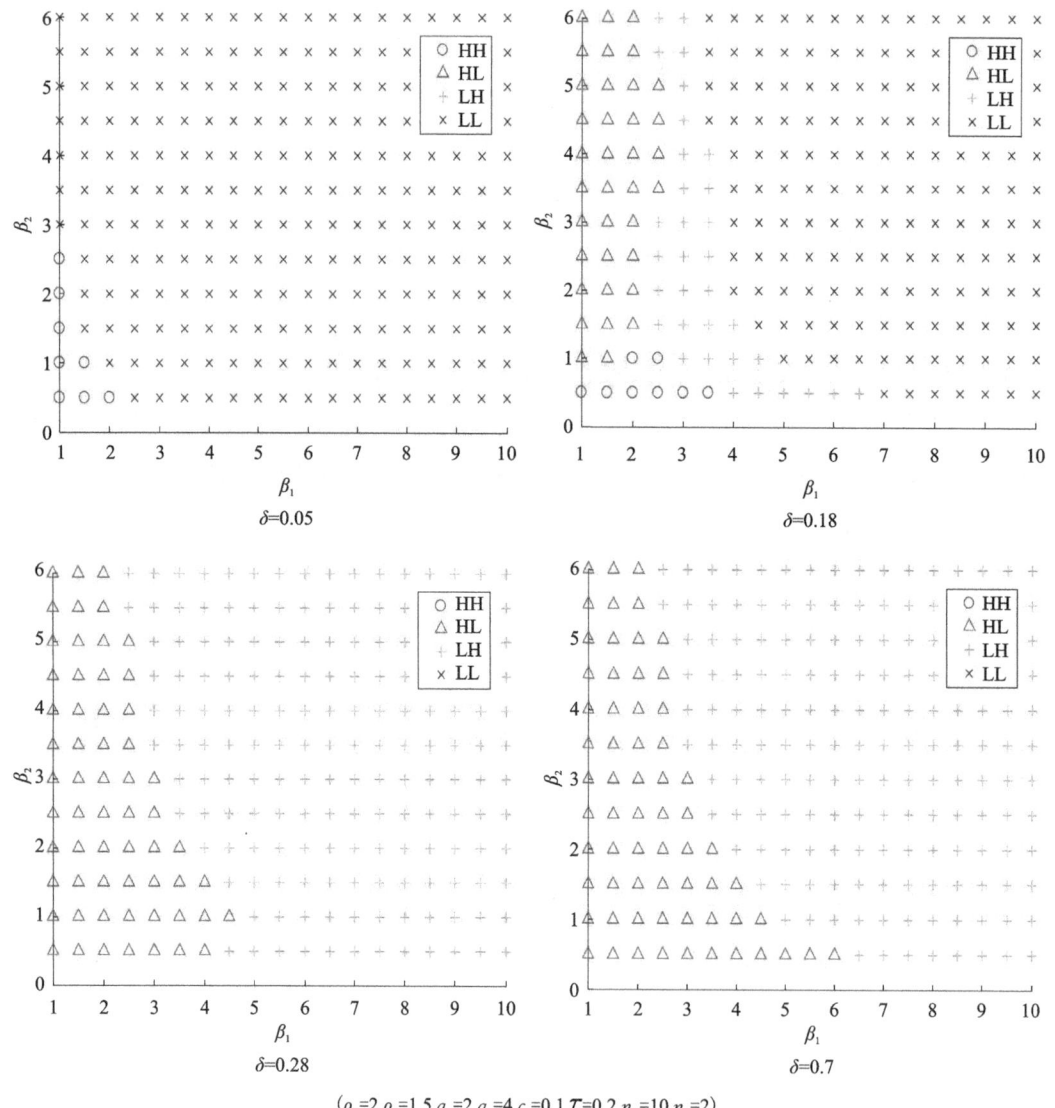

($\rho_H=2, \rho_L=1.5, a_H=2, a_L=4, c_B=0.1, \tau=0.2, n_H=10, n_L=2$)

图 3-6 佣金费制下产品选择策略

数值结论 3-3:在佣金费制情形下,当自营产品的竞争优势较弱时,如果消费者到第三方卖家的网络外部性较强或者较弱,平台和第三方卖家实行竞争策略(HH 或者 LL);如果消费者到第三方卖家的网络外部性适中,平台和第三方卖家实行非竞争策略(HH 或者 LL);当自营产品的竞争优势较强时,平台和第三方卖家实行非竞争策略(HH 或者 LL)。随着自营产品的竞争优势的增强,非竞争策略(LH 或者 HL)更可能成为均衡结果;竞争策略(HH 或者 LL)成为均衡结果的概率降低。

3.4.2 会员费制与佣金费制的均衡结果对比分析

对于初创平台而言,在平台和第三方卖家选择销售产品之前,平台必须进行收费机制选择,即向第三方卖家收取会员费还是佣金费。因此,本小节对两种收费机制的盈利能力进行数值比较。图 3-7、图 3-8 讨论了不同双边网络外部性强度下的收费制选择策略。"M"代表会员费制优于佣金费制的区域,"C"代表佣金费制更有利可图的区域。

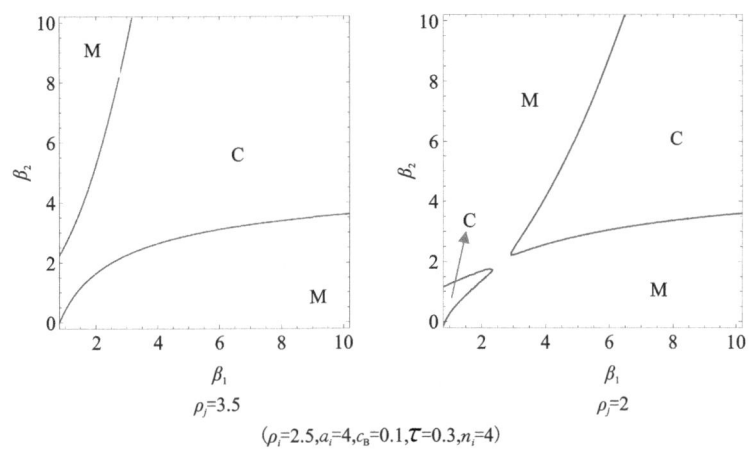

$(\rho_i=2.5, a_i=4, c_B=0.1, \tau=0.3, n_i=4)$

图 3-7 非竞争情境下的定价机制选择

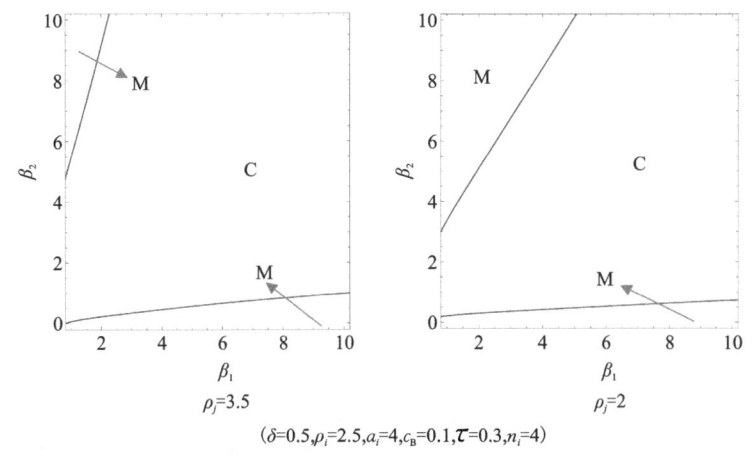

$(\delta=0.5, \rho_i=2.5, a_i=4, c_B=0.1, \tau=0.3, n_i=4)$

图 3-8 竞争情境下的定价机制选择

数值结论 3-4:当第三方卖家到消费者的网络外部性较强或较弱时,平台应该采用会员费制;当第三方卖家到消费者的网络效应适中时,平台倾向于采用佣金费制;相较于非竞争情境,平台在竞争情境下更可能采用佣金费制,而采用会员费制的概率更低。

数值结论 3-4 揭示了双边网络外部性强度和竞争策略如何影响平台的收费机制选择。对于平台而言,在这两种定价机制下,第一阶段所产生的利润是相等的,因此定价机制的选择取决于平台向第三方卖家收取的接入费用和第二阶段的产品销售利润。如果第三方卖家到消费者的网络外部性较弱,则第二阶段加入平台的消费者数量较少,那么平台将会采用会员费制。然而,当第三方卖家到消费者的网络外部性较强时,第三方卖家在决策的第二阶段吸引了大量消费者进入平台,因此平台商收取会员费并从第二阶段需求中获利是其最优策略。否则,当卖家到买家的网络外部性适中时,平台应采用佣金费制。数值结论3-4还表明,平台在非竞争情境下比在竞争情境下更有可能采用会员费制。原因在于,当第三方卖家提供与自营产品相同的产品组合时,平台倾向于通过向第三方卖家收取佣金费来缓和竞争,以此保证其自营产品的销售利润。此外,通过对比图3-7和图3-8,可以得出不同收费机制如何影响平台和第三方卖家的产品选择策略。

数值结论 3-5:无论选择会员费制还是佣金费制,当自营产品的竞争优势较弱时,平台和第三方卖家倾向于选择销售相同产品的竞争策略(HH 或者 LL);当自营产品的竞争优势较强时,平台和第三方卖家倾向于选择销售不同产品的非竞争策略(HL 或者 LH)。相较于会员费制,平台和第三方卖家在佣金费制下倾向于选择销售相同的产品而实行竞争策略(HH 或者 LL),而实行非竞争策略(LH 或者 HL)的概率降低。

结合数值结论3-2,数值结论3-3和数值结论3-5,在佣金费制情况下,自营产品的竞争优势强度对市场均衡的影响与会员费制情形下的均衡结果较为相似。但在相同参数的数值分析下,平台和第三方卖家在佣金费制情况下更倾向于销售相同的产品组合。原因在于,当第三方卖家销售与平台相同的产品时,平台往往会收取更高的佣金费来缓和竞争,以此获取更高的自营产品销售利润。综上所述,扩展的研究结果在一定程度上体现了基础模型的稳健性。

3.5 讨论与管理洞察

为了积累用户基础,企业在创建平台之初会布局自营产品来解决"先有鸡还是先有蛋"的问题,同时平台企业会向第三方卖家开放其平台来扩大市场规模。因此,本章主要考虑电商平台在创建之初时平台和第三方卖家的产品选择问题,主要结论与管理洞察如下。

首先,平台应该根据双边网络外部性(即消费者到第三方卖家的网络外部性和第三方卖家到消费者的网络外部性)强度的不同,选择高端产品或者低端产品在平台上进行销售。一方面,当平台和第三方卖家提供不同的非竞争产品组合时,平台在大部分情形下会选择销售高端产品组合,而仅在满足以下条件之一时选择低端产品组合:高端产品与低端产品的单品利润比值较小且第三方卖家到消费者的网络外部性较弱;或者高端产品与低端产品的单品平均利润比值较大,消费者到第三方卖家的网络外部性较强且第三方卖家到消费者的网络外部性适中。研究结果强调了在考虑双边网络外部性这一特性时平台自营产品选择的重要性。另一方面,如果平台和第三方卖家选择竞争性产品,当且仅当高端产品与低端产品的单位产品利润比值较小且第三方卖家到消费者的网络外部性较弱,或者当高端产品与低端产品的单位产品利润比值较大且双边网络外部性较弱时,平台会选择销售低端产品。对于初创平台,自营产品的选择直接影响进入平台的消费者数量,同时平台的消费者基础又会对第三方卖家加入平台的决策产生影响,进而影响到消费者规模的扩大。结论也解释了一些零售企业在不同时期进行平台化转型时选择不同产品组合的现象。

其次,当第三方卖家到消费者的网络外部性较强时,平台会选择补贴第三方卖家,否则平台会向第三方卖家收费。并且相较于会员费制,平台在佣金费制下更可能对消费者进行补贴。此外,当第三方卖家到消费者的网络外部性较强或较弱时,平台应采用会员费制;当第三方卖家到消费者的网络外部性适中时,平台倾向于采用佣金费制。在此基础上,相较于非竞争情境,平台在竞争情境下倾向于采用佣金费制,而采用会员费制的概率降低。因此,平台应该根据网络外部性强度适当地调节其对第三方卖家的收费政策,这也解释了平台在创建初期根据较强的双边网络外部性而补贴卖家使其加入平台的现象。此外,随着平台发展的日益成熟,相对于固定的预先收取的会员费,佣金费制可以根据不同产品进行差异化收费。因此,平台实行佣金费制能更有效地减弱自营产品和第三方卖家的产品间的竞争。从长期看,双边网络外部性会随着社会环境的改变而变化,平台可以通过对第三方卖家实施动态收费定价策略以实现利润最大化。

最后,尽管第三方卖家销售与平台相同的产品会引起竞争进而降低各自产品的市场份额,但平台和第三方卖家在自营产品竞争优势较弱时仍会实行竞争策略。并且,不管是佣金费制还是会员费制,随着自营产品的竞争优势增强,平台和第三方卖家倾向于选择不同产品进而实施非竞争策略,而实施竞争策略的可能性降低。相较于会员费制,平台和第三方卖家在佣金费制下更可能选择销售相同的产品组合而实行竞争策略。因此,平台企业会向第三方卖家开放平台并且第三方卖家可能会在平台上销售与平台互相竞争的产品,这种竞争在一定条件下对平台有利。相关结论也印证了如当当网、京东等双边零售平台的产业实践,此类电商平台上的平台和第三方卖家不仅提供独立的非竞争产品,而且提供相同或者相关的竞争性产品。此外,平台可以通过自营产品选择来调节竞争优势,以此来缓和自营产品与第三方卖家的产品间的竞争并调整平台内的产品结构。

3.6 本章小结

本章探讨了电商平台自营产品与第三方卖家的产品的选择策略,即考虑了诸如京东、亚马逊等双边平台首先选择自营产品进行销售来吸引消费者进入平台,然后第三方卖家进入平台销售其产品扩大市场规模以实现平台和第三方卖家利润最大化的市场情境。首先,本章探讨了第三方卖家进入平台时,平台采取会员费制和佣金费制的最优定价策略,即补贴政策还是收费政策,并对比两种收费制度下的均衡结果以便平台对最优收费制进行决策。然后,在会员费制和佣金费制情形下,分别讨论了平台和第三方卖家的产品选择决策,即选择高端产品还是低端产品,并进一步地讨论了自营产品与第三方卖家的产品间的竞争策略。最后,通过对比不同收费制下的产品选择策略来研究收费制度对自营产品和第三方卖家的产品之间的竞争策略的影响。相关研究从双边平台的独特视角考虑了平台和第三方卖家的产品选择问题,为传统企业平台化转型及初创平台产品布局提供了理论基础和实践指导。

4 电商平台自营产品与第三方卖家的产品独立促销策略

在自营产品与第三方卖家的产品非竞争情境下,平台与第三方卖家的产品促销互不影响,其独立促销策略与传统企业较为相似,因此,本章主要研究平台与第三方卖家提供相同的竞争性产品时应如何实行独立促销定价策略。首先,本章建立一个两阶段模型,通过比较自营产品在未促销和促销两种情形下的均衡结果来分析平台是否应该促销其产品以及第三方卖家的促销决策对自营产品促销策略的影响。其次,本章将第三方卖家的促销决策内生化,探讨了平台自营产品和第三方卖家的产品促销策略选择的均衡结果,并分析了平台与第三方卖家的促销策略。最后,本章还分析了平台向第三方卖家收费时的佣金率、市场扩张效应、价格敏感型消费者比例、促销参与成本等因素对自营产品和第三方卖家的产品独立促销策略下的定价、需求以及利润的影响。

4.1 研究问题描述

随着互联网普及率的不断提高,移动电商和网络购物日益成熟,如亚马逊、京东等。这些电商平台会通过制造商批发产品,然后在平台上转售给消费者。同时,为了扩大产品市场规模和消费者基础,平台也作为中介,允许第三方卖家直接向消费者销售产品。相关报告显示,截至2019年12月31日,京东的第三方卖家超过270 000家[1]。据Marketplace Pulse的数据显示[2],亚马逊全球市场中第三方卖家数量已超过600万,每年新增70万~80万新卖家,并且许多卖家在多个平台销售。根据亚马逊2020年的第一季度财务报表[3],超过52%的付费商品由第三方卖家出售。

然而,第三方卖家提供的产品会与平台提供的自营产品产生竞争并蚕食自营产品的市场

---

[1] https://ir.jd.com/static-files/fc93d5dd-9437-4141-9191-f960ba46874b
[2] https://www.amz123.com/thread-692387.htm
[3] https://www.statista.com/statistics/259782/third-party-seller-share-of-amazon-platform/

份额。随着平台上商家的竞争越来越激烈,促销策略被电子商务平台广泛采用。事实上,平台经常发起大型促销活动,比较典型的有天猫的"双十一"和"双十二"购物狂欢节、京东的"618"购物节、亚马逊的"Prime Day",除此之外,还有各大电商平台围绕各类节假日发起的主题促销活动,如"女神节""年货节"等。以京东平台为例,2021年京东"618"购物节整体分为4个时期,分别是"预售期""专场期""高潮期"以及"续售期",活动从5月24日持续到6月19日。根据2021年电商平台数据①,某主播的直播间单场观看量破亿,销售额超过25亿元;京东预售订单额整体同比增长640%,参与预售的品牌数量同比增长126%。

表4-1 促销活动中平台自营产品与第三方卖家的产品定价决策

平台	产品名	自营产品(促销)			第三方卖家的产品(未促销)		数据收集时间
		原价	促销价	折扣/优惠券	统一定价	商家名称	
新蛋网	三星Galaxy S10+	$749.9	$702.9	$47.00 (6%)	$679.97	Reliant Cellular	2020年6月8日
京东	Apple iPhone SE(A2298)	¥3299	¥2999	¥300	¥3288	Sundan	2020年6月8日
亚马逊	Intimations: Six Essays (Paperback)	$10.95	$9.86	$1.09 (10%)	$10.95	Book cultureny	2020年6月9日
沃尔玛	Startech CDP2VGAU SB-CtoVGA Adapter	$85.99	$34.18	$51.81	$43.22	IPC Store	2020年6月9日

平台上的不同商家面对促销活动的态度往往有所不同,如表4-1所示,以新蛋网为例,收集的数据表明,平台及第三方卖家在2020年6月8日均销售三星Galaxy S10+,但平台为购买产品的消费者提供折扣,而第三方卖家并没有参与促销活动。此外,有些第三方卖家也会根据实际需求,向平台申请加入购物节活动,对销售的产品进行促销。有趣的是,电商平台中参与促销活动的产品经常会出现"先涨价后降价"的现象。例如,在京东"618"购物节期间,平台的一些产品的定价比平时高,然后通过发放优惠券等方式降价销售。事实上,自营产品和第三方卖家的产品的促销会吸引平台外的消费者进入平台并激励注册会员重复购买产品,这在一定程度上能缓和自营产品与第三方卖家的产品的竞争。然而,促销活动也会导致参与促销的产品利润率降低。

---

① https://www.chinaz.com/2021/0525/1255218.shtml

通过上述现象的分析,本书构建了一个可解析的两阶段博弈模型,探究平台自营产品和第三方卖家的产品在竞争情形下的产品独立促销策略,并研究此促销策略受哪些因素的影响。具体而言,本章旨在研究以下科学问题。

(1)平台自营产品和第三方卖家的产品的最优独立促销策略是什么?

(2)与未促销情况下的产品价格相比,平台在促销期间为何改变产品价格,如何改变产品价格?

(3)面对第三方卖家的竞争,平台上的促销活动如何影响自营产品与第三方卖家的产品的需求和利润?

4.2 模　型

为了解决上述科学问题,本节考虑一个电商平台系统,该系统的研究对象包括平台、第三方卖家以及消费者,第三方卖家通过支付佣金费在平台上销售产品。假设平台和第三方卖家分别提供完全可替代的自营产品和第三方卖家的产品。当平台与第三方卖家决定是否促销其产品时,潜在的均衡结果有4种:①自营产品和第三方卖家的产品均未促销(NN);②自营产品促销且第三方卖家的产品未促销(PN);③自营产品未促销且第三方卖家的产品促销(NP);④自营产品和第三方卖家的产品均促销(PP)。其博弈顺序如下:第一阶段,平台和第三方卖家销售完全可替代产品并决定是否促销其产品;第二阶段,平台和第三方卖家设定产品价格,包括自营产品与第三方卖家的产品的原价及产品的促销价,然后消费者做出购买决策。下面本节分别对4种潜在的均衡结果进行建模。

根据以往相关研究(Zhang等,2020),考虑两种类型消费者:H型高端/价格不敏感型消费者和L型低端/价格敏感型消费者。H型消费者对平台自营产品的基本支付意愿归一化为1,而L型消费者基本支付意愿较低,表示为$v(0<v<1)$。假设L型和H型消费者的比例分别为λ和$1-\lambda$,其中$\lambda\in[0,1]$。此外,消费者对自营产品和第三方产品的偏好不同(Hagiu和Spulber,2013;Li和Agarwal,2017;Kwark等,2017),且平台提供的产品往往比第三方卖家的产品具有更大的价值优势(Song等,2021),即在其他条件相同的情况下,消费者更愿意从平台而不是从第三方卖家购买产品,因为平台自营产品通常会提供良好的客户服务、更优质的快递服务以及拥有更好的口碑和信誉等。因此,对于第三方卖家的产品,H型和L型消费者基本支付意愿分别为e和ev,其中e为平台自营产品相对于第三方卖家的产品的价格优势,在$[0,1]$上服从均匀分布。那么,当平台自营产品与第三方卖家的产品均未促销时,H型消费者购买自营产品和第三方卖家的产品的效用分别为

$$U_{FH}^{NN}=1-p_{FR}^{NN} \qquad (4-1)$$

$$U_{SH}^{NN}=e-p_{SR}^{NN} \qquad (4-2)$$

L 型消费者购买自营产品和第三方卖家的产品的效用分别为

$$U_{FL}^{NN}=v-p_{FR}^{NN} \qquad (4-3)$$

$$U_{SL}^{NN}=ev-p_{SR}^{NN} \qquad (4-4)$$

式中，p_{FR}^{NN} 和 p_{SR}^{NN} 分别表示平台和第三方卖家销售的产品价格。对于 H 型（L 型）消费者，当 $U_{FH}>U_{SH}(U_{FL}>U_{SL})$ 时，它们将购买平台提供的自营产品，否则，它们将购买第三方卖家的产品。所以，自营产品和第三方卖家的产品中来自 H 型消费者的需求分别为 $D_{FH}^{NN}=(1-\lambda)[1-(p_{FR}^{NN}-p_{SR}^{NN})]$ 和 $D_{SH}^{NN}=(1-\lambda)(p_{FR}^{NN}-p_{SR}^{NN})$。对于 L 型消费者，自营产品和第三方卖家的产品的需求分别为 $D_{FL}^{NN}=\lambda\left(1-\dfrac{p_F^{NN}-p_{SR}^{NN}}{v}\right)$ 和 $D_{SL}^{NN}=\lambda\left(\dfrac{p_F^{NN}-p_{SR}^{NN}}{v}\right)$。在此基础上，平台的利润来自自营产品的利润和第三方卖家支付的佣金费两部分。因此，平台和第三方卖家的利润分别为

$$\pi_F^{NN}=p_{FR}^{NN}(D_{FH}^{NN}+D_{FL}^{NN})+p_{SR}^{NN}\gamma(D_{SH}^{NN}+D_{SL}^{NN}) \qquad (4-5)$$

$$\pi_S^{NN}=p_{SR}^{NN}(1-\gamma)(D_{SH}^{NN}+D_{SL}^{NN}) \qquad (4-6)$$

式中，$\gamma(\gamma\in[0,1])$ 为平台向第三方卖家销售单位产品收费用的佣金率。

当平台自营产品促销且第三方卖家的产品未促销时，假设 H 型消费者不愿意花费成本（称之为促销参与成本，用 c 表示）去寻找和使用折扣券、拼单进行满减等，即促销参与成本对于价格非敏感型消费者过高(Gerstner 和 Hess,1991；Zhang 等,2020)导致这类消费不愿意去购买促销产品，而 L 型消费者则优先购买促销产品。因此，H 型消费者支付 p_{FR}^{PN} 购买自营产品或者支付 p_{SR}^{PN} 购买第三方卖家的产品，而 L 型消费者则支付 p_F^{PN} 购买自营产品或者支付 p_{SR}^{PN} 购买第三方卖家的产品。因此，购买自营产品与第三方卖家的产品的 H 型消费者效用分别为

$$U_{FH}^{PN}=1-p_{FR}^{PN} \qquad (4-7)$$

$$U_{SH}^{PN}=e-p_{SR}^{PN} \qquad (4-8)$$

购买自营产品与第三方卖家的产品的 L 型消费者效用分别为

$$U_{FL}^{PN}=v-p_F^{PN}-c \qquad (4-9)$$

$$U_{SL}^{PN}=ev-p_{SR}^{PN} \qquad (4-10)$$

在此情形下，对于 H 型消费者，自营产品和第三方卖家的产品的需求分别为 $D_{FH}^{PN}=(1-\lambda)[1-(p_{FR}^{PN}-p_{SR}^{PN})]$ 和 $D_{SH}^{PN}=(1-\lambda)(p_{FR}^{PN}-p_{SR}^{PN})$。对于 L 型消费者而言，自营产品和第三方卖家的产品的需求分别为 $D_{FL}^{PN}=(\lambda+\alpha)\left(1-\dfrac{p_F^{PN}+c-p_{SR}^{PN}}{v}\right)$ 和 $D_{SL}^{PN}=(\lambda+\alpha)\left(\dfrac{p_F^{PN}+c-p_{SR}^{PN}}{v}\right)$。其中 $\alpha(\alpha\geqslant 0)$ 代表市场扩张效应强度(Dekimpe 等,1999；Wang,2017)，主要体现为产品促销吸引

消费者重复购买或者吸引平台外的消费者进入平台购买产品。因此,在平台自营产品促销且第三方卖家的产品未促销的情形下,平台和第三方卖家的利润分别为

$$\pi_F^{PN} = p_{FR}^{PN} D_{FH}^{PN} + p_F^{PN} D_{FL}^{PN} + p_{SR}^{PN} \gamma (D_{SH}^{PN} + D_{SL}^{PN}) \tag{4-11}$$

$$\pi_S^{PN} = p_{SR}^{PN} (1-\gamma)(D_{SH}^{PN} + D_{SL}^{PN}) \tag{4-12}$$

当平台自营产品未促销且第三方卖家的产品促销时,H 型消费者支付 p_{FR}^{NP} 购买自营产品或者支付 p_{SR}^{NP} 购买第三方卖家的产品,而 L 型消费者则支付 p_{FR}^{NP} 购买自营产品或者支付 p_S^{NP} 购买第三方卖家的产品。因此,购买自营产品与第三方卖家的产品的 H 消费者效用分别为

$$U_{FH}^{NP} = 1 - p_{FR}^{NP} \tag{4-13}$$

$$U_{SH}^{NP} = e - p_{SR}^{NP} \tag{4-14}$$

购买自营产品与第三方卖家的产品的 L 消费者效用分别为

$$U_{FL}^{NP} = v - p_{FR}^{NP} \tag{4-15}$$

$$U_{SL}^{NP} = ev - p_S^{NP} - c \tag{4-16}$$

对于 H 型消费者,自营产品和第三方卖家的产品的需求分别为 $D_{FH}^{NP} = (1-\lambda)[1-(p_{FR}^{NP} - p_{SR}^{NP})]$ 和 $D_{SH}^{NP} = (p_{FR}^{NP} - p_{SR}^{NP})$。对于 L 型消费者,自营产品和第三方卖家的产品的需求分别为 $D_{FL}^{NP} = (\lambda + \alpha)\left(1 - \dfrac{p_{FR}^{NP} - p_S^{NP} - c}{v}\right)$ 和 $D_{SL}^{NP} = (\lambda + \alpha)\left(\dfrac{p_{FR}^{NP} - p_S^{NP} - c}{v}\right)$。此时,在平台自营产品未促销且第三方卖家的产品促销的情形下,平台和第三方卖家的利润分别为

$$\pi_F^{NP} = p_{FR}^{NP}(D_{FH}^{NP} + D_{FL}^{NP}) + (p_{SR}^{NP} D_{SH}^{NP} + p_S^{NP} D_{SL}^{NP})\gamma \tag{4-17}$$

$$\pi_S^{NP} = (1-\gamma)(p_{SR}^{NP} D_{SH}^{NP} + p_S^{NP} D_{SL}^{NP}) \tag{4-18}$$

此外,当平台自营产品和第三方卖家的产品均促销时,H 型消费者仅购买原价产品并且支付 p_{FR}^{PP} 购买自营产品或者支付 p_{SR}^{PP} 购买第三方卖家的产品,而 L 型消费者仅购买促销价产品并且支付 p_F^{PP} 购买自营产品或者支付 p_S^{PP} 购买第三方卖家的产品。因此,购买自营产品与第三方卖家的产品的 H 型消费者效用分别为

$$U_{FH}^{PP} = 1 - p_{FR}^{PP} \tag{4-19}$$

$$U_{SH}^{PP} = e - p_{SR}^{PP} \tag{4-20}$$

购买自营产品与第三方卖家的产品的 L 型消费者效用分别为

$$U_{FL}^{PP} = v - p_F^{PP} - c \tag{4-21}$$

$$U_{SL}^{PP} = ev - p_S^{PP} - c \tag{4-22}$$

对于 H 型消费者,自营产品和第三方卖家的产品的需求分别为 $D_{FH}^{PP} = (1-\lambda)[1-(p_{FR}^{PP} - p_{SR}^{PP})]$ 和 $D_{SH}^{PP} = (1-\lambda)(p_{FR}^{PP} - p_{SR}^{PP})$。对于 L 型消费者,自营产品和第三方卖家的产品的需求分别为 $D_{FL}^{PP} = (\lambda + \alpha)\left(1 - \dfrac{p_{FR}^{PP} - p_S^{PP}}{v}\right)$ 和 $D_{SL}^{PP} = (\lambda + \alpha)\left(\dfrac{p_{FR}^{PP} - p_S^{PP}}{v}\right)$。因此,在平台自营产品和第三

方卖家的产品均促销情形下,平台和第三方卖家的利润分别为

$$\pi_F^{PP} = p_{FR}^{PP} D_{FH}^{PP} + p_F^{PP} D_{FL}^{PP} + (p_{SR}^{PP} D_{SH}^{PP} + p_S^{PP} D_{SL}^{PP})\gamma \tag{4-23}$$

$$\pi_S^{PP} = (1-\gamma)(p_{SR}^{PP} D_{SH}^{PP} + p_S^{PP} D_{SL}^{PP}) \tag{4-24}$$

表 4-2 总结了本章主要参数和变量以及它们各自对应的含义。

表 4-2 符号解释

符号	含义
g	消费者类型,$g \in \{H, L\}$
k	市场配置,$k \in \{NN, PN, NP, PP\}$
p_{FR}^k	市场配置为 k 时平台自营产品价格,无单位,仅做定性分析
p_F^k	市场配置为 k 时平台自营产品促销价格,无单位,仅做定性分析
p_{SR}^k	市场配置为 k 时第三方卖家的产品价格,无单位,仅做定性分析
p_S^k	市场配置为 k 时第三方卖家的产品促销价格,无单位,仅做定性分析
γ	佣金率
v	价格敏感型消费者对自营产品的最大支付意愿
λ	价格敏感型消费者比例
α	市场扩张效应
c	促销参与成本
e	平台自营产品相对于第三方卖家的产品的价值优势
U_{FG}^k	市场配置为 k 时消费者 g 购买自营产品的效用
U_{SG}^k	市场配置为 k 时消费者 g 购买第三方卖家的产品的效用
D_{FG}^k	对于消费者 g,市场配置为 k 时自营产品需求
D_{SG}^k	对于消费者 g,市场配置为 k 时第三方卖家的产品需求
π_F^k	市场配置为 k 时平台利润
π_S^k	市场配置为 k 时第三方卖家利润

4.3 第三方卖家的产品未促销情形下平台自营产品促销策略

本节求解并分析了第三方卖家未促销其产品情形下的市场均衡结果。首先,求解了市场配置为 NN 和 PN 时自营产品和第三方卖家的产品的最优定价、相应的产品需求以及平台和第三方卖家的最优利润;然后,通过对比平台自营产品促销前后的价格和需求,分析平台产品促销的影响因素以及促销对自营产品定价和需求的影响;最后,通过对比平台产品促销前后的利润做出促销策略选择。

4.3.1 市场均衡

当电商平台自营产品与第三方卖家的产品未促销时,由式(4-5)和式(4-6)描述的博弈模型,平台和第三方卖家通过设定最优价格来最大化它们的利润:

$$\begin{cases} \max_{p_{FR}^{NN}} \pi_F^{NN} = p_{FR}^{NN}(D_{FH}^{NN}+D_{FL}^{NN}) + p_{SR}^{NN}\gamma(D_{SH}^{NN}+D_{SL}^{NN}) \\ \max_{p_{SR}^{NN}} \pi_S^{NN} = p_{SR}^{NN}(1-\gamma)(D_{SH}^{NN}+D_{SL}^{NN}) \end{cases} \quad (4\text{-}25)$$

$$\text{s.t. } U_{SH}^{NN}, U_{SL}^{NN}, U_{FH}^{NN}, U_{FL}^{NN}, D_{SH}^{NN}, D_{SL}^{NN}, D_{FH}^{NN}, D_{FL}^{NN}, p_{FR}^{NN}, p_{SR}^{NN} \geqslant 0$$

通过求解(4-25)所述的博弈模型可得到引理 4-1。

引理 4-1(情形 NN): 当平台与第三方卖家均未促销其产品时,其最优产品价格分别为 $p_{FR}^{NN*} = \dfrac{2v}{(3-\gamma)(v+\lambda-v\lambda)}$ 和 $p_{SR}^{NN*} = \dfrac{v}{(3-\gamma)(v+\lambda-v\lambda)}$。自营产品和第三方卖家的产品的需求分别为 $D_F^{NN*} = \dfrac{2-\gamma}{3-\gamma}$ 和 $D_S^{NN*} = \dfrac{1}{3-\gamma}$,平台和第三方卖家的利润分别为 $\pi_F^{NN*} = \dfrac{v(4-\gamma)}{(3-\gamma)^2(v+\lambda-v\lambda)}$ 和 $\pi_S^{NN*} = \dfrac{v(1-\gamma)}{(3-\gamma)^2(v+\lambda-v\lambda)}$。

证明:当自营产品与第三方卖家的产品均未促销时,L 型消费者和 H 型消费者均购买原价产品。由式(4-25)可知平台和第三方的利润函数是各自价格的凹函数,联立平台和第三方的利润函数关于各自价格的一阶条件可以得到最优价格 $p_{FR}^{NN*} = \dfrac{2v}{(3-\gamma)(v+\lambda-v\lambda)}$ 和 $p_{SR}^{NN*} = \dfrac{v}{(3-\gamma)(v+\lambda-v\lambda)}$。将最优价格分别代入各自需求函数可得 $D_F^{NN*} = D_{FH}^{NN*} + D_{FL}^{NN*} = (1-\lambda)\left[1-\dfrac{v}{(3-\gamma)(v+\lambda-v\lambda)}\right] + \lambda\left[1-\dfrac{1}{(3-\gamma)(v+\lambda-v\lambda)}\right] = \dfrac{2-\gamma}{3-\gamma}$ 和 $D_S^{NN*} = D_{SH}^{NN*} + D_{SL}^{NN*} = (1-\lambda)\left[\dfrac{v}{(3-\gamma)(v+\lambda-v\lambda)}\right] + \lambda\left[\dfrac{1}{(3-\gamma)(v+\lambda-v\lambda)}\right] = \dfrac{1}{3-\gamma}$,易得最优结果均满足式(4-25)中的限制条件。因此,将最优的价格和相应的需求代入利润函数可得 $\pi_F^{NN*} = \dfrac{v(4-\gamma)}{(3-\gamma)^2(v+\lambda-v\lambda)}$ 和 $\pi_S^{NN*} = \dfrac{v(1-\gamma)}{(3-\gamma)^2(v+\lambda-v\lambda)}$。

从引理 4-1 可以发现,L 型消费者的增加加剧了自营产品和第三方卖家的产品的价格竞争,从而导致二者的最优定价均降低,进而使平台和第三方卖家的利润也随之降低。

当电商平台自营产品促销且第三方卖家的产品未促销时,由式(4-11)和式(4-12)描述的博弈模型,平台和第三方卖家通过设定最优价格来最大化它们的利润:

$$\begin{cases} \max_{p_{\text{FR}}^{\text{NN}}} \pi_F^{\text{PN}} = p_{\text{FR}}^{\text{PN}} D_{\text{FH}}^{\text{PN}} + p_F^{\text{PN}} D_{\text{FL}}^{\text{PN}} + p_{\text{SR}}^{\text{PN}} \gamma (D_{\text{SH}}^{\text{PN}} + D_{\text{SL}}^{\text{PN}}) \\ \max_{p_{\text{SR}}^{\text{NN}}} \pi_S^{\text{PN}} = p_{\text{SR}}^{\text{PN}} (1-\gamma)(D_{\text{SH}}^{\text{PN}} + D_{\text{SL}}^{\text{PN}}) \end{cases} \quad (4\text{-}26)$$

$$\text{s.t.} \ U_{\text{SH}}^{\text{PN}}, U_{\text{SL}}^{\text{PN}}, U_{\text{FH}}^{\text{PN}}, U_{\text{FL}}^{\text{PN}}, D_{\text{SH}}^{\text{PN}}, D_{\text{SL}}^{\text{PN}}, D_{\text{FH}}^{\text{PN}}, D_{\text{FL}}^{\text{PN}}, p_{\text{FR}}^{\text{PN}}, p_{\text{SR}}^{\text{PN}}, p_F^{\text{PN}} \geq 0$$

$$p_{\text{FR}}^{\text{PN}} - p_r^{\text{PN}} \geq c$$

通过求解式(4-26)所述的博弈模型可得引理 4-2。

引理 4-2(情形 PN)：如果平台自营产品促销且第三方卖家的产品未促销,当消费者的促销参与成本满足条件 $\max\left\{\dfrac{\alpha[3+v-(1+v)\gamma]-(1-v)(3-\gamma)\lambda-2v(2-\gamma)}{(1-\gamma)(\alpha+\lambda)}, 0\right\} \leq c \leq \min\left\{1-v, \dfrac{v\{(3-\gamma)[v(1-\lambda)+\lambda]+2\alpha(1-\gamma)-1-\gamma\}}{4\alpha+v(3-\gamma)(1-\lambda)+4\lambda}\right\}$ 时,自营产品和第三方卖家的产品的最优价格分别为 $p_{\text{FR}}^{\text{PN}*} = \dfrac{4v(1-\lambda)+(\alpha+\lambda)[c+3+v+(c-1+v)\gamma]}{2(3-\gamma)(\alpha+v+\lambda-v\lambda)}$ 和 $p_{\text{SR}}^{\text{PN}*} = \dfrac{v+\alpha(c+v)+c\lambda}{(3-\gamma)(\alpha+v+\lambda-v\lambda)}$,自营产品的最优促销价格为 $p_F^{\text{PN}*} = \dfrac{4v(1+\alpha)-2c(1-\gamma)(\alpha+\lambda)+v(v-c-1)(3-\gamma)(1-\lambda)}{2(3-\gamma)(\alpha+v+\lambda-v\lambda)}$。相应地,由此产生的自营产品和第三方卖家的产品需求分别为 $D_F^{\text{PN}*} = \dfrac{v(2-\gamma)(\alpha+1)-c(\lambda+\alpha)}{v(3-\gamma)}$ 和 $D_S^{\text{PN}*} = \dfrac{(\alpha+\lambda)c+(1+\alpha)v}{v(3-\gamma)}$,平台和第三方卖家的利润分别为 $\pi_F^{\text{PN}*} = \dfrac{A\alpha^2+B\alpha+E}{4v(3-\gamma)^2(\alpha+v+\lambda-v\lambda)}$①和 $\pi_S^{\text{PN}*} = \dfrac{(1-\gamma)[v+\alpha(c+v)+c\lambda]^2}{v(3-\gamma)^2(\alpha+v+\lambda-v\lambda)}$。

证明：当平台自营产品促销且第三方卖家的产品未促销时,L 型消费者购买促销价格的自营产品或者原价第三方卖家的产品,而 H 型消费者则购买原价的自营产品或者第三方卖家的产品。根据式(4-26),通过联立平台和第三方卖家的利润函数关于各自价格的一阶条件可以得到最优价格 $p_{\text{FR}}^{\text{PN}*} = \dfrac{4v(1-\lambda)+(\alpha+\lambda)[c+3+v+(c-1+v)\gamma]}{2(3-\gamma)(\alpha+v+\lambda-v\lambda)}$, $p_{\text{SR}}^{\text{PN}*} = \dfrac{v+\alpha(c+v)+c\lambda}{(3-\gamma)(\alpha+v+\lambda-v\lambda)}$ 和 $p_F^{\text{PN}*} = \dfrac{4v(1+\alpha)-2c(1-\gamma)(\alpha+\lambda)+v(v-c-1)(3-\gamma)(1-\lambda)}{2(3-\gamma)(\alpha+v+\lambda-v\lambda)}$。将最优价格代入各自需求函数可得 $D_{\text{FH}}^{\text{PN}*} = (1-\lambda)\left\{1-\dfrac{2v+\alpha[3-c-v-\gamma+(c+v)\gamma]+[3-c-3v-\gamma+(c+v)\gamma]\lambda}{2(3-\gamma)(\alpha+v+\lambda-v\lambda)}\right\}$ 和 $D_{\text{FL}}^{\text{PN}*} = (\alpha+\lambda)\left\{1-\dfrac{2\alpha(c+v)+v2(3-\gamma)(1-\lambda)+2c\lambda-v[1-3c-\gamma+c\gamma-(1-c)(3-\gamma)\lambda]}{2(3-\gamma)(\alpha+v+\lambda-v\lambda)v}\right\}$,则有 $D_F^{\text{PN}*} = D_{\text{FH}}^{\text{PN}*} + D_{\text{FL}}^{\text{PN}*} = \dfrac{v(2-\gamma)(\alpha+1)-c(\lambda+\alpha)}{v(3-\gamma)}$。同理, $D_S^{\text{PN}*} = D_{\text{SH}}^{\text{PN}*} + D_{\text{SL}}^{\text{PN}*} = (1-\lambda)$

---

① $A = 4[c^2+v^2(4-\gamma)-cv(4-\gamma)(1-\gamma)]$, $B = (v^2-2cv+1-2v+c^2)v(3-\gamma)^2(1-\lambda)+8c^2\lambda+8v^2(4-\gamma)+2cv[1-17\lambda+\gamma(4-\gamma+16\lambda-3\gamma\lambda)]$, $E = v[(v-c)^2-2v+2c+1](3-\gamma)^2(1-\lambda)\lambda+4c^2\lambda^2+4v(4-\gamma)[v-4c\lambda(1-\gamma)]$。

$$\left[\frac{v}{(3-\gamma)(v+\lambda-v\lambda)}\right]+\lambda\left[\frac{1}{(3-\gamma)(v+\lambda-v\lambda)}\right]=\frac{(\alpha+\lambda)c+(1+\alpha)v}{v(3-\gamma)}$$。由平台的最优目标函数对应的 Hessian 矩阵负定以及式(4-26)中的限制条件,当

$$\max\left\{\frac{\alpha[3+v-(1+v)\gamma]-(1-v)(3-\gamma)\lambda-2v(2-\gamma)}{(1-\gamma)(\alpha+\lambda)},0\right\}\leqslant c\leqslant$$

$$\min\left\{1-v,\frac{v\{(3-\gamma)[v(1-\lambda)+\lambda]+2\alpha(1-\gamma)-1-\gamma\}}{4\alpha+v(3-\gamma)(1-\lambda)+4\lambda}\right\}$$时,均衡结果存在。最后,将最优的价格和需求代入平台和第三方卖家的利润函数可得 $\pi_F^{PN*}=\frac{A\alpha^2+B\alpha+E}{4v(3-\gamma)^2(\alpha+v+\lambda-v\lambda)}$ 和 $\pi_S^{PN*}=\frac{(1-\gamma)[v+\alpha(c+v)+c\lambda]^2}{v(3-\gamma)^2(\alpha+v+\lambda-v\lambda)}$。

4.3.2 策略对比分析

根据前文的均衡结果,本节研究在第三方卖家的产品未促销情形下,对比分析平台自营产品促销和未促销情形下的价格、需求以及利润来探讨平台自营产品的促销策略。为了更具体地分析促销前后的价格变化,引理 4-3 给出了促销情形下产品原价和促销价关于市场扩张效应和促销参与成本的敏感性分析。

引理 4-3(第三方卖家的产品未促销情形下价格敏感性分析):当平台自营产品参与促销而第三方卖家的产品未参与促销时,①随着市场扩张效应增强,平台自营产品原价和促销价均下降;②随着促销参与成本增加,平台自营产品的原价升高,但其促销价格下降。

证明:根据引理 4-1 和引理 4-2,则有

$$\begin{cases}\dfrac{\partial p_{FR}^{P*}}{\partial \alpha}=\dfrac{v(-1+c+v)(1+\gamma)(-1+\lambda)}{2(-3+\gamma)(\alpha+v+\lambda-v\lambda)^2}\leqslant 0\\[6pt]\dfrac{\partial p_{FR}^{P*}}{\partial c}=\dfrac{\alpha(1+\gamma)+(1+\gamma)\lambda}{2(3-\gamma)(\alpha+v+\lambda-v\lambda)}\geqslant 0\\[6pt]\dfrac{\partial p_F^{P*}}{\partial \alpha}=\dfrac{v(-1+c+v)(1+\gamma)(-1+\lambda)}{2(-3+\gamma)(\alpha+v+\lambda-v\lambda)^2}\leqslant 0\\[6pt]\dfrac{\partial p_F^{P*}}{\partial c}=-\dfrac{2\alpha(-1+\gamma)+2(-1+\gamma)\lambda+v[-3+\gamma-(-3+\gamma)\lambda]}{2(-3+\gamma)(\alpha+v+\lambda-v\lambda)}\leqslant 0\end{cases}$$

显然,随着市场扩张效应的增强,平台有动机降低促销价格以吸引更多的价格敏感消费者购买产品,从而使自营产品和第三方产品的原价降低。然而,随着促销参与成本的增加,购买促销产品的 L 型消费者的效用降低,因此促销产品在 L 型消费群体中的竞争优势降低。为了保持这种竞争优势,平台会选择降低自营产品的促销价格,同时提高产品原价来削弱 H 型消费者细分市场的价格竞争。基于引理 4-1～引理 4-3 和命题 4-1 研究了平台自营产品的促销决策对其自身和第三方卖家的产品的原价或促销价的影响。

命题 4-1(第三方卖家的产品未促销情形下价格对比)：考虑第三方卖家的产品未促销情形。①当市场扩张效应强度较弱 $\left\{\alpha \leqslant \dfrac{(1+c-v)[v(1-\lambda)+\lambda]\lambda}{v(1-c-v)-(1-v)(1+c+v)\lambda}\right\}$ 或平台向第三方卖家收费时的佣金率较低 $\left\{\gamma \leqslant \dfrac{\alpha(1-v)(3+c+v-\lambda v)+\lambda\alpha vc+(3+c-3v)[v(1-\lambda)+\lambda]\lambda}{(1-c-v)[v(1-\lambda)+\lambda](\alpha+\lambda)}\right\}$ 时，平台自营产品在促销情况下的原价高于其在未促销情形时的产品价格；否则 $\left[\gamma > \dfrac{\alpha(1-v)(3+c+v-\lambda v)+\lambda\alpha vc+(3+c-3v)[v(1-\lambda)+\lambda]\lambda}{(1-c-v)(v(1-\lambda)+\lambda)(\alpha+\lambda)}\right.$

且 $\left.\alpha > \dfrac{(1+c-v)[v(1-\lambda)+\lambda]\lambda}{v(1-c-v)-(1-v)(1+c+v)\lambda}\right]$，平台在促销情况下产品原价较低。②平台自营产品在促销情形时的促销价格始终低于未促销情形时的产品价格。③当且仅当市场扩张效应较强 $\left[\alpha \geqslant \dfrac{c\lambda(v+\lambda-v\lambda)}{v(1-c-v)+(1-v)(c+v)\lambda}\right]$ 时，平台自营产品的促销会使第三方卖家降低其产品价格。

证明：根据引理 4-1 和引理 4-2 均衡结果中的最优价格，可得 $\Delta p_{FR} = p_{FR}^{PN*} - p_{FR}^{NN*} = \dfrac{\alpha v(c+v-1)(1+\gamma)+\alpha(1-v)[3+c+v+(c+v-1)\gamma]\lambda+[3+c-3v+(c+v-1)\gamma]\lambda(v+\lambda-v\lambda)}{2(3-\gamma)(\alpha+v+\lambda-v\lambda)(v+\lambda-v\lambda)}$。

则当且仅当 $\gamma > \dfrac{\alpha(1-v)(3+c+v-\lambda v)+\lambda\alpha vc+(3+c-3v)[v(1-\lambda)+\lambda]\lambda}{(1-c-v)[v(1-\lambda)+\lambda](\alpha+\lambda)}$

且 $\alpha > \dfrac{(1+c-v)[v(1-\lambda)+\lambda]\lambda}{v(1-c-v)-(1-v)(1+c+v)\lambda}$ 时，$\Delta p_{FR} < 0$ 成立。$\Delta p_{FR} \geqslant 0$ 成立则需满足：

① $\alpha \leqslant \dfrac{(1+c-v)[v(1-\lambda)+\lambda]\lambda}{v(1-c-v)-(1-v)(1+c+v)\lambda}$；② $\alpha > \dfrac{(1+c-v)[v(1-\lambda)+\lambda]\lambda}{v(1-c-v)-(1-v)(1+c+v)\lambda}$

且 $\gamma \leqslant \dfrac{\alpha(1-v)(3+c+v-\lambda v)+\lambda\alpha vc+(3+c-3v)(v(1-\lambda)+\lambda)\lambda}{(1-c-v)(v(1-\lambda)+\lambda)(\alpha+\lambda)}$。此外，通过对比平台促销情形时自营产品促销价与未促销情形下的产品价格，则有

$$\Delta p_F = \dfrac{4v\alpha-(v+\lambda-v\lambda)\{4(\alpha-1)v-2c(\alpha+\lambda)(1-\gamma)+v[(3-\gamma)(v(1-\lambda)+(1+c)\lambda-c)+1+\gamma]\}}{-2(3-\gamma)(\alpha+v+\lambda-v\lambda)(v+\lambda-v\lambda)} < 0。$$

对于第三方卖家，平台自营产品促销前后第三方卖家的产品价格的变化为 $\Delta p_{SR} = p_{SR}^{PN*} - p_{SR}^{NN*} = \dfrac{\alpha v(-1+c+v)-\alpha(-1+v)(c+v)\lambda+c\lambda(v+\lambda-v\lambda)}{(3-\gamma)(v+\lambda-v\lambda)(\alpha+v+\lambda-v\lambda)}$。如果 $\alpha \geqslant \dfrac{c\lambda(v+\lambda-v\lambda)}{v(1-c-v)+(1-v)(c+v)\lambda}$，则有 $\Delta p_{SR} < 0$；如果 $\alpha < \dfrac{c\lambda(v+\lambda-v\lambda)}{v(1-c-v)+(1-v)(c+v)\lambda}$，则有 $\Delta p_{SR} \geqslant 0$。

命题揭示了平台应该如何调整其产品原价并设置其促销价格力求在促销活动中获得更高的利润。如图 4-1 所示，较弱的市场扩张效应或者较低的佣金率会使得平台在促销活动中提高其产品原价。这一违反直觉的发现原因如下：在市场扩张效应较弱或佣金率较低的情况下，促销活动加剧了平台与第三方卖家在获取 L 型消费群体时的价格竞争。因此，平台将提

高自营产品原价来激励第三方卖家提高第三方卖家的产品的价格,从而达到缓解价格 H 型和 L 型消费群体价格竞争的目的。当市场扩张效应较弱或佣金率较低时,为了缓和 L 型消费者激烈的价格竞争,平台会设定较高的自营产品原价。在此基础上,当市场扩张效应较弱时,第三方卖家也会在促销活动中提高产品的价格,如命题 4-1③所示。

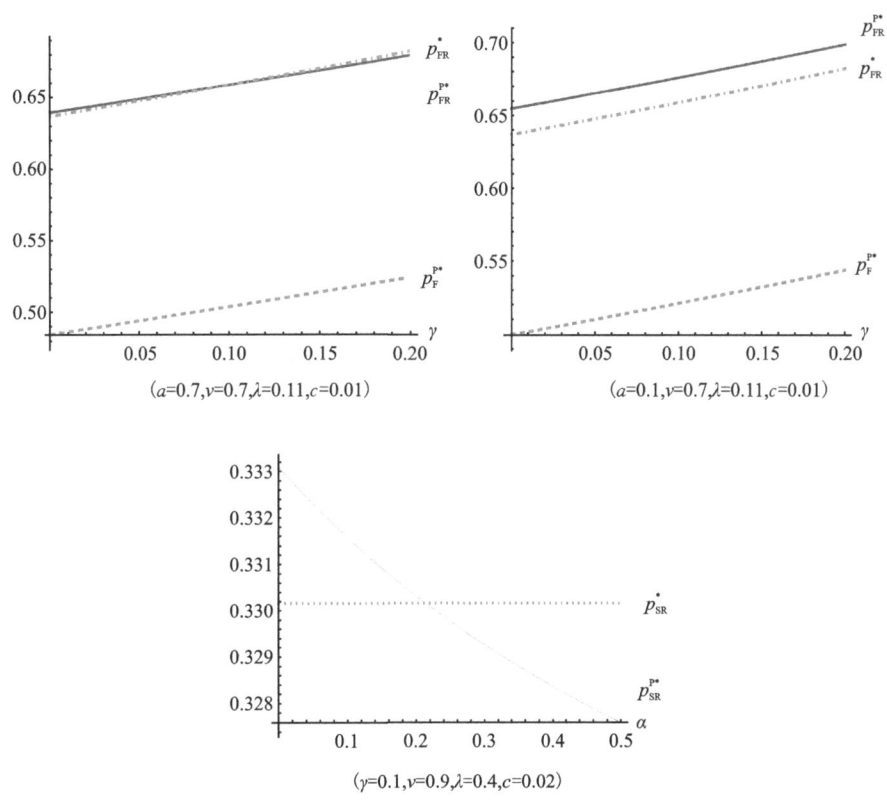

注:p_{FR}^* 和 p_{SR}^* 分别表示自营产品促销前自营产品和第三方卖家的产品的价格;p_{FR}^{P*}、p_F^{P*} 和 p_{SR}^{P*} 分别表示自营产品促销后自营产品的原价、促销价以及第三方卖家的产品价格。

图 4-1 第三方卖家的产品未促销时自营产品促销前后均衡价格对比

从企业角度来看,电商平台可以在促销活动中设置较高的产品原价,即通过更大的名义折扣或者优惠券使消费者获得更大的优惠力度来吸引消费者,这个结果在垄断市场中可能成立。然而,在存在竞争的平台生态系统中,由于第三方卖家销售的产品与平台的自营产品完全可替代,消费者并不会轻易被更大的名义折扣所吸引,因此,结论表明平台自营产品促销时可能会降低其产品的原价。命题 4-1 的结果为许多电商平台,在促销活动中设定较高或者较低的自营产品原价提供了可能的解释。例如,在大型的购物节促销活动期间,平台商家往往会在活动到来之前先提高产品原价,同时又保证促销后的价格为全场最低价来吸引更多的消费者购买促销产品。这些平台故意提高自身产品的原价,以削弱对价格不敏感的消费群体的价格竞争,在维持第三方卖家的利润的同时又可以从销售自营产品中获得更大的利润。接下来，本节探讨了平台自营产品促销如何影响均衡需求，如命题 4-2 所示。

命题 4-2（第三方卖家的产品未促销情形下需求对比）：考虑第三方卖家的产品未促销情形，①当市场扩张效应足够强 $\left(\alpha \geqslant \frac{c\lambda}{v-c}\right)$ 时，自营产品促销情形的产品需求大于未促销情形的产品需求；②当市场扩张效应足够弱 $\left(\alpha \leqslant \frac{c\lambda}{v-c}\right)$ 时，自营产品促销情形的产品需求小于未促销情形的产品需求；③当市场扩张效应适中 $\left(\frac{c\lambda}{2v-c} < \alpha < \frac{c\lambda}{v-c}\right)$ 时，如果佣金率较高 $\left[\gamma \geqslant \frac{2v\alpha-c(\alpha+\lambda)}{v\alpha}\right]$，自营产品促销会降低其产品需求，否则 $\left[\gamma < \frac{2v\alpha-c(\alpha+\lambda)}{v\alpha}\right]$，自营产品的促销会增加其产品需求；④自营产品的促销总是使第三方卖家的产品的需求增加。

证明：根据引理 4-1 和引理 4-2 的均衡结果，通过对比平台的自营产品促销前后的需求，则有 $\Delta D_F = D_F^{PN*} - D_F^{NN*} = \frac{v\alpha(2-\gamma)-c(\lambda+\alpha)}{v(3-\gamma)}$。因此，当仅当①$\alpha \leqslant \frac{c\lambda}{2v-c}$；或者②$\frac{c\lambda}{2v-c} \leqslant \alpha \leqslant \frac{c\lambda}{v-c}$ 和 $\gamma \geqslant \frac{2v\alpha-c(\alpha+\lambda)}{v\alpha}$ 时，$\Delta D_F \leqslant 0$ 成立；当仅当①$\alpha \geqslant \frac{c\lambda}{v-c}$；或者②$\frac{c\lambda}{2v-c} < \alpha < \frac{c\lambda}{v-c}$ 和 $\gamma < \frac{2v\alpha-c(\alpha+\lambda)}{v\alpha}$ 时，$\Delta D_F > 0$ 成立。对于第三方卖家的产品，$\Delta D_S = D_S^{NP*} - D_S^{NN*} = \frac{(\alpha+\lambda)c+\alpha v}{v(3-\gamma)} > 0$。

有趣的是，与未促销情形相比，平台自营产品在促销情形时的需求可能会减少。这是因为，当自营产品促销时，虽然产品在价格敏感型消费者细分市场获得了更高的需求，但平台可能因为产品原价上涨而减少了对价格 H 型消费者细分市场的需求。当市场扩张效应足够低时，L 型消费群体增加的需求较低，因此，平台在促销活动中获得的总需求降低。同时，当佣金率较高时，第三方卖家通过把佣金率的成本转移给购买其产品的消费者而提高产品价格，则平台也相应地提高其自营产品原价。因此，如命题 4-2③所示，当市场扩张效应适中且佣金率足够高时，平台的总需求仍然会有所下降。

下面通过对比平台自营产品在未促销和促销两种情形下的均衡利润来讨论平台产品的促销如何影响平台和第三方卖家的利润。命题 4-3 讨论了第三方卖家未促销情形下，平台自营产品促销策略选择及其对第三方卖家利润的影响。

命题 4-3（第三方卖家的产品未促销情形下平台促销策略选择）：考虑平台上第三方卖家的产品未促销情形，①当消费者的促销参与成本较小（$c < c'$）时，平台将会采取促销策略；②当消费者的促销参与成本较大（$c \geqslant c'$）时，如果市场扩张效应较强 $\left(\alpha \geqslant \frac{-B'+\sqrt{B'^2-4A'E'}}{2A'}\right)$，平台将会采取促销策略，如果市场扩张效应较弱 $\left(\alpha < \frac{-B'+\sqrt{B'^2-4A'E'}}{2A'}\right)$，平台将不会采取促销策略；③平台采取促销策略总是有利于第三方卖家。

证明：通过对比平台自营产品促销前后的利润，则有 $\Delta \pi_F = \pi_F^{PN*} - \pi_F^{NN*} = \dfrac{A'\alpha^2 + B'\alpha + E'}{4v(3-\gamma)^2(\alpha+v+\lambda-v\lambda)(v+\lambda-v\lambda)}$①。令 $h(\alpha) = A'c^2 + B'c + E'$，显然，$A' > 0$ 且 $h(0) = E'$。假设 $f(c) = h(0) = E' = \lambda(v+\lambda-v\lambda)(K_1c^2 + K_2c + K_2)$，其中 $K_1 = v(3-\gamma)^2(1-\lambda) + 4\lambda$，$K_2 = 2v\{1 - v(3-\gamma)^2(1-\lambda) - 9\lambda + \gamma[4-\gamma+(6-\gamma)\lambda]\}$ 且 $K_3 = (1-v)^2 v(3-\gamma)^2(1-\lambda)$。根据引理 4-1 和引理 4-2 的均衡结果满足的限制条件，当 $f(c) \geq 0$ 时，可得 $c \geq \dfrac{-K_2 + \sqrt{K_2^2 - 4K_1K_3}}{2K_1}$（舍去）或者 $c \leq \dfrac{-K_2 - \sqrt{K_2^2 - 4K_1K_3}}{2K_1}$。则可得，当 $c \geq c'$ 时，则有 $f(c) \leq 0$；否则，当 $c < c'$ 时，则有 $f(c) > 0$，其中 $c' = \dfrac{-K_2 - \sqrt{K_2^2 - 4K_1K_3}}{2K_1}$。此外，当 $h(\alpha) \geq 0$ 时，$\alpha \geq \dfrac{-B' + \sqrt{B'^2 - 4A'E'}}{2A'}$ 或者 $\alpha \leq \dfrac{-B' - \sqrt{B'^2 - 4A'E'}}{2A'}$；否则，当 $\dfrac{-B' - \sqrt{B'^2 - 4A'E'}}{2A'} < \alpha < \dfrac{-B' + \sqrt{B'^2 - 4A'E'}}{2A'}$ 时，$h(\alpha) < 0$。因此，当 $c < c'$ 时，可得 $A', E' > 0$。在此基础上，由引理 4-1 和引理 4-2 均衡结果满足的限制条件，可得 $B' > 0$，则必有 $\Delta \pi_F > 0$ 恒成立。当 $c \geq c'$ 时，可得 $A' > 0, E' \leq 0$ 以及 $\dfrac{-B' - \sqrt{B'^2 - 4A'E'}}{2A'} < 0$。当 $\alpha \geq \dfrac{-B' + \sqrt{B'^2 - 4A'E'}}{2A'}$ 时，$\Delta \pi_F > 0$；当 $\alpha < \dfrac{-B' + \sqrt{B'^2 - 4A'E'}}{2A'}$ 时，$\Delta \pi_F < 0$。

此外，通过对比平台第三方卖家的产品促销前后的利润，易得 $\Delta \pi_S = \pi_S^{P*} - \pi_S^* = \dfrac{(1-\gamma)[v+\alpha(c+v)+c\lambda]^2}{v(3-\gamma)^2(\alpha+v+\lambda-v\lambda)} - \dfrac{v(1-\gamma)}{(3-\gamma)^2(v+\lambda-v\lambda)} > 0$。

显然，根据命题 4-2，消费者促销参与成本较低或者市场扩张效应较强可以增加平台自营产品参与促销活动时的产品需求，因此，平台更可能采取促销策略。此外，自营产品的促销活动增加了平台上产品的曝光率，在一定程度上增加了第三方卖家的产品的需求及利润，因此，尽管自营产品与第三方卖家的产品会因提供相同产品而引起竞争，但第三方卖家的利润仍会有所增加。此外，如图 4-2 所示的数值结果蕴含了数值结论 4-1。

数值结论 4-1：随着佣金率的增加，平台更倾向于采取促销策略，且平台和第三方卖家更可能达到双赢。

数值结论 4-1 揭示了佣金率对最优促销策略的影响。正如以往文献（如 Song 等，2021）表明，随着佣金率的提高，平台上的自营产品与第三方卖家的产品的价格竞争有所缓和。在

---

① $A' = 4(v+\lambda-v\lambda)[c^2+v^2(4-\gamma)-cv(4-\gamma)(1-\gamma)]$，$B' = (v+\lambda-v\lambda)\{(v^2-2cv+1-2v+c^2)v(3-\gamma)^2(1-\lambda) + 8c^2\lambda + 8v^2(4-\gamma) + 2cv[1-17\lambda+\gamma(4-\gamma+16\lambda-3\gamma\lambda)]\} - 4v^2(4-\gamma)$ 且 $E' = \lambda(v+\lambda-v\lambda)\{v[v^2-2(1+c)v+1+c^2](3-\gamma)^2(1-\lambda) + 4c^2\lambda + 2cv[1-9\lambda+\gamma(4-\gamma+(6-\gamma)\lambda)]\}$。

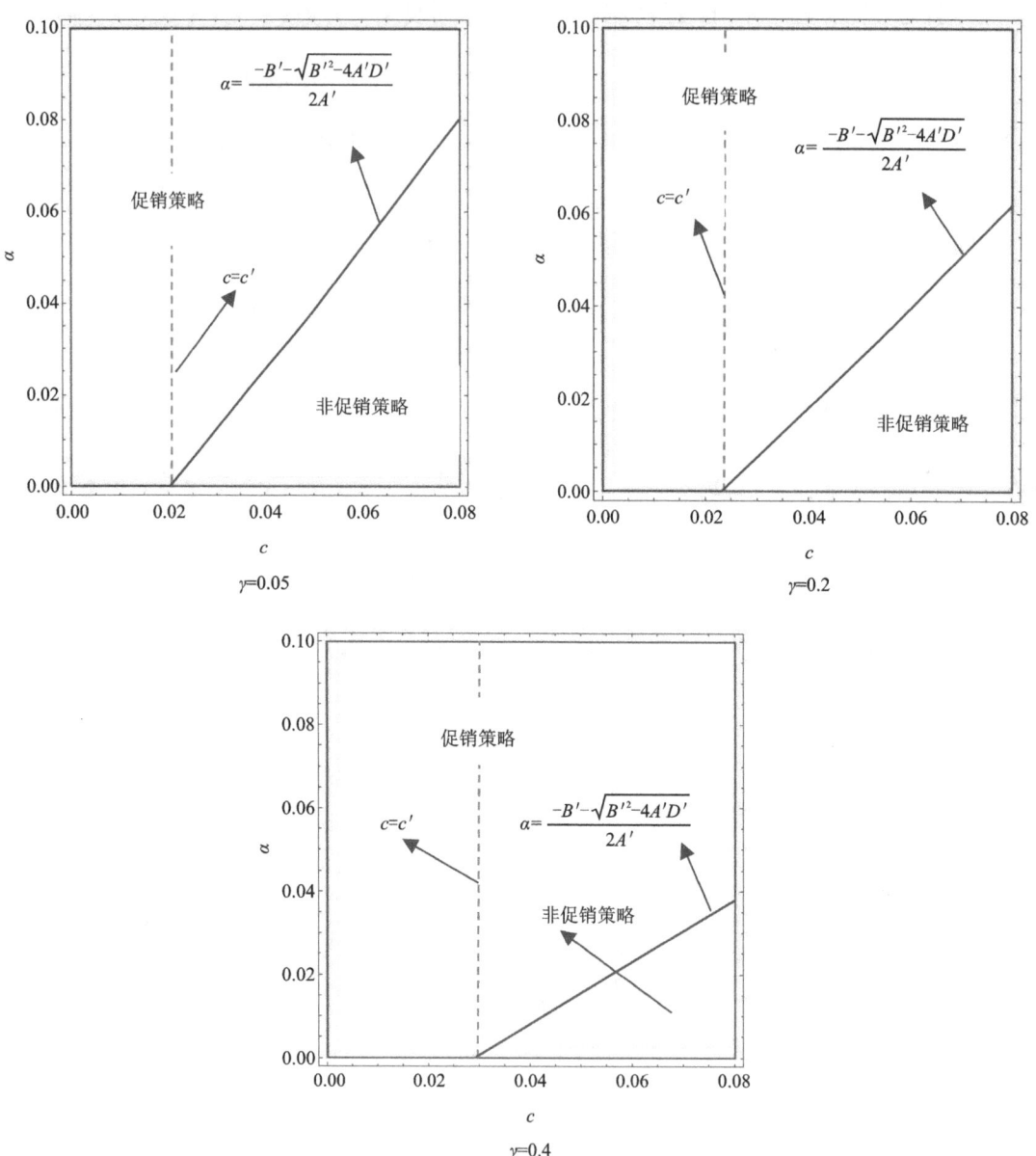

图 4-2 第三方卖家的产品未促销时平台促销策略($v=0.6,\lambda=0.8$)

这种情况下,平台实施促销策略对缓和市场价格竞争的作用减弱,因此,平台更有可能采取促销策略以增加其来自 L 型消费者的需求。

4.4 第三方卖家的产品促销情形下平台自营产品促销策略

在第三方卖家的产品促销情形下,推导出平台自营产品促销和未促销情形下的均衡产品定价、相应产品的市场需求以及平台和第三方卖家的均衡利润。同时,通过对比平台自营产品未促销和促销两种情形下的均衡结果来研究平台自营产品的促销定价策略。下面本节分析在第三方卖家的产品促销情形下自营产品促销前后的均衡结果。

4.4.1 市场均衡

当第三方卖家的产品促销且自营产品未促销时，由式(4-17)和式(4-18)描述的博弈模型，平台和第三方卖家通过设定最优价格来最大化它们的利润

$$\begin{cases} \max\limits_{p_{FR}^{NP}} \pi_F^{NP}(p_{FR}^{NP}) = p_{FR}^{NP}(D_{FH}^{NP}+D_{FL}^{NP}) + (p_{SR}^{NP}D_{SH}^{NP}+p_S^{NP}D_{SL}^{NP})\gamma \\ \max\limits_{p_{SR}^{NP},p_S^{NP}} \pi_S^{NP}(p_{SR}^{NP},p_S^{NP}) = (1-\gamma)(p_{SR}^{NP}D_{SH}^{NP}+p_S^{NP}D_{SL}^{NP}) \end{cases} \quad (4\text{-}27)$$

$$\text{s.t.} U_{FH}^{NP},U_{SH}^{NP},U_{FL}^{NP},U_{SL}^{NP},D_{FH}^{NP},D_{SH}^{NP},D_{FL}^{NP},D_{SL}^{NP},p_{FR}^{NP},p_{SR}^{NP},p_S^{NP} \geq 0$$

$$p_{SR}^{NP}-p_S^{NP} \geq c$$

通过求解式(4-27)所述的博弈模型可得引理 4-4。

引理 4-4(情形 NP)：当平台自营产品未促销且第三方卖家的产品促销时，如果 $0 \leq c \leq \min\left\{\dfrac{(1+\alpha)v}{\alpha+v(3-\gamma)(1-\lambda)+\lambda}, \dfrac{v\{\alpha(1-\gamma)+(3-\gamma)[v(1-\lambda)+\lambda]-2\}}{(1-\gamma)(\alpha+\lambda)}, \dfrac{v(1-\gamma)}{3-\gamma}\right\}$，自营产品最优价格以及第三方卖家的产品最优价格和促销价格分别为 $p_{FR}^{NP*}=\dfrac{2v+\alpha[2v+c(1-\gamma)]+c(1-\gamma)\lambda}{(3-\gamma)(\alpha+v+\lambda-v\lambda)}$，$p_{SR}^{NP*}=\dfrac{v+\alpha[v+c(2-\gamma)]+c(2-\gamma)\lambda}{(3-\gamma)(\alpha+v+\lambda-v\lambda)}$ 和 $p_S^{NP*}=\dfrac{\alpha(v-c)+v[1-c(3-\gamma)(1-\lambda)]-c\lambda}{(3-\gamma)(\alpha+v+\lambda-v\lambda)}$。相应地，自营产品和第三方卖家的产品需求分别为 $D_F^{NP*}=\dfrac{\alpha[c(1+v)+v(5-v-2\gamma)]+c\lambda+v\{5v-1-2v\gamma+[c+2(1-v)(3-\gamma)]\lambda\}}{(\alpha+v+\lambda-v\lambda)}$ 和 $D_S^{NP*}=\dfrac{(1+v)[v+\alpha(v-c)-c\lambda]}{v(3-\gamma)(\alpha+v+\lambda-v\lambda)}$。平台和第三方卖家的最优利润分别为 $\pi_F^{NP*}=\dfrac{A'\alpha^2+B'\alpha+E'}{v(3-\gamma)^2(\alpha+v+\lambda-v\lambda)}$①和 $\pi_S^{NP*}=\dfrac{(1-\gamma)[v+\alpha(-c+v)-c\lambda]^2}{v(3-\gamma)^2(\alpha+v+\lambda-v\lambda)}$。

证明：当平台自营产品未促销且第三方卖家的产品促销时，L 型消费者购买原价的自营产品或者促销价的第三方卖家的产品，而 H 型消费者则购买原价的自营产品或者第三方卖家的产品。由式(4-27)可知，联立平台和第三方卖家的利润函数及限制条件 $p_{SR}^{NP}-p_S^{NP} \geq c$，可得自营产品和第三方产品最优价格分别为 $p_{FR}^{NP*}=\dfrac{2v+\alpha[2v+c(1-\gamma)]+c(1-\gamma)\lambda}{(3-\gamma)(\alpha+v+\lambda-v\lambda)}$，$p_{SR}^{NP*}=\dfrac{v+\alpha[v+c(2-\gamma)]+c(2-\gamma)\lambda}{(3-\gamma)(\alpha+v+\lambda-v\lambda)}$ 和 $p_S^{NP*}=\dfrac{\alpha(v-c)+v[1-c(3-\gamma)(1-\lambda)]-c\lambda}{(3-\gamma)(\alpha+v+\lambda-v\lambda)}$。将最优价格

---

① $A'=(c+2v)^2-v(5c+v)\gamma+cv\gamma^2$，$B'=v(4-\gamma)(c+2v-c\gamma)+c[2c+v(4-\gamma)(1-\gamma)]\lambda$ 和 $E'=v^2(4-\gamma)+cv(4-\gamma)(1-\gamma)\lambda+c^2\lambda^2$。

代入各自需求函数可得 $D_{\mathrm{FH}}^{\mathrm{NP}*} = (1-\lambda)\left\{\dfrac{v(2-\gamma)+\alpha(3+c-v-\gamma)+[c+(-1+v)(-3+\gamma)]\lambda}{(3-\gamma)(\alpha+v+\lambda-v\lambda)}\right\}$ 和 $D_{\mathrm{FL}}^{\mathrm{NP}*} = (\alpha+\lambda)\left\{\dfrac{-v+\alpha[c-v(-2+\gamma)]+v(-3+\gamma)[v(-1+\lambda)-\lambda]+c\lambda}{v(3-\gamma)(\alpha+v+\lambda-v\lambda)}\right\}$,则平台自营产品的总需求为 $D_{\mathrm{F}}^{\mathrm{NP}*} = D_{\mathrm{FH}}^{\mathrm{NP}*} + D_{\mathrm{FL}}^{\mathrm{NP}*} = \dfrac{\alpha[c(1+v)-v(-5+v+2\gamma)]+c\lambda+v\{-1+5v-2v\gamma+[c+2(-1+v)(-3+\gamma)]\lambda\}}{v(3-\gamma)(\alpha+v+\lambda-v\lambda)}$。

同理可得,第三方卖家的产品的总需求 $D_{\mathrm{S}}^{\mathrm{NP}*} = D_{\mathrm{SH}}^{\mathrm{NP}*} + D_{\mathrm{SL}}^{\mathrm{NP}*} = \dfrac{(1+v)[v+\alpha(-c+v)-c\lambda]}{v(3-\gamma)(\alpha+v+\lambda-v\lambda)}$。

由平台利润的最优化目标函数关于产品均衡价格的 Hessian 矩阵负定以及式(4-27)中的限制条件,可得 $0 \leqslant c \leqslant \min\left\{\dfrac{(1+\alpha)v}{\alpha+v(3-\gamma)(1-\lambda)+\lambda}, \dfrac{v\{\alpha(1-\gamma)+(3-\gamma)[v(1-\lambda)+\lambda]-2\}}{(1-\gamma)(\alpha+\lambda)}, \dfrac{v(1-\gamma)}{3-\gamma}\right\}$ 时,均衡结果存在。因此,将相应的最优产品价格和需求代入利润函数可得 $\pi_{\mathrm{F}}^{\mathrm{NP}*} = \dfrac{A'\alpha^2+B'\alpha+E'}{v(3-\gamma)^2(\alpha+v+\lambda-v\lambda)}$ 和 $\pi_{\mathrm{S}}^{\mathrm{NP}*} = \dfrac{(1-\gamma)[v+\alpha(c+v)+c\lambda]^2}{v(3-\gamma)^2(\alpha+v+\lambda-v\lambda)}$。

当第三方卖家和平台均促销其产品时,由式(4-23)和式(4-24)描述的博弈模型,平台和第三方卖家通过设定最优价格来最大化它们的利润

$$\begin{cases} \max\limits_{p_{\mathrm{FR}}^{\mathrm{PP}}, p_{\mathrm{F}}^{\mathrm{PP}}} \pi_{\mathrm{F}}^{\mathrm{PP}}(p_{\mathrm{FR}}^{\mathrm{PP}}, p_{\mathrm{F}}^{\mathrm{PP}}) = p_{\mathrm{FR}}^{\mathrm{PP}} D_{\mathrm{FH}}^{\mathrm{PP}} + p_{\mathrm{F}}^{\mathrm{PP}} D_{\mathrm{FL}}^{\mathrm{PP}} + (p_{\mathrm{SR}}^{\mathrm{PP}} D_{\mathrm{SH}}^{\mathrm{PP}} + p_{\mathrm{S}}^{\mathrm{PP}} D_{\mathrm{SL}}^{\mathrm{PP}})\gamma \\ \max\limits_{p_{\mathrm{SR}}^{\mathrm{PP}}, p_{\mathrm{S}}^{\mathrm{PP}}} \pi_{\mathrm{S}}^{\mathrm{PP}}(p_{\mathrm{SR}}^{\mathrm{PP}}, p_{\mathrm{S}}^{\mathrm{PP}}) = (1-\gamma)(p_{\mathrm{SR}}^{\mathrm{PP}} D_{\mathrm{SH}}^{\mathrm{PP}} + p_{\mathrm{S}}^{\mathrm{PP}} D_{\mathrm{SL}}^{\mathrm{PP}}) \end{cases} \quad (4\text{-}28)$$

$$\text{s. t.} \ U_{\mathrm{FH}}^{\mathrm{PP}}, U_{\mathrm{SH}}^{\mathrm{PP}}, U_{\mathrm{FL}}^{\mathrm{PP}}, U_{\mathrm{SL}}^{\mathrm{PP}}, D_{\mathrm{FH}}^{\mathrm{PP}}, D_{\mathrm{SH}}^{\mathrm{PP}}, D_{\mathrm{FL}}^{\mathrm{PP}}, D_{\mathrm{SL}}^{\mathrm{PP}}, p_{\mathrm{FR}}^{\mathrm{PP}}, p_{\mathrm{SR}}^{\mathrm{PP}}, p_{\mathrm{F}}^{\mathrm{PP}}, p_{\mathrm{S}}^{\mathrm{PP}} \geqslant 0$$

$$p_{\mathrm{SR}}^{\mathrm{PP}} - p_{\mathrm{S}}^{\mathrm{PP}} \geqslant c, p_{\mathrm{FR}}^{\mathrm{PP}} - p_{\mathrm{F}}^{\mathrm{PP}} \geqslant c$$

通过求解式(4-28)所述的博弈模型可得引理4-5。

引理 4-5(情形 PP):如果平台自营产品和第三方卖家的产品均促销,当 $0 \leqslant c \leqslant \dfrac{1-v}{3-\gamma}$ 时,自营产品和第三方卖家的产品的最优价格分别为 $p_{\mathrm{FR}}^{\mathrm{PP}*} = \dfrac{2}{3-\gamma}$ 和 $p_{\mathrm{SR}}^{\mathrm{PP}*} = \dfrac{1}{3-\gamma}$,最优促销价格分别为 $p_{\mathrm{F}}^{\mathrm{PP}*} = \dfrac{2v}{3-\gamma}$ 和 $p_{\mathrm{S}}^{\mathrm{PP}*} = \dfrac{v}{3-\gamma}$。相应地,由此产生的产品需求分别为 $D_{\mathrm{F}}^{\mathrm{PP}*} = \dfrac{(2-\gamma)(\alpha+1)}{3-\gamma}$ 和 $D_{\mathrm{S}}^{\mathrm{PP}*} = \dfrac{1+\alpha}{3-\gamma}$,平台和第三方卖家的利润分别为 $\pi_{\mathrm{F}}^{\mathrm{PP}*} = \dfrac{(4-\gamma)[1+\alpha v-(1-v)\lambda]}{(3-\gamma)^2}$ 和 $\pi_{\mathrm{S}}^{\mathrm{PP}*} = \dfrac{(1-\gamma)[1+\alpha v-(1-v)\lambda]}{(3-\gamma)^2}$。

证明:当平台自营产品和第三方卖家的产品均促销时,L 型消费者购买促销价的自营产品或者第三方卖家的产品,而 H 型消费者则购买原价的自营产品或者第三方卖家的产品。由式(4-28)可知平台和第三方卖家的利润函数是各自价格(原价和促销价)的凹函数,联立平台和第三方卖家的利润函数对于各自价格的一阶条件,可以得到最优价格 $p_{\mathrm{FR}}^{\mathrm{PP}*} = \dfrac{2}{3-\gamma}$ 和 $p_{\mathrm{SR}}^{\mathrm{PP}*} = \dfrac{1}{3-\gamma}$,

$p_F^{PP*} = \dfrac{2v}{3-\gamma}$ 和 $p_S^{PP*} = \dfrac{v}{3-\gamma}$。将最优价格代入各自需求函数可以得到 $D_{FH}^{PP*} = \dfrac{(1-\lambda)(2-\gamma)}{3-\gamma}$，$D_{SH}^{PP*} = \dfrac{1-\lambda}{3-\gamma}$，$D_{FL}^{PP*} = \dfrac{(\lambda+\alpha)(2-\gamma)}{3-\gamma}$ 和 $D_{SL}^{PP*} = \dfrac{\lambda+\alpha}{3-\gamma}$，则 $D_F^{PP*} = D_{FH}^{PP*} + D_{FL}^{PP*} = \dfrac{(1+\alpha)(2-\gamma)}{3-\gamma}$ 且 $D_S^{PP*} = D_{SH}^{PP*} + D_{SL}^{PP*} = \dfrac{1+\alpha}{3-\gamma}$。由平台和第三方卖家的最优目标函数对应的 Hessian 矩阵负定及式(4-28)中的限制条件，可得 $0 \leqslant c \leqslant \dfrac{1-v}{3-\gamma}$ 时，均衡结果存在。因此，将相应的产品最优价格和需求代入利润函数可得 $\pi_F^{PP*} = \dfrac{(4-\gamma)[1+\alpha v-(1-v)\lambda]}{(3-\gamma)^2}$ 和 $\pi_S^{PP*} = \dfrac{(1-\gamma)[1+\alpha v-(1-v)\lambda]}{(3-\gamma)^2}$。

4.4.2 策略对比分析

根据市场配置 NP 和 PP 的均衡结果，本节在第三方卖家的产品促销情形下，对比平台自营产品促销和未促销情形下的价格、需求和利润。首先，根据引理 4-4、引理 4-5 和命题 4-4 研究了平台自营产品的促销与否如何影响自营产品和第三方卖家的产品的原价和促销价格。

命题 4-4(第三方卖家的产品促销情形下价格对比)：在第三方卖家的产品促销情形下，①平台自营产品促销时的产品原价高于其未促销情形，而自营产品的促销价格低于其未促销情形的原价；②平台促销其自营产品会使第三方卖家的产品的原价升高；③当消费者的促销参与成本较高 $\left[c < \dfrac{v(1-\lambda)(1-v)}{\lambda+v(1-\lambda)(3-\gamma)}\right]$ 且市场扩张效应较强 $\left\{\alpha > \dfrac{v(1-\lambda)[1-v-c(3-\gamma)]-\lambda c}{c}\right\}$ 时，平台促销其自营产品会使第三方卖家的产品的促销价格升高，否则 $\left\{c \geqslant \dfrac{v(1-\lambda)(1-v)}{\lambda+v(1-\lambda)(3-\gamma)}\right.$ 或者 $\left.\alpha \leqslant \dfrac{v(1-\lambda)[1-v-c(3-\gamma)]-\lambda c}{c}\right\}$，平台促销其自营产品会使第三方卖家的产品的促销价格降低。

证明：根据引理 4-4 和引理 4-5 及市场均衡存在的限制条件 $0 \leqslant c \leqslant \min\left\{\dfrac{(1+\alpha)v}{\alpha+v(3-\gamma)(1-\lambda)+\lambda}, \dfrac{v\{\alpha(1-\gamma)+(3-\gamma)[v(1-\lambda)+\lambda]-2\}}{(1-\gamma)(\alpha+\lambda)}, \dfrac{1-v}{3-\gamma}, \dfrac{v(1-\gamma)}{3-\gamma}\right\}$，当第三方卖家促销其产品时，通过比较平台自营产品未促销和促销两种情形下自营产品和第三方卖家的产品原价，分别可得 $\Delta p_{FR}^P = p_{FR}^{PP*} - p_{FR}^{NP*} = \dfrac{(2-c-2v+c\gamma)(\alpha+\lambda)}{(3-\gamma)(\alpha+v+\lambda-v\lambda)} > 0$ 和 $\Delta p_{SR}^P = p_{SR}^{PP*} - p_{SR}^{NP*} = \dfrac{[1-v-c(2-\gamma)](\alpha+\lambda)}{(3-\gamma)(\alpha+v+\lambda-v\lambda)} > 0$。比较自营产品促销情形下的促销价格和未促销情形下的原价可得 $\Delta p_F^P = p_F^{PP*} - p_{FR}^{NP*} = -\dfrac{2v(1-v)(1-\lambda)+c(1-\gamma)(\alpha+\lambda)}{(3-\gamma)(\alpha+v+\lambda-v\lambda)} < 0$，比较两种情形下的第三方卖家的产品促销价格可得 $\Delta p_S^P = p_S^{PP*} - p_S^{NP*} = \dfrac{v(1-\lambda)[v-1+c(3-\gamma)]+(\alpha+\lambda)c}{(3-\gamma)(\alpha+v+\lambda-v\lambda)}$，则当 $c <$

$\frac{v(1-\lambda)(1-v)}{\lambda+v(1-\lambda)(3-\gamma)}$ 且 $\alpha > \frac{v(1-\lambda)[1-v-c(3-\gamma)]-\lambda c}{c}$ 时,$\Delta p_\mathrm{S}^\mathrm{P} > 0$;当 $c \geqslant \frac{v(1-\lambda)(1-v)}{\lambda+v(1-\lambda)(3-\gamma)}$ 或者 $\alpha \leqslant \frac{v(1-\lambda)[1-v-c(3-\gamma)]-\lambda c}{c}$ 时,$\Delta p_\mathrm{S}^\mathrm{P} \leqslant 0$。

该命题表明,当第三方卖家促销其产品时,平台采取促销策略会提高自营产品和第三方卖家的产品的原价,这与命题 4-1 的结论有所不同。原因在于,当第三方卖家采取促销策略而平台不采取促销策略时,平台应设置较低的促销价来吸引 L 型消费者,从而使第三方卖家的原价降低。当平台和第三方卖家均采取促销策略时,其在 L 型消费者细分市场的竞争更加激烈,而在 H 型消费者细分市场的竞争有所缓和。因此,自营产品和第三方卖家的产品的原价较高。而当促销参与成本较高或者市场扩张效应较弱时,自营产品的促销吸引的 L 型消费者较少,此时第三方卖家的产品有动机去降低促销价格来吸引更多的消费者购买促销产品。

命题 4-5(第三方卖家的产品促销情形需求对比)[①]:在第三方卖家的产品促销情形下,①当消费者的促销参与成本较大 $\left\{ c \geqslant \frac{v[(2-\gamma)\alpha^2-X'\alpha+X'']}{a+av+\lambda} \right\}$ 或者市场扩张效应适中 $\left[\frac{X'-\sqrt{X'^2-4(2-\gamma)X''}}{2(2-\gamma)} \leqslant \alpha \leqslant \frac{X'+\sqrt{X'^2-4(2-\gamma)X''}}{2(2-\gamma)} \right]$ 时,在自营产品促销情形下的需求小于其在未促销情形下的需求;否则,自营产品促销会使其需求增加。②当市场扩张效应较强($\alpha \geqslant 1-\lambda+v\lambda$)或者消费者的促销参与成本较大 $\left[c \geqslant \frac{(1+\alpha)v(1-\alpha-\lambda+v\lambda)}{(1+v)(\alpha+\lambda)} \right]$ 时,自营产品促销会使第三方卖家的产品的需求降低;否则,自营产品促销会使第三方卖家的产品的需求增加。

证明:根据引理 4-4 和引理 4-5 的均衡结果,通过对比自营产品促销前后的需求可得 $\Delta D_\mathrm{F}^\mathrm{P} = D_\mathrm{F}^{\mathrm{PP}*} - D_\mathrm{F}^{\mathrm{NP}*} = \frac{-[\lambda+\alpha(1+v)]c+v[(2-\gamma)\alpha^2-X'\alpha+X'']}{v(3-\gamma)(\alpha+v+\lambda-v\lambda)}$。则当且仅当 $c \geqslant \frac{v[(2-\gamma)\alpha^2-X'\alpha+X'']}{a+av+\lambda}$ 或者 $\frac{X'-\sqrt{X'^2-4(2-\gamma)X''}}{2(2-\gamma)} \leqslant \alpha \leqslant \frac{X'+\sqrt{X'^2-4(2-\gamma)X''}}{2(2-\gamma)}$ 时,$\Delta D_\mathrm{F}^\mathrm{P} \leqslant 0$ 成立;当 $c < \frac{v[(2-\gamma)\alpha^2-X'\alpha+X'']}{a+av+\lambda}$ 时,如果 $\alpha < \frac{X'-\sqrt{X'^2-4(2-\gamma)X''}}{2(2-\gamma)}$ 或者 $\alpha > \frac{X'+\sqrt{X'^2-4(2-\gamma)X''}}{2(2-\gamma)}$,$\Delta D_\mathrm{F} > 0$。通过对比自营产品促销前后第三方卖家的产品的需求可得 $\Delta D_\mathrm{S}^\mathrm{P} = D_\mathrm{S}^{\mathrm{PP}*} - D_\mathrm{S}^{\mathrm{NP}*} = \frac{v(1+\alpha)(\alpha+v+\lambda-v\lambda)-(-ac+av+v-c\lambda)(1+v)}{v(3-\gamma)(\alpha+v+\lambda-v\lambda)}$。在此情形下,当 $c < \frac{(1+\alpha)v(1-\alpha-\lambda+v\lambda)}{(1+v)(\alpha+\lambda)}$ 且 $\alpha < 1-\lambda+v\lambda$ 时,$\Delta D_\mathrm{S}^\mathrm{P} > 0$;否则,当 $c \geqslant \frac{(1+\alpha)v(1-\alpha-\lambda+v\lambda)}{(1+v)(\alpha+\lambda)}$

[①] $X' = (1-v)[3-\gamma(1-\lambda)-2\lambda]$ 且 $X'' = 1-v(3-\gamma)(1-\lambda)-(4-\gamma)\lambda$。

或者 $\alpha \geqslant 1-\lambda+v\lambda$ 时，$\Delta D_S^P \leqslant 0$。

该命题表明，当第三方卖家促销其产品时，平台自营产品采取促销策略大多数情况下会降低自营产品和第三方卖家的产品需求。原因在于，当平台自营产品促销时，L型消费者均购买促销产品，而H型消费者均购买原价产品。此时，平台和第三方卖家在设定原价和促销价时仅需分别考虑与之对应的消费者群体，不存在两类消费者间的交叉竞争。根据命题4-1，自营产品与第三方的产品原价均有所提高，同时消费者购买产品需要付出一定的促销参与成本。因此，自营产品与第三方卖家的产品的需求大多数情形下有所下降。相较于命题4-2中的第三方卖家的产品未促销情形的结果，由于平台在第三方卖家的产品促销情形下参与促销活动会加剧自营产品和第三方卖家的产品的竞争，因此自营产品和第三方卖家的产品需求增加的概率降低。

本节还通过对比平台自营产品未促销和促销情况下的均衡利润来讨论平台自营产品的促销如何影响平台和第三方卖家的利润。通过对比引理4-4和引理4-5的均衡利润，命题4-6给出了第三方卖家促销情形下的平台自营产品促销策略。

命题4-6（第三方卖家的产品促销情形下平台促销策略）：在第三方卖家的产品促销情形下，当市场扩张效应较强 $\left\{\alpha \geqslant \dfrac{v(4-\gamma)[(1-v)^2-c(1-\gamma)]}{c[c+v(4-\gamma)(1-\gamma)]}\right\}$ 或者L型消费者比例较大 $\left\{\lambda \geqslant \dfrac{v(4-\gamma)[(1-v)^2-c(1-\gamma)]-\alpha c[c+v(4-\gamma)(1-\gamma)]}{c^2+(1-v)^2 v(4-\gamma)}\right\}$ 时，平台将采取促销策略；否则 $\left\{\alpha \geqslant \dfrac{v(4-\gamma)[(1-v)^2-c(1-\gamma)]}{c[c+v(4-\gamma)(1-\gamma)]}\right.$ 且 $\left.\lambda \geqslant \dfrac{v(4-\gamma)[(1-v)^2-c(1-\gamma)]-\alpha c[c+v(4-\gamma)(1-\gamma)]}{c^2+(1-v)^2 v(4-\gamma)}\right\}$ 时，平台将不会采取促销策略。此外，平台采取促销策略总是有利于第三方卖家。

证明：根据引理4-4和引理4-5，通过对比平台自营产品促销前后的利润，则有 $\Delta \pi_F^P = \dfrac{(4-\gamma)[1+\alpha v-(1-v)\lambda]}{(3-\gamma)^2} - \dfrac{A''\alpha^2+B''\alpha+E''}{v(3-\gamma)^2(\alpha+v+\lambda-v\lambda)}$，其中 $A''=(c+2v)^2-v(5c+v)\gamma+cv\gamma^2$，$B''=v(4-\gamma)(c+2v-c\gamma)+c[2c+v(4-\gamma)(1-\gamma)]\lambda$，$E''=v^2(4-\gamma)+cv(4-\gamma)(1-\gamma)\lambda+c^2\lambda^2$。根据引理4-4和4-5的限制条件 $0 \leqslant c \leqslant \min\left\{\dfrac{(1+\alpha)v}{\alpha+v(3-\gamma)(1-\lambda)+\lambda}, \dfrac{v\{\alpha(1-\gamma)+(3-\gamma)[v(1-\lambda)+\lambda]-2\}}{(1-\gamma)(\alpha+\lambda)}, \dfrac{1-v}{3-\gamma}, \dfrac{v(1-\gamma)}{3-\gamma}\right\}$，当且仅当 $\alpha < \dfrac{v(4-\gamma)[(1-v)^2-c(1-\gamma)]}{c[c+v(4-\gamma)(1-\gamma)]}$ 且 $\lambda < \dfrac{v(4-\gamma)[(1-v)^2-c(1-\gamma)]-\alpha c[c+v(4-\gamma)(1-\gamma)]}{c^2+(1-v)^2 v(4-\gamma)}$ 时，$\Delta \pi_F^P < 0$；当且仅当 $\alpha \geqslant \dfrac{v(4-\gamma)[(1-v)^2-c(1-\gamma)]}{c[c+v(4-\gamma)(1-\gamma)]}$ 或者 $\lambda \geqslant \dfrac{v(4-\gamma)[(1-v)^2-c(1-\gamma)]-\alpha c[c+v(4-\gamma)(1-\gamma)]}{c^2+(1-v)^2 v(4-\gamma)}$ 时，$\Delta \pi_F^P \geqslant 0$。此外，通过对比平台上第三方卖家的产品促销前后的利润，可得 $\Delta \pi_S^P = \pi_S^{PP*} - \pi_S^{NP*} = \dfrac{(1-\gamma)[1+\alpha v-(1-v)\lambda]}{(3-\gamma)^2} - \dfrac{(1-\gamma)[v+\alpha(-c+v)-c\lambda]^2}{v(3-\gamma)^2(\alpha+v+\lambda-v\lambda)} \geqslant 0$。

命题 4-6 表明,在 L 型消费者比例较大或市场扩张效应较强的市场中,由于第三方卖家已经参与了促销活动,平台更倾向于采用促销策略。

4.5 扩展分析

本节将第三方卖家的促销决策内生化,考虑平台与第三方卖家同时进行促销决策时的最优策略。由于阈值条件的表达式无法解析,因此,对图 4-3 进行数值分析并得到以下结论。

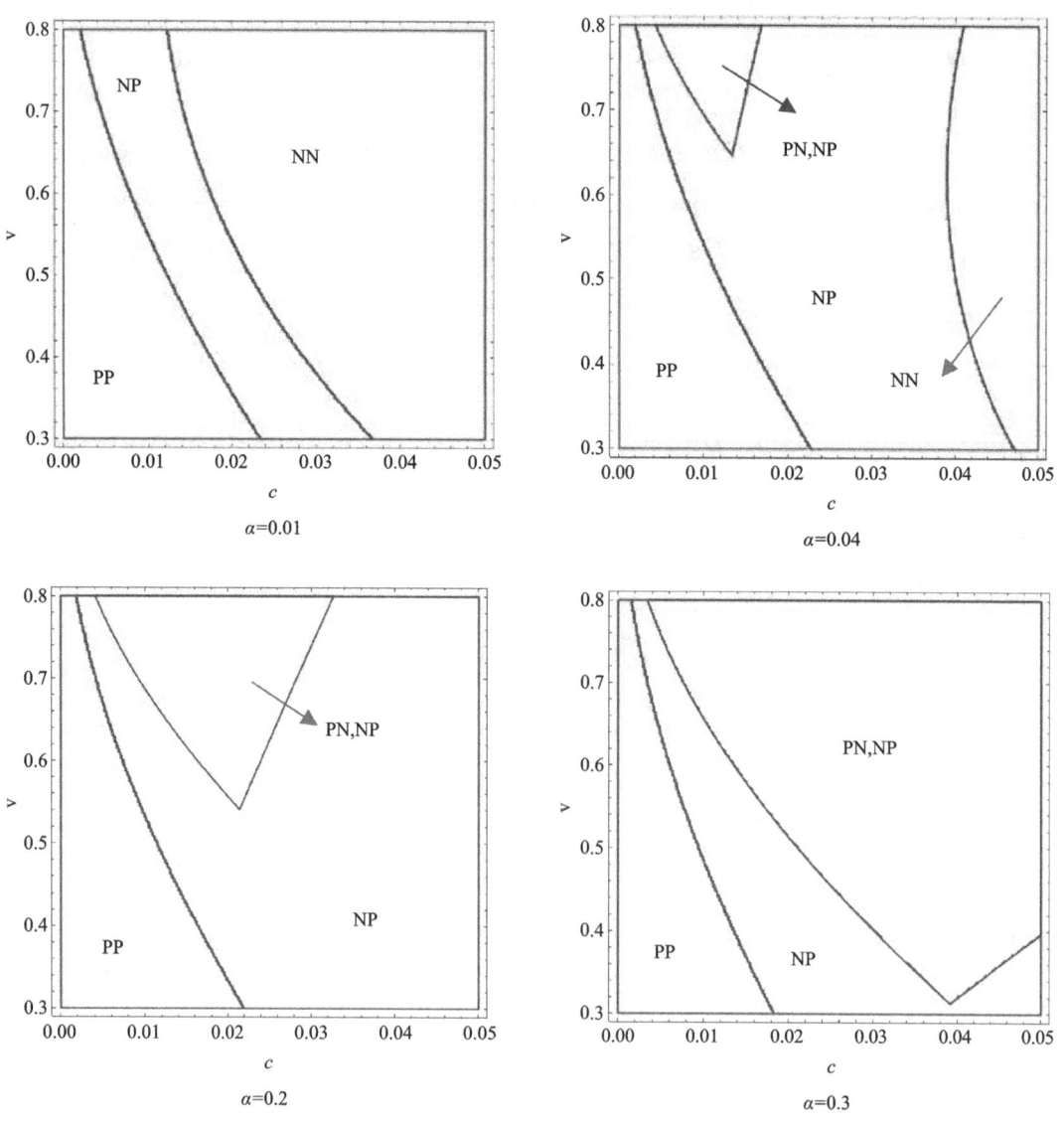

图 4-3 自营产品与第三方卖家的产品促销策略均衡($\lambda=0.9,\gamma=0.1$)

数值结论 4-2(平台和第三方卖家促销策略):考虑平台和第三方卖家同时进行促销决策,

①当促销参与成本较低时,平台和第三方卖家均促销其产品(PP 成为均衡);②随着促销参与成本的增加,市场均衡由 PP 变成 NP 或 PN,再变成 NN;③随着市场扩张效应增强,平台和第三方卖家采取相同策略(PP 或 NN)的概率降低,平台和第三方卖家中一方采取促销,另一方不采取促销(PN 或 NP)更可能成为市场均衡。

数值结果揭示了促销参与成本和市场扩张效应强度如何影响平台和第三方卖家参与促销活动的均衡决策。显然,当消费者促销参与成本较小时,平台和第三方卖家均有动力参与促销活动力求吸引更多的消费者购买产品。随着促销参与成本的增大,促销活动对消费者的吸引力降低。如果市场扩张效应强度较强,促销活动无法获得较大需求来弥补促销参与成本造成的利润损失,因此,平台和第三方卖家最终均不会采取促销策略。而当市场扩张效应强度较强时,平台和第三方卖家中一方采取促销,另一方不采取促销将缓和自营产品和第三方卖家的产品的促销竞争而达到均衡。此外,当第三方卖家的促销决策外生时,较强的市场扩张效应使得平台更有可能采用促销策略,其结果与命题 4-3 和命题 4-6 一致。

此外,结论表明平台应该促销具有较强市场扩张效应的产品,这也解释了一些商家在新产品刚上架到电商平台时采取促销策略的现象。事实上,消费者认可度较低的新产品更可能通过促销活动吸引潜在消费者。例如,在 2020 年京东"618"购物节期间,京东全球购向消费者推出了 3 万款新品,凭借强大的市场扩张效应,6 月 18 日,新品销量是 5 月平均销量的 15 倍,6 月 1 日至 18 日,半数以上新品的销量较 5 月同期增长 200% 以上①。此外,一些平台往往会长期促销产品。例如,2020 年京东商城"双十一"活动于 10 月 21 日开启,促销持续长达 22d②。这是因为长期促销活动为 L 型消费者提供了足够的准备时间来降低他们的促销参与成本,从而使平台在促销活动中获得更多的收益。

4.6 讨论与管理洞察

随着电商平台的日益成熟,平台自营产品与第三方卖家的产品的竞争愈发激烈,平台和第三方卖家会通过促销的方式来增强其所售产品的市场竞争力。结合产业实践,促销产品在促销前后会出现"先涨价后降价"的现象,并且平台上不同商家对参与促销活动的态度不尽相同。因此,本章讨论电商平台的自营产品与第三方卖家的产品的独立促销策略,相关结果和管理启示如下。

---

① https://www.chinainternetwatch.com/30608/618-2020-china/.
② https://www.rayradar.com/2020/10/21/double-11-is-coming-e-commerce-platforms-say-that-they-play-simply-why-cant-you-feel-it/.

首先，当第三方卖家不参与促销活动时，平台在市场扩张效应较强且佣金率较高的情况下，参与促销活动时会降低自营产品原价；否则，平台会针对 H 型消费者设定较高的自营产品原价。而当第三方卖家参与促销活动时，平台自营产品的促销总是会使自营产品和第三方卖家的产品的原价升高。此时，平台和第三方卖家均可通过设定较低的促销价格来刺激 L 型消费者购买它们的产品。这些研究结果与相关的产业实践相吻合。另外，研究结论响应了国家出台的相关政策。例如，2020 年国家市场监督管理总局发布的《规范促销行为暂行规定》中指出，促销降价需明确促销原市场价，未标明或者标明促销基准价格的，其折价、减价应当以同一经营者在同一经营场所内，在本次促销活动前 7 日内最低成交价格为基准。因此，电商平台可以通过长期的价格规划来支持相关政策，或者通过改变促销参与成本、调整佣金率、选择合适的产品等方式来实施促销定价策略。

其次，平台的促销活动并不总能增加商家的产品需求。特别是当平台和第三方卖家通过设置促销参与成本来实行价格歧视时，需要权衡 L 型消费者的比例、市场扩张效应、佣金率等因素的影响来吸引更多的消费者进入平台购买产品，并且进一步地改变平台的消费者结构。当第三方卖家不参与促销活动时，如果市场扩张效应较弱，或者市场扩张效应适中且佣金率较高，平台自营产品需求会降低，但自营产品的促销总是增加第三方卖家的产品的需求。当第三方卖家参与促销活动时，平台实施促销策略会使自营产品和第三方卖家的产品需求增加的概率均降低。此外，平台的产品促销会吸引平台外的 L 型消费者进入平台，从而增加平台内 L 型消费者的占比，这也解释了近年来京东通过频繁地促销活动渗透到下沉市场的现象①。因此，平台应动态评估价格敏感型消费者的比例。

最后，在第三方卖家的产品未促销情形下，当促销参与成本较小时，平台会对其自营产品采取促销策略；当促销参与成本较大时，如果市场扩张效应较强，平台实施促销策略是有利可图的，如果市场扩张效应较弱，平台将不会对其自营产品采取促销策略。然而在第三方卖家的产品促销情形下，当且仅当市场扩张效应较强或者 L 型消费者比例较大时，平台将会促销其自营产品。而且无论第三方卖家是否促销其产品，在市场扩张效应、促销参与成本、L 型消费者占比等因素满足一定条件时，平台促销其自营产品总能实现平台和第三方卖家共赢。此外，将第三方卖家的促销决策内生化后，随着市场扩张效应的加剧，平台和第三方卖家倾向于同时采取（或不采取）促销策略。研究结果强调了 L 型消费者的比例、市场扩张效应、佣金率以及促销参与成本等因素对平台举办促销活动的重要性，因此对这些关键因素的准确评估有助于平台和第三方卖家获得更大的收益。

---

① https://www.admin5.com/article/20190821/921673.shtml? mobile_redirection=false。

4.7 本章小结

当平台和第三方卖家销售同类产品引起竞争时,它们会通过促销的形式来增强各自产品在市场中的竞争优势。本章构建了一个两阶段博弈模型,分析电商平台上自营产品和第三方卖家的产品完全可替代时,平台与第三方卖家的促销决策,并研究其促销策略受哪些因素的影响。根据平台与第三方卖家对产品进行促销与否可以获得 4 种潜在的市场配置:自营产品和第三方卖家的产品均未促销;自营产品促销且第三方卖家的产品未促销;自营产品未促销且第三方卖家的产品促销;自营产品和第三方卖家的产品均促销。本章通过比较以上 4 种均衡结果来分析平台和第三方卖家的独立促销策略。首先,求解了 4 种潜在的市场配置下的最优产品原价、促销价、需求以及商家的利润。其次,在第三方卖家的产品未促销和促销两种情形下,分别探讨了市场扩张效应强度、价格敏感型消费者比例、促销参与成本等因素对平台自营产品和第三方卖家的产品的促销决策以及相应的价格和需求的影响。最后,考虑了第三方卖家的产品促销决策内生时平台自营产品和第三方卖家的产品的促销策略。相关研究成果为电商平台企业产品竞争、产品促销定价和促销策略选择提供了理论指导,同时也为国家相关政府部门和行业组织对电商平台的监管提供了参考性建议。

5 非竞争情境下的电商平台自营产品与第三方卖家的产品联合促销策略

基于自营产品与第三方卖家的产品非竞争情境,本章考虑了平台和第三方卖家的产品联合促销决策。本章首先分析了自营产品与第三方卖家的产品均未促销和自营产品与第三方卖家的产品联合促销两种情形下的最优定价、需求和商家利润。然后通过将联合促销前后的产品定价、需求和商家利润进行对比,分析联合促销对平台和第三方卖家的产品定价、产品需求以及利润的影响。最后考虑市场均衡下的联合促销策略,并分析市场扩张效应、促销成本分摊比例、佣金率等关键因素如何影响平台和第三方卖家的联合促销策略选择。此外,本章还考虑了消费者购买促销产品时产生的促销参与成本对联合促销策略的影响,在一定程度上检验了基本模型的稳健性。

5.1 研究问题描述

在电商平台快速发展的市场环境下,平台商家经常举办或者参与促销活动,以不同的促销手段和折扣力度来刺激消费者的购买欲望,比较典型的促销活动包括京东"618"购物节、天猫"双十一"全球狂欢节、苏宁易购的"闺蜜节"等。近年来,平台市场的促销方式多种多样,从促销范围看,电商平台上的促销方式可分为商品促销、店铺促销以及平台促销。而从促销的形式上分析,则可分为满减、折扣、预售、特价秒杀、限时/限量秒杀等。

随着平台和第三方卖家之间合作的日益频繁,以"跨店满减"为主导的联合促销活动已经成为电商平台大型促销活动的主要手段。"跨店满减"指的是在不同店铺购买商品可以参与电商平台的满减活动,商家通过优惠券、折扣等形式对一次性购买多种产品的消费者进行一定程度的产品降价。例如:京东举办的跨店铺"满300减30"活动,参与活动的商家必须按照"满300减30"的规则销售商品,即消费者从商家购买的产品价值超过300元就可以获得30元的价格优惠,而优惠金额将由多个商家共同承担。与独立促销不同的是,电商平台上自营产品与第三方卖家的产品的联合促销一般由平台发起,如果商家参与联合促销,则其商品按照平台制定的价格折扣进行销售。此外,为了促进第三方卖家参与联合促销,平台企业往往会对第三方卖家或者消费者进行补贴,如京东的超级百亿补贴以及"618"购物节活动前发放的全品类满减优惠券等活动。

平台和第三方卖家的联合促销有助于增加弱势商品的销售额,促进新产品转化,对于卖家培育和新产品营销具有重要的作用。同时,联合促销活动有助于提高客单价并吸引更多的消费者进入平台参与联合促销活动,例如,满减券的使用要求消费者通过拼单的形式购买更多的产品。然而,产品的联合促销会因为发放优惠券或者折扣而降低单位产品利润,并且促销活动也会产生诸如促销活动宣传、平台活动设置等方面的促销成本。因此,通过上述行业实践的分析,本章将考虑平台和第三方卖家的产品联合促销策略,并旨在解决以下科学问题。

(1)平台和第三方卖家的最优联合促销策略是什么?受何种因素的影响?

(2)平台是否应该推出联合促销方案,同时第三方卖家是否会参与联合促销活动?若自营产品和第三方卖家的产品进行联合促销,平台如何设定最优促销成本分摊比例?

(3)联合促销如何影响平台自营产品和第三方卖家的产品的定价、需求以及平台和第三方卖家的利润?

5.2 模 型

本节考虑电商平台与第三方卖家两个决策主体,分别提供独立的自营产品 A 和第三方卖家的产品 B,即产品 A 和 B 在销售过程中互不影响。考虑平台和第三方卖家的联合促销决策,潜在的市场配置有两种:①自营产品和第三方卖家的产品均未促销(NJ);②自营产品和第三方卖家的产品进行联合促销(JP)。本节通过一个两阶段博弈模型对所研究的问题进行建模。在第一阶段,平台和第三方卖家销售各自的产品,同时,平台决定是否推出联合促销方案以及第三方卖家决定是否参与联合促销活动。第二阶段,若平台和第三方卖家未进行联合促销,则分别设定产品价格;若进行联合促销,则平台决定促销力度,并和第三方卖家同时设定产品价格,然后消费者做出购买决策。本节分别对两种市场配置进行建模。

当平台自营产品与第三方卖家的产品均未参与促销时,根据以往相关研究(如,Mill,1959;Huang 等,2013;Petruzzi 和 Dada,1999),产品的需求 $d(p)$ 可定义为价格 p 的线性递减函数,即 $d(p)=a_1-b_1p$。其中 $a_1,b_1>0$ 且 $0\leqslant p<a_1/b_1$。为了简便,可对参数 b_1 作归一化处理为 1。因此,对于两个完全独立的非竞争性产品 A 和 B,其需求函数可分别假设为

$$D_A=a-p_A \tag{5-1}$$

$$D_B=b-p_B \tag{5-2}$$

式中,a 和 b 分别表示平台和第三方卖家销售的产品 A 和 B 的市场潜在需求,p_A 和 p_B 分别表

示产品 A 和 B 的价格。假设第三方卖家在平台上销售第三方卖家的产品需要支付佣金费，则平台的利润来自自营产品的利润和第三方卖家支付的佣金费两部分。因此，平台和第三方卖家的利润分别为

$$\pi_F = p_A D_A + p_B \gamma D_B \tag{5-3}$$

$$\pi_S = p_B(1-\gamma)D_B \tag{5-4}$$

式中，$\gamma(\gamma \in [0,1])$ 表示佣金率。

当平台自营产品和第三方卖家的产品进行联合促销时，联合促销力度由平台决定，并且其促销力度的设置可以通过发放优惠券、打折、抢售等多种方式提供给消费者。对于电商平台上的消费者而言，一部分消费者不愿意花费成本去寻找和使用优惠券参与满减促销活动，即消费者根据各自需求独自购买产品 A 或者产品 B；而另一部分消费者则会被促销活动所吸引，从各种途径去购买联合促销产品，此时消费者必须同时购买产品 A 和产品 B 才能获得价格优惠。假设平台设定的价格促销力度为 d，随着促销力度的增加，更多平台内的消费者从购买原价产品转化为购买联合促销产品，可线性表示为 sd，s 表示促销力度对联合促销需求的影响程度。此外，购买联合促销产品的消费者会把联合促销活动传播给其他消费者，则购买联合促销产品的额外消费者可表示为 αsd，其中 α 为市场扩张效应强度。在联合促销情形下，联合促销产品的需求为

$$D^J = (1+\alpha)sd \tag{5-5}$$

此时，购买原价产品的消费者一部分转移成为购买联合促销产品的消费者。则对于以原价出售的自营产品和第三方卖家的产品，其需求分别为

$$D_A^J = a - p_A^J - sd \tag{5-6}$$

$$D_B^J = b - p_B^J - sd \tag{5-7}$$

式中，p_A^J 和 p_B^J 分别表示联合促销情形下自营产品与第三方卖家的产品的原价。在此情形下，平台自营产品与第三方卖家的产品的需求均包括购买原价产品部分和购买联合促销价产品部分，则平台的利润包括原价自营产品部分利润，联合促销价产品部分利润和平台向第三方卖家收取的佣金费，而第三方卖家的利润包括原价第三方卖家的产品部分利润和联合促销产品部分利润。因此，平台和第三方卖家的利润函数分别为

$$\pi_F^J = p_A^J D_A^J + (p_A^J - \theta d)D^J + \gamma\{p_B^J D_B^J + [p_B^J - (1-\theta)d]D^J\} - c^J \tag{5-8}$$

$$\pi_S^J = (1-\gamma)\{p_B^J D_B^J + [p_B^J - (1-\theta)d]D^J\} \tag{5-9}$$

式中，$\theta(0 \leqslant \theta \leqslant 1)$ 表示平台所付出的价格优惠 d 的分摊比例，即联合促销所支付的价格优惠分别由平台和第三方卖家共同承担，其中平台单位产品所承担的价格优惠部分为 θd，而第三方卖家所承担的促销成本分摊比例为 $(1-\theta)$，其所承担的价格优惠部分为 $(1-\theta)d$；c^J 表示平台举办联合促销活动所付出的成本，包括促销活动宣传和推广、促销活动设置、促销期间附加

的客服以及售后服务等。表 5-1 总结了本章主要使用的符号含义。

表 5-1 符号解释

符号	含义
NJ,JP	自营产品与第三方卖家的产品未促销和联合促销情形下的市场配置
a	自营产品的市场潜在需求
b	第三方卖家的产品的市场潜在需求
p_A	未促销情形下的自营产品价格
p_B	未促销情形下的第三方卖家的产品价格
p_A^J	联合促销情形下的自营产品原价
p_B^J	联合促销情形下的第三方卖家的产品原价
γ	平台向第三方卖家收费时的佣金率
d	促销力度
s	促销力度对联合促销需求的影响程度
θ	平台的促销成本分摊比例
α	市场扩张效应
c^J	平台付出的联合促销成本
D_A	未促销情形下的自营产品需求
D_B	未促销情形下的第三方卖家的产品需求
D_A^J	联合促销情形下的自营产品需求
D_B^J	联合促销情形下的第三方卖家的产品需求
D^J	自营产品与第三方卖家的产品的联合促销需求
π_F	未促销情形下的平台利润
π_S	未促销情形下的第三方卖家利润
π_F^J	联合促销情形下的平台利润
π_S^J	联合促销情形下的第三方卖家利润

5.3 市场均衡

本节讨论平台自营产品与第三方卖家的产品联合促销前后各种市场配置下的均衡结果。当平台自营产品与第三方卖家的产品未进行联合促销时,由式(5-3)和式(5-4)描述的博弈模型,平台和第三方卖家通过设定最优产品价格来最大化它们的利润

$$\begin{cases} \max\limits_{p_A} \pi_F = p_A D_A + p_B \gamma D_B \\ \max\limits_{p_B} \pi_S = p_B (1-\gamma) D_B \\ \text{s.t.} \ p_A, p_B, D_A, D_B \geqslant 0 \end{cases} \tag{5-10}$$

通过求解式(5-10)所述的博弈模型可得引理5-1。

引理 5-1(情形 NJ)：当平台与第三方卖家的产品未进行联合促销时,其最优价格分别为 $p_A^* = \frac{a}{2}$ 和 $p_B^* = \frac{b}{2}$。相应地,由此产生的需求分别为 $D_F^* = \frac{a}{2}$ 和 $D_S^* = \frac{b}{2}$,平台和第三方卖家的利润分别为 $\pi_F^* = \frac{a^2}{4} + \frac{b^2 \gamma}{4}$ 和 $\pi_S^* = \frac{b^2(1-\gamma)}{4}$。

证明：当自营产品与第三方卖家的产品未进行联合促销时,由式(5-10)可知平台和第三方卖家的利润函数是各自价格的凹函数,联立平台和第三方卖家的利润函数关于各自价格的一阶条件可以得到最优产品价格分别为 $p_A^* = \frac{a}{2}$ 和 $p_B^* = \frac{b}{2}$。将最优价格代入各自需求函数可得 $D_F^* = \frac{a}{2}$ 和 $D_S^* = \frac{b}{2}$。易得最优结果均满足式(5-10)的条件。因此,将最优的产品价格以及相应的产品需求代入平台和第三方卖家利润函数可得 $\pi_F^* = \frac{a^2}{4} + \frac{b^2 \gamma}{4}$ 和 $\pi_S^* = \frac{b^2(1-\gamma)}{4}$。

当平台自营产品与第三方卖家的产品进行联合促销时,由式(5-8)和式(5-9)描述的博弈模型,平台和第三方卖家通过设定最优产品价格来最大化它们的利润

$$\begin{cases} \max\limits_{p_A^J, d} \pi_F^J = p_A^J D_A^J + (p_A^J - \theta d) D^J + \gamma \{ p_B^J D_B^J + [p_B^J - (1-\theta)d]D^J \} - c^J \\ \max\limits_{p_B^J} \pi_S^J = (1-\gamma)\{ p_B^J D_B^J + [p_B^J - (1-\theta)d]D^J \} \\ \text{s.t.} \ p_A^J, p_B^J, p_B^J, D^J, D_B^J, D_A^J \geqslant 0 \end{cases} \tag{5-11}$$

通过求解式(5-11)所述的博弈模型可得引理5-2。

引理 5-2(情形 JP)：如果平台上的自营产品与第三方卖家的产品进行联合促销,当 $s \leqslant \min \left\{ \frac{4(1+\alpha)[\gamma(1-\theta)+\theta]}{\alpha^2(1+\gamma)}, \frac{4a(1+\alpha)(\gamma+\theta-\gamma\theta)}{\alpha(2a+2a\alpha+2b\gamma+a\alpha\gamma+b\alpha\gamma)}, \frac{4b(1+\alpha)(\gamma+\theta-\gamma\theta)}{\alpha(2a+a\alpha+b\alpha+2b\gamma+2b\alpha\gamma)} \right\}$ 时,自营产品和第三方卖家的产品的最优价格分别为 $p_A^{J*} = \frac{(b-a)\alpha^2 s\gamma + 4a(1+\alpha)[(1-\gamma)\theta+\gamma]}{8(1+\alpha)[\gamma(1-\theta)+\theta]-2s\alpha^2(1+\gamma)}$ 和 $p_B^{J*} = \frac{(a-b)s\alpha^2 + 4b(1+\alpha)[\gamma(1-\theta)+\theta]}{8(1+\alpha)[\gamma(1-\theta)+\theta]-2s\alpha^2(1+\gamma)}$,最优的促销力度为 $d^* = \frac{\alpha(a+b\gamma)}{4(1+\alpha)[\gamma(1-\theta)+\theta]-s\alpha^2(1+\gamma)}$。相应地,自营产品和第三方卖家的产品的需求分别为 $D_F^{J*} = \frac{(b-a)s\alpha^2\gamma + 4a(1+\alpha)[\gamma(1-\theta)+\theta]}{8(1+\alpha)[\gamma(1-\theta)+\theta]-2s\alpha^2(1+\gamma)}$ 和 $D_S^{J*} = \frac{(a-b)s\alpha^2 + 4b(1+\alpha)[\gamma(1-\theta)+\theta]}{8(1+\alpha)[\gamma(1-\theta)+\theta]-2s\alpha^2(1+\gamma)}$,平台和第三方卖家的利润分别为 $\pi_F^{J*} = \frac{1}{4} \{ a^2 - 4c^J + \rightarrow$

$\left. \leftarrow b^2\gamma - \dfrac{s\alpha^2(a+b\gamma)^2}{s\alpha^2(1+\gamma)-4(1+\alpha)[\gamma(1-\theta)+\theta]} \right\}$ 和 $\pi_S^{J*} = \dfrac{(1-\gamma)(E\theta^2+F\theta+G)}{4\{s\alpha^2(1+\gamma)-4(1+\alpha)[\gamma(1-\theta)+\theta]\}^2}$。①

证明:当平台自营产品和第三方卖家的产品进行联合促销时,平台和第三方卖家的利润函数是各自价格和促销力度的凹函数,联立两公司的利润函数关于各自价格以及促销力度的一阶条件,可得 $p_A^{J*} = \dfrac{(b-a)\alpha^2 s\gamma+4a(1+\alpha)[(1-\gamma)\theta+\gamma]}{8(1+\alpha)[\gamma(1-\theta)+\theta]-2s\alpha^2(1+\gamma)}$,$p_B^{J*} = \dfrac{(a-b)s\alpha^2+4b(1+\alpha)[\gamma(1-\theta)+\theta]}{8(1+\alpha)[\gamma(1-\theta)+\theta]-2s\alpha^2(1+\gamma)}$ 和

$d^* = \dfrac{\alpha(a+b\gamma)}{4(1+\alpha)[\gamma(1-\theta)+\theta]-s\alpha^2(1+\gamma)}$。将最优价格代入各自产品的需求函数,可得

$D_A^{J*} = \dfrac{4a(1+\alpha)[\gamma(1-\theta)+\theta]-s\alpha\{b(2+\alpha)\gamma+a[2+\alpha(2+\gamma)]\}}{8(1+\alpha)[\gamma(1-\theta)+\theta]-2s\alpha^2(1+\gamma)}$,$D_B^{J*} = \dfrac{4b(1+\alpha)[\gamma(1-\theta)+\theta]-s\alpha\{a(2+\alpha)+b[\alpha+2(1+\beta)\gamma]\}}{8(1+\alpha)[\gamma(1-\theta)+\theta]-2s\alpha^2(1+\gamma)}$ 和 $D^{J*} = \dfrac{s\alpha(1+\alpha)(a+b\gamma)}{4(1+\beta)[\gamma(1-\theta)+\theta]-s\alpha^2(1+\gamma)}$,则自营产品需求

为 $D_F^{J*} = D_A^{J*}+D^{J*} = \dfrac{(b-a)s\alpha^2\gamma+4a(1+\alpha)[\gamma(1-\theta)+\theta]}{8(1+\alpha)[\gamma(1-\theta)+\theta]-2s\alpha^2(1+\gamma)}$。同理,第三方卖家的产品需求为

$D_S^{J*} = D_B^{J*}+D^{J*} = \dfrac{(a-b)s\alpha^2+4b(1+\alpha)[\gamma(1-\theta)+\theta]}{8(1+\alpha)[\gamma(1-\theta)+\theta]-2s\alpha^2(1+\gamma)}$。由平台的最优目标函数对应的

Hessian 矩阵负定及式(5-11)的限制条件,易求得当且仅当 $s \leqslant \min\left\{\dfrac{4(1+\alpha)[\gamma(1-\theta)+\theta]}{\alpha^2(1+\gamma)},\right.$

$\left.\dfrac{4a(1+\alpha)(\gamma+\theta-\gamma\theta)}{\alpha(2a+2a\alpha+2b\gamma+a\alpha\gamma+b\alpha\gamma)}, \dfrac{4b(1+\alpha)(\gamma+\theta-\gamma\theta)}{\alpha(2a+a\alpha+b\alpha+2b\gamma+2b\alpha\gamma)}\right\}$ 时,均衡结果存在。因此,将最优的产品价格

和相应的产品需求代入利润函数,可得 $\pi_F^{J*} = \dfrac{1}{4}\left\{a^2-4c^J+b^2\gamma-\dfrac{s\alpha^2(a+b\gamma)^2}{s\alpha^2(1+\gamma)-4(1+\alpha)[\gamma(1-\theta)+\theta]}\right\}$

和 $\pi_S^{J*} = \dfrac{(1-\gamma)(E\theta^2+F\theta+G)}{4\{s\alpha^2(1+\gamma)-4(1+\alpha)[\gamma(1-\theta)+\theta]\}^2}$。

5.4 策略对比分析

本节首先对比自营产品和第三方卖家的产品未促销情形和联合促销情形下的均衡价格和需求,分析联合促销如何影响产品定价以及产品需求。然后通过对比联合促销前后平台和第三方卖家利润分析平台和第三方卖家的联合促销策略。最后探讨平台和第三方卖家进行联合促销时的最优促销成本分摊比例。

5.4.1 均衡价格及需求对比分析

根据前文中市场配置的均衡结果,本节将对比分析自营产品与第三方卖家的产品未促销

---

① $E=16b^2(1+\alpha)^2(1-\gamma)^2$,$F=4(1+\alpha)\{(a+b)^2 s\alpha^2+b^2[8(1+\alpha)(1-\gamma)\gamma-s\alpha(3-\gamma(2+\gamma))]\}$ 且 $G=(a-b)^2 s^2\alpha^4-4a^2 s\alpha^2(1+\alpha)+4b^2[4(1+\alpha)^2\gamma^2-s\alpha(1+\alpha)\gamma(2+\gamma)]$。

情形和联合促销情形下的均衡价格和需求。首先,为了更具体地分析促销前后的价格变化,引理 5-3 探讨了联合促销情形下自营产品与第三方卖家的产品原价和促销价关于促销成本分摊比例的敏感性分析。

引理 5-3(联合促销价格敏感性分析):当平台自营产品与第三方卖家的产品进行联合促销时,①随着平台促销成本分摊比例(θ)的增大,自营产品原价、第三方卖家的产品原价和促销力度均减小;②当市场扩张效应较强$\left(\alpha \geqslant \frac{1}{s}\right)$时,联合促销价格随着促销成本分摊比例的增大而减小;当市场扩张效应较弱$\left(\alpha < \frac{1}{s}\right)$时,联合促销价格随着促销成本分摊比例的增大而增大。

证明:根据引理 5-1 和引理 5-2,$\frac{\partial p_A^{J*}}{\partial \theta} = \frac{2s\alpha^2(1+\alpha)(-1+\gamma)(a+b\gamma)}{\{s\alpha^2(1+\gamma)+4(1+\alpha)[\gamma(-1+\theta)-\theta]\}^2} < 0$,$\frac{\partial p_B^{J*}}{\partial \theta} = \frac{2s\alpha^2(1+\alpha)(-1+\gamma)(a+b\gamma)}{\{s\alpha^2(1+\gamma)+4(1+\alpha)[\gamma(-1+\theta)-\theta]\}^2} < 0$ 和 $\frac{\partial d^*}{\partial \theta} = \frac{4\alpha(1+\alpha)(-1+\gamma)(a+b\gamma)}{\{s\alpha^2(1+\gamma)+4(1+\alpha)[\gamma(-1+\theta)-\theta]\}^2} < 0$。

此外,联合促销价格 $p^{J*} = p_A^{J*} + p_B^{J*} - d^* = \frac{1}{2}\left\{a+b+\frac{2\alpha(1-s\alpha)(a+b\gamma)}{s\alpha^2(1+\gamma)+4(1+\alpha)[\gamma(-1+\theta)-\theta]}\right\}$,则有 $\frac{\partial p^{J*}}{\partial \theta} = \frac{4\alpha(1+\alpha)(1-s\alpha)(1-\gamma)(a+b\gamma)}{\{s\alpha^2(1+\gamma)+4(1+\alpha)[\gamma(-1+\theta)-\theta]\}^2}$。因此,当 $\alpha \geqslant \frac{1}{s}$ 时,$\frac{\partial p^{J*}}{\partial \theta} \leqslant 0$;当 $\alpha < \frac{1}{s}$ 时,$\frac{\partial p^{J*}}{\partial \theta} > 0$。

随着平台促销成本分摊比例的增大,平台在联合促销过程中需要支付更高的促销成本,所以平台会设置较小的促销力度来降低促销成本。在此情形下,自营产品和第三方卖家的产品的联合促销需求降低,平台和第三方卖家有动机去降低产品原价以吸引更多的消费者购买产品。此外,当市场扩张效应较强时,随着平台促销成本分摊比例的增加,平台和第三方卖家会降低联合促销价格以获得更多的价格敏感型消费者。而当市场扩张效应较弱时,随着平台促销成本分摊比例的增加,促销力度降低较缓慢而使得联合促销价格增加。在此引理的基础上,命题 5-1 讨论了联合促销情形下,平台和第三方卖家的促销定价策略。

命题 5-1(联合促销定价策略):如果平台自营产品与第三方卖家的产品进行联合促销,①平台和第三方卖家总是通过销售其原价产品获利($p_A^{J*}, p_B^{J*} > 0$);②当佣金率较高$\left(\gamma \geqslant \frac{2a(2+\alpha)}{2b\alpha+4a(1+\alpha)}\right)$且平台的促销成本分摊比例较大$\left\{\theta \geqslant \frac{[4a+4a\alpha+(-a+b)s\alpha^2]\gamma}{2b\alpha\gamma+4a(1+\alpha)\gamma-2a(2+\alpha)}\right\}$时,平台通过销售促销价自营产品获利($p_A^{J*} - \theta d^* \geqslant 0$);否则$\left\{\gamma < \frac{2a(2+\alpha)}{2b\alpha+4a(1+\alpha)}\right.$或者$\theta < \frac{[4a+4a\alpha+(-a+b)s\alpha^2]\gamma}{4a(1+\alpha)\gamma-2a(2+\alpha)}\right\}$,平台补贴以促销价购买自营产品的消费者($p_A^{J*} - \theta d^* < 0$);③当平

台的促销成本分摊比例较小 $\left\{\theta \leqslant \dfrac{\alpha[2a-(a-b)s\alpha]-2b(2+\alpha)\gamma}{2a\alpha+4b(1+\alpha)-2b(2+\alpha)\gamma}\right\}$ 时,平台上的第三方卖家会

通过销售其促销价产品获利 $[p_B^{J*}-(1-\theta)d^* \geqslant 0]$,否则 $\left\{\theta > \dfrac{\alpha[2a-(a-b)s\alpha]-2b(2+\alpha)\gamma}{2a\alpha+4b(1+\alpha)-2b(2+\alpha)\gamma}\right\}$,

第三方卖家会补贴以促销价购买第三方卖家的产品的消费者 $[p_B^{J*}-(1-\theta)d^* < 0]$。

证明:根据引理 5-2 的均衡价格易得 p_A^{J*},$p_B^{J*} > 0$。由于自营产品的促销价格为 $p_A^{J*} - \theta d^* =$
$\dfrac{-2a(2+\alpha)\theta + b\alpha\gamma(-s\alpha+2\theta) + a\gamma[-4-4\alpha+s\alpha^2+4(1+\alpha)\theta]}{2s\alpha^2(1+\gamma)+8(1+\alpha)[\gamma(-1+\theta)-\theta]}$,则当且仅当 $\gamma \geqslant \dfrac{2a(2+\alpha)}{2b\alpha+4a(1+\alpha)}$ 且 $\theta \geqslant$
$\dfrac{[4a+4a\alpha+(-a+b)s\alpha^2]\gamma}{2b\alpha\gamma+4a(1+\alpha)\gamma-2a(2+\alpha)}$ 时,$p_A^{J*} - \theta d^* \geqslant 0$;否则,当且仅当 $\gamma < \dfrac{2a(2+\alpha)}{2b\alpha+4a(1+\alpha)}$ 或者 $\theta <$
$\dfrac{[4a+4a\alpha+(-a+b)s\alpha^2]\gamma}{2b\alpha\gamma+4a(1+\alpha)\gamma-2a(2+\alpha)}$ 时,$p_A^{J*} - \theta d^* < 0$。同理,当且仅当 $\theta \leqslant \dfrac{\alpha[2a-(a-b)s\alpha]-2b(2+\alpha)\gamma}{2a\alpha+4b(1+\alpha)-2b(2+\alpha)\gamma}$

时,$p_B^{J*}-(1-\theta)d^* \geqslant 0$;当且仅当 $\theta > \dfrac{\alpha[2a-(a-b)s\alpha]-2b(2+\alpha)\gamma}{2a\alpha+4b(1+\alpha)-2b(2+\alpha)\gamma}$ 时,$p_B^{J*}-(1-\theta)d^* < 0$。

命题 5-1 表明,在自营产品与第三方卖家的产品进行联合促销时,平台与第三方卖家可能会从购买原价产品中获利,而补贴以促销价购买产品的消费者。当平台佣金率较低或者平台促销成本分摊比例较小时,平台会通过提高促销力度来补贴购买促销产品的消费者进而通过向第三方卖家收取佣金费获利,否则,平台通过从其自营产品的销售获利。对于第三方卖家而言,其促销成本分摊比例较小时更愿意补贴购买促销产品的消费者,并从销售原价的第三方卖家的产品中获利。

在实践中,电商平台在促销活动中降低产品价格,甚至不惜亏损来吸引消费者进入平台购买产品力求在原价产品销售以及佣金费收入中获利。例如,在京东"618"购物节期间,平台为了增加内部的流量以及增强市场竞争力,往往会举办满减促销活动,并在此基础上通过"百亿补贴"等活动加大优惠力度,甚至以亏损的促销价格销售其产品。在此期间,平台可以通过调整促销成本分摊比例来改变自营产品和第三方卖家的产品的定价策略达到补贴消费者的目的。命题 5-2 研究了平台自营产品与第三方卖家的产品的联合促销如何影响自营产品和第三方卖家的产品定价。

命题 5-2(定价策略对比):①平台自营产品和第三方卖家的产品联合促销时的产品原价总是高于未促销情形的产品价格;②当市场扩张效应较强 $\left(\alpha \geqslant \dfrac{1}{s}\right)$ 时,自营产品与第三方卖家的产品的联合促销价格高于未促销时两产品总价,当市场扩张效应较弱 $\left(\alpha < \dfrac{1}{s}\right)$ 时,自营产品与第三方卖家的产品的联合促销价格低于未促销时的两产品总价。具体而言,当平台的促销成本分摊比例较大 $\left(\theta \geqslant \dfrac{s\alpha}{2}\right)$ 时,自营产品促销价低于未促销时其产品原价;当平台促销成本分

摊比例较小 $\left(\theta<\frac{s\alpha}{2}\right)$ 时,自营产品促销价高于未促销时其产品原价。当平台的促销成本分摊比例较大 $\left(\theta\geqslant\frac{2-s\alpha}{2}\right)$ 时,第三方卖家的产品促销价高于未促销时其产品原价;当平台促销成本分摊比例较小 $\left(\theta<\frac{2-s\alpha}{2}\right)$ 时,第三方卖家的产品促销价高于未促销时其产品原价。

证明:根据引理 5-1 和引理 5-2 的均衡价格,通过对比平台上自营产品促销前后的原价,则有 $\Delta p_A^* = p_A^{J*} - p_A^* = \frac{s\alpha^2(a+b\gamma)}{8(1+\alpha)[\gamma(1-\theta)+\theta]-2s\alpha^2(1+\gamma)} > 0$ 且 $\Delta p_B^* = p_B^{J*} - p_B^* = \frac{s\alpha^2(a+b\gamma)}{8(1+\alpha)[\gamma(1-\theta)+\theta]-2s\alpha^2(1+\gamma)} > 0$。此外,根据引理 5-3,通过对比联合促销情形下联合促销价格与未联合促销情形下自营产品与第三方卖家的产品的总价,可得 $\Delta p^* = p_A^{J*} + p_B^{J*} - d^* - (p_A^* + p_B^*) = -\frac{\alpha(1-s\alpha)(a+b\gamma)}{4(1+\alpha)[\gamma(1-\theta)+\theta]-s\alpha^2(1+\gamma)}$。因此,当且仅当 $\alpha\geqslant\frac{1}{s}$ 时,$\Delta p^*\geqslant 0$;否则,当 $\alpha<\frac{1}{s}$ 时,$\Delta p^*<0$。此外,通过对比促销后自营产品促销价和促销前的产品原价,则 $\Delta p_A^{J*} = p_A^{J*} - \theta d^* - p_A^* = -\frac{\alpha(a+b\gamma)(s\alpha-2\theta)}{2s\alpha^2(1+\gamma)+8(1+\alpha)[\gamma(-1+\theta)-\theta]}$。因此,当 $\theta\geqslant\frac{s\alpha}{2}$ 时,$\Delta p_A^{J*}\leqslant 0$;当 $\theta<\frac{s\alpha}{2}$ 时,$\Delta p_A^{J*}>0$。同理,根据第三方卖家的最优价格可得 $\Delta p_B^{J*} = p_B^{J*} - (1-\theta)d^* - p_B^* = -\frac{\alpha(a+b\gamma)(-2+s\alpha+2\theta)}{2s\alpha^2(1+\gamma)+8(1+\alpha)[\gamma(-1+\theta)-\theta]}$。因此,当 $\theta\geqslant\frac{2-s\alpha}{2}$ 时,$\Delta p_A^{J*}\geqslant 0$;当 $\theta<\frac{2-s\alpha}{2}$ 时,$\Delta p_A^{J*}<0$。

命题 5-2 揭示了平台应该如何调整其产品原价并设置其促销力度,力求在联合促销活动中获得更高的利润。在联合促销情形下,自营产品与第三方卖家的产品均由于联合促销的市场扩张效应而扩大了消费者的市场规模,从而使平台和第三方卖家提高产品的价格。而当市场扩张效应较强时,甚至会出现联合促销价格高于未促销情形下自营产品与第三方卖家的产品总价的情况。因此,平台可以根据促销成本分摊比例和市场扩张效应强度决定产品的联合促销定价策略。在此情形下,尽管促销使得消费者获得了名义上的优惠,但消费者并没有从促销优惠活动中受益。此结论与电商平台中存在的一些现象相一致。例如,在大型促销活动期间,虽然平台为了吸引消费者开展了多种促销活动,但是优惠方式却极为复杂,甚至还有部分平台利用复杂的促销方式来变相涨价,实际上并没有给消费者让利。命题 5-3 将探讨平台自营产品与第三方卖家的产品联合促销如何影响均衡需求。

命题 5-3(需求对比):平台自营产品与第三方卖家的产品在联合促销情形下的需求总是高于未促销情形的需求。

证明:结合引理 5-1 和引理 5-2 的均衡结果及限制条件,易得 $\Delta D_F^{J*} = D_F^{J*} - D_F^* = \rightarrow$

$$\frac{(b-a)s\alpha^2\gamma+4a(1+\alpha)[\gamma(1-\theta)+\theta]}{8(1+\alpha)[\gamma(1-\theta)+\theta]-2s\alpha^2(1+\gamma)}-\frac{a}{2}=\frac{(a+b\gamma)s\alpha^2}{8(1+\alpha)[\gamma(1-\theta)+\theta]-2s\alpha^2(1+\gamma)}>0。$$

同理可得，$\Delta D_S^{J*}=D_S^{J*}-D_S^*=\dfrac{(b\gamma+a)s\alpha^2}{8(1+\alpha)[\gamma(1-\theta)+\theta]-2s\alpha^2(1+\gamma)}>0$。

结果表明，在自营产品与第三方卖家的产品相互独立的垄断市场当中，平台与第三方卖家进行联合促销能吸引更多的消费者购买产品，因此平台自营产品与第三方卖家的产品需求总是增加。

5.4.2 联合促销策略分析

本节通过对比平台自营产品与第三方卖家的产品未促销和联合促销两种情况下的均衡利润来讨论联合促销如何影响平台和第三方卖家的利润。首先，本节对平台和第三方卖家的均衡利润进行敏感性分析。

引理 5-4（均衡利润敏感性分析）：①平台的利润总是随着促销成本分摊比例（θ）的增大而减小；②随着平台促销成本分摊比例的增大，第三方卖家的利润先减小后增大。

证明：根据引理 5-2，易得 $\dfrac{\partial \pi_F^J}{\partial \theta}=\dfrac{2s\alpha^2(1+\alpha)(-1+\gamma)(a+b\gamma)^2}{\{s\alpha^2(1+\gamma)+4(1+\alpha)[\gamma(-1+\theta)-\theta]\}^2}<0$，即平台的利润随着其促销成本分摊比例的增大而减小。此外，根据引理 5-2 中第三方卖家的利润可得，当 $\theta\leqslant\dfrac{a\{8+\alpha[8+s\alpha(-3-\gamma)-4\gamma]-4\gamma\}+b\{4(1+\alpha)\gamma^2-s\alpha^2[-2+\gamma(3+\gamma)]\}}{4(1+\alpha)[a+b(2-\gamma)](1-\gamma)}$ 时，$\dfrac{\partial \pi_S^J}{\partial \theta}\leqslant 0$；当 $\theta>\dfrac{a\{8+\alpha[8+s\alpha(-3-\gamma)-4\gamma]-4\gamma\}+b\{4(1+\alpha)\gamma^2-s\alpha^2[-2+\gamma(3+\gamma)]\}}{4(1+\alpha)(a+b(2-\gamma))(1-\gamma)}$ 时，$\dfrac{\partial \pi_S^J}{\partial \theta}>0$。因此第三方卖家的利润先减小后增大。

显然，随着平台促销成本分摊比例的增大，平台需要支付更多的促销成本，因此其利润会减小。对于第三方卖家而言，随着平台促销成本分摊比例的增大，第三方卖家的利润由于产品单位利润的增加而增加，然后由于需求降低而利润下降。通过对比引理 5-1 和引理 5-2 中平台的均衡利润，命题 5-3 探讨了平台会在何种条件下向第三方卖家推出联合促销方案。

命题 5-3（平台联合促销发布决策）：①如果市场扩张效应较强

$$\left\{\alpha\geqslant\frac{4c^J}{\sqrt{c^J[s(a+b\gamma)^2+4c^J(1+s+s\gamma)]}-2c^J}\right\},$$

平台向第三方卖家推出联合促销方案；②如果市场扩张效应较弱

$$\left\{\alpha<\frac{4c^J\gamma}{\sqrt{c^J\gamma[a^2s+2abs\gamma+b^2s\gamma^2+4c^J(s+\gamma+s\gamma)]}-2c^J\gamma}\right\},$$

平台不会推出联合促销方案；③否则，当市场扩张效应适中

$$\left(\frac{4c^J\gamma}{\sqrt{c^J\gamma[a^2s+2abs\gamma+b^2s\gamma^2+4c^J(s+\gamma+s\gamma)]}-2c^J\gamma}\leqslant\alpha<\frac{4c^J}{\sqrt{c^J[s(a+b\gamma)^2+4c^J(1+s+s\gamma)]}-2c^J}\right)$$

时,如果平台的促销成本分摊比例较大 $\left\{\theta > \frac{a^2s\alpha^2 + 2abs\alpha^2\gamma + b^2s\alpha^2\gamma^2 + 4c^J[s\alpha^2(1+\gamma) - 4(1+\alpha)\gamma]}{16c^J(1+\alpha)(1-\gamma)}\right\}$,平台不会推出联合促销方案;如果促销成本分摊比例较小 $\left\{\theta \leqslant \frac{a^2s\alpha^2 + 2abs\alpha^2\gamma + b^2s\alpha^2\gamma^2 + 4c^J[s\alpha^2(1+\gamma) - 4(1+\alpha)\gamma]}{16c^J(1+\alpha)(1-\gamma)}\right\}$,平台将向第三方卖家推出联合促销方案。

证明:根据引理 5-1 和引理 5-2 中平台的均衡结果,对比平台自营产品联合促销前后的利润,则有 $\Delta\pi_F^{J*} = \pi_F^{J*} - \pi_F^* = \frac{1}{4}\left\{\frac{s\alpha^2(a+b\gamma)^2}{4(1+\alpha)[\gamma(1-\theta)+\theta] - s\alpha^2(1+\gamma)} - 4c^J\right\}$。由于 $s \leqslant \min\left\{\frac{4(1+\alpha)[\gamma(1-\theta)+\theta]}{\alpha^2(1+\gamma)}, \frac{4a(1+\alpha)(\gamma+\theta-\gamma\theta)}{\alpha(2a+2a\alpha+2b\gamma+a\alpha\gamma+b\alpha\gamma)}, \frac{4b(1+\alpha)(\gamma+\theta-\gamma\theta)}{\alpha(2a+a\alpha+b\alpha+2b\gamma+2b\alpha\gamma)}\right\}$,则 $\Delta\pi_F^{J*} \geqslant 0$ 当且仅当以下两条件之一成立:① $\alpha \geqslant \frac{4c^J}{\sqrt{c^J[s(a+b\gamma)^2 + 4c^J(1+s+s\gamma)]} - 2c^J}$;或者 ② $\frac{4c^J\gamma}{\sqrt{c^J\gamma[a^2s + 2abs\gamma + b^2s\gamma^2 + 4c^J(s+\gamma+s\gamma)]} - 2c^J\gamma} \leqslant \alpha < \frac{4c^J}{\sqrt{c^J[s(a+b\gamma)^2 + 4c^J(1+s+s\gamma)]} - 2c^J}$ 且 $\theta \leqslant \frac{a^2s\alpha^2 + 2abs\alpha^2\gamma + b^2s\alpha^2\gamma^2 + 4c^J[s\alpha^2(1+\gamma) - 4(1+\alpha)\gamma]}{16c^J(1+\alpha)(1-\gamma)}$。

否则,① $\alpha < \frac{4c^J}{\sqrt{c^J[s(a+b\gamma)^2 + 4c^J(1+s+s\gamma)]} - 2c^J}$;

或者 ② $\frac{4c^J\gamma}{\sqrt{c^J\gamma[a^2s + 2abs\gamma + b^2s\gamma^2 + 4c^J(s+\gamma+s\gamma)]} - 2c^J\gamma} \leqslant \alpha < \frac{4c^J}{\sqrt{c^J[s(a+b\gamma)^2 + 4c^J(1+s+s\gamma)]} - 2c^J}$ 且 $\theta > \frac{a^2s\alpha^2 + 2abs\alpha^2\gamma + b^2s\alpha^2\gamma^2 + 4c^J[s\alpha^2(1+\gamma) - 4(1+\alpha)\gamma]}{16c^J(1+\alpha)(1-\gamma)}$ 时,$\Delta\pi_F^{J*} < 0$。

结论表明,平台是否向第三方卖家推出联合促销方案取决于市场扩张效应强度以及促销成本分摊比例。当市场扩张效应较强时,平台和第三方卖家开展联合促销活动会吸引大量的潜在消费者进入平台购买促销产品。因此,市场规模的扩大会增加平台向第三方卖家收取的佣金费以及自营产品利润。当市场扩张效应适中时,平台的联合促销决策取决于促销成本分摊比例。当平台分摊较小比例的促销成本时,平台因能从自营产品中获得较高的单位产品利润而有动机去采取联合促销策略;否则,当平台的促销成本分摊比例较大时,平台单位产品获得的利润较小并且需要支付举办联合促销活动的成本,因此平台不会向第三方卖家推出联合促销活动。

命题 5-3 表明,平台会选择市场扩张效应较强的产品进行联合促销。这也解释了为什么当当网在开学季会举行大型满减促销活动。例如,在每年的八月底到九月初,当当网经常在图书专场举办"满 200 元减 100 元""满 20 元减 10 元"等活动,并且通过多时段发放满减优惠券来激励消费者抢购图书①。其原因在于,开学季是图书销售的高峰期,此时市场扩张效应较

---

① http://dcdv.itsogo.net/syfb/377731.html。

5 非竞争情境下的电商平台自营产品与第三方卖家的产品联合促销策略

强,而且多时段发放满减优惠券有助于扩大潜在的市场规模来吸引更多的消费者加入促销活动并购买图书类产品。

当平台推出联合促销方案时,第三方卖家会做出参与决策。命题 5-4 阐述了第三方卖家关于联合促销活动的参与决策。

命题 5-4 (第三方卖家联合促销参与决策): 当平台的促销成本分摊比例较大 $\left\{\theta \geqslant \dfrac{a[4+\alpha(4-s\alpha)]-4b(1+\alpha)\gamma+bs\alpha^2(2+\gamma)}{4(1+\alpha)[a+b(2-\gamma)]}\right\}$ 时,第三方卖家将会参与联合促销活动;当平台的促销成本分摊比例较小 $\left\{\theta < \dfrac{a[4+\alpha(4-s\alpha)]-4b(1+\alpha)\gamma+bs\alpha^2(2+\gamma)}{4(1+\alpha)[a+b(2-\gamma)]}\right\}$ 时,第三方卖家不会参与联合促销活动。

证明:根据引理 5-1 和引理 5-2,通过对比第三方卖家的产品联合促销前后的利润,则有

$$\Delta\pi_S^{J*} = \dfrac{s\alpha^2(a+b\gamma)(1-\gamma)\{a[s\alpha^2-4-4\alpha+4(1+\alpha)\theta]+b[4(1+\alpha)(\gamma+2\theta-\gamma\theta)-s\alpha^2(2+\gamma)]\}}{4\{s\alpha^2(1+\gamma)+4(1+\alpha)[\gamma(-1+\theta)-\theta]\}^2}。$$

由于 $s \leqslant \min\left\{\dfrac{4(1+\alpha)[\gamma(1-\theta)+\theta]}{\alpha^2(1+\gamma)}, \dfrac{4a(1+\alpha)(\gamma+\theta-\gamma\theta)}{\alpha(2a+2a\alpha+2b\gamma+a\alpha\gamma+b\alpha\gamma)}, \dfrac{4b(1+\alpha)(\gamma+\theta-\gamma\theta)}{\alpha(2a+a\alpha+b\alpha+2b\gamma+2b\alpha\gamma)}\right\}$,可得当且仅当 $\theta \geqslant \dfrac{a[4+\alpha(4-s\alpha)]-4b(1+\alpha)\gamma+bs\alpha^2(2+\gamma)}{4(1+\alpha)[a-b(-2+\gamma)]}$ 时, $\Delta\pi_S^{J*} \geqslant 0$。当且仅当 $\theta < \dfrac{a[4+\alpha(4-s\alpha)]-4b(1+\alpha)\gamma+bs\alpha^2(2+\gamma)}{4(1+\alpha)[a-b(-2+\gamma)]}$ 时, $\Delta\pi_S^{J*} < 0$。

命题 5-4 给出了第三方卖家参与联合促销活动的条件。显然,当平台分摊较大比例的促销成本时,第三方卖家会通过参与联合促销来销售更多的产品获取利润。在此基础上,命题 5-5 给出了平台与第三方卖家联合促销的策略选择。

命题 5-5(联合促销策略):当平台向第三方卖家收费时的佣金率较高

$\left\{\gamma \geqslant 1 - \dfrac{\sqrt{b^2 s\alpha^2\{(a+b)^2 s\alpha^2 - 8c^J[2+\alpha(2-s\alpha)]\}}}{b^2 s\alpha^2}\right\}$ 且其支付的促销成本分摊比例适中 $\left\{\max\right.$

$\left.\left\{\dfrac{a[4+\alpha(4-s\alpha)]-b[4(1+\alpha)\gamma-s\alpha^2(2+\gamma)]}{4(1+\alpha)[a+b(2-\gamma)]}, 0\right\} \leqslant \theta \leqslant \min\left\{\dfrac{s\alpha^2(a+b\gamma)^2+4c^J[s\alpha^2(1+\gamma)-4(1+\alpha)\gamma]}{16c^J(1+\alpha)(1-\gamma)}, 1\right\}\right\}$

时,平台和第三方卖家将采取联合促销策略。否则,当佣金率较低

$\left\{\gamma < 1 - \dfrac{\sqrt{b^2 s\alpha^2\{(a+b)^2 s\alpha^2 - 8c^J[2+\alpha(2-s\alpha)]\}}}{b^2 s\alpha^2}\right\}$ 或者平台的促销成本分摊比例较大

$\left\{\dfrac{s\alpha^2(a+b\gamma)^2+4c^J[s\alpha^2(1+\gamma)-4(1+\alpha)\gamma]}{16c^J(1+\alpha)(1-\gamma)} < \theta < 1\right\}$ 或者较小

$\left(0 < \theta < \dfrac{a[4+\alpha(4-s\alpha)]-4b(1+\alpha)\gamma+bs\alpha^2(2+\gamma)}{4(1+\alpha)[a+b(2-\gamma)]}\right)$ 时,平台和第三方卖家不会采取联合促销策略。

证明：根据命题 5-3 和命题 5-4，当且仅当 $\theta \leqslant \dfrac{a^2 s\alpha^2 + 2abs\alpha^2\gamma + b^2 s\alpha^2\gamma^2 + 4c^J[s\alpha^2(1+\gamma) - 4(1+\alpha)\gamma]}{16c^J(1+\alpha)(1-\gamma)}$ 时，平台联合促销前后的利润差，$\pi_F^{J*} - \pi_F^* \geqslant 0$；当且仅当 $\theta \geqslant \dfrac{a[4+\alpha(4-s\alpha)] - 4b(1+\alpha)\gamma + bs\alpha^2(2+\gamma)}{4(1+\alpha)[a+b(2-\gamma)]}$ 时，第三方卖家联合促销前后的利润差 $\pi_S^{J*} - \pi_S^* \geqslant 0$。因此，当

$$\dfrac{a[4+\alpha(4-s\alpha)] - 4b(1+\alpha)\gamma + bs\alpha^2(2+\gamma)}{4(1+\alpha)[a+b(2-\gamma)]} < \dfrac{a^2 s\alpha^2 + 2abs\alpha^2\gamma + b^2 s\alpha^2\gamma^2 + 4c^J[s\alpha^2(1+\gamma) - 4(1+\alpha)\gamma]}{16c^J(1+\alpha)(1-\gamma)}$$

时，如果促销成本分摊比例满足条件 $\max\left\{\dfrac{a[4+\alpha(4-s\alpha)] - 4b(1+\alpha)\gamma + bs\alpha^2(2+\gamma)}{4(1+\alpha)[a+b(2-\gamma)]}, 0\right\} \leqslant \theta \leqslant \min\left\{\dfrac{a^2 s\alpha^2 + 2abs\alpha^2\gamma + b^2 s\alpha^2\gamma^2 + 4c^J[s\alpha^2(1+\gamma) - 4(1+\alpha)\gamma]}{16c^J(1+\alpha)(1-\gamma)}, 1\right\}$，平台和第三方卖家将会对其产品进行联合促销，即当 $\max\left\{\dfrac{a[4+\alpha(4-s\alpha)] - b[4(1+\alpha)\gamma - s\alpha^2(2+\gamma)]}{4(1+\alpha)[a+b(2-\gamma)]}, 0\right\} \leqslant \theta \leqslant \min\left\{\dfrac{s\alpha^2(a+b\gamma)^2 + 4c^J[s\alpha^2(1+\gamma) - 4(1+\alpha)\gamma]}{16c^J(1+\alpha)(1-\gamma)}, 1\right\}$ 且 $\gamma \geqslant 1 - \dfrac{\sqrt{b^2 s\alpha^2\{(a+b)^2 s\alpha^2 - 8c^J[2+\alpha(2-s\alpha)]\}}}{b^2 s\alpha^2}$ 时，平台企业和第三方卖家将会采取联合促销策略。否则，当 $\gamma < 1 - \dfrac{\sqrt{b^2 s\alpha^2\{(a+b)^2 s\alpha^2 - 8c^J[2+\alpha(2-s\alpha)]\}}}{b^2 s\alpha^2}$ 或者 $\dfrac{s\alpha^2(a+b\gamma)^2 + 4c^J[s\alpha^2(1+\gamma) - 4(1+\alpha)\gamma]}{16c^J(1+\alpha)(1-\gamma)} < \theta < 1$ 或者 $0 < \theta < \dfrac{a[4+\alpha(4-s\alpha)] - 4b(1+\alpha)\gamma + bs\alpha^2(2+\gamma)}{4(1+\alpha)[a+b(2-\gamma)]}$ 时，平台和第三方卖家不会采取联合促销策略。

命题 5-5 表明，当且仅当佣金率较高且其促销成本分摊比例适中时，平台和第三方卖家采取联合促销策略将达成双赢。如图 5-1 所示，其中"JP"表示自营产品 A 和第三方卖家的产品 B 进行联合促销，"NJ"表示自营产品 A 和第三方卖家的产品 B 未进行联合促销。当佣金率较低或者平台必须付出较大的促销成本分摊比例时，由命题 5-3 可知，联合促销会损害平台的利润；而当平台付出较小的促销成本分摊比例时，由命题 5-4 可知，第三方卖家将不会参与联合促销活动。因此，当佣金率较低且其促销成本分摊比例较大或者较小时，联合促销活动无法使平台和第三方卖家同时受益。

在实践中，这些结论与电商平台实际情况一致。大部分电商平台联合促销成本均由平台和第三方卖家共同承担，其费用比例相对较适中。此外，从图 5-1 可以发现，随着市场扩张效用的增强，自营产品和第三方卖家的产品的需求增加，平台和第三方卖家更可能采取联合促销策略。

5.4.3 最优促销成本分摊比例

根据 5.4.2 的讨论，当促销成本分摊比例适中时，平台与第三方卖家会采取联合促销策略。在此基础上，本节讨论最优的促销成本分摊比例并对其进行分析。

5 非竞争情境下的电商平台自营产品与第三方卖家的产品联合促销策略

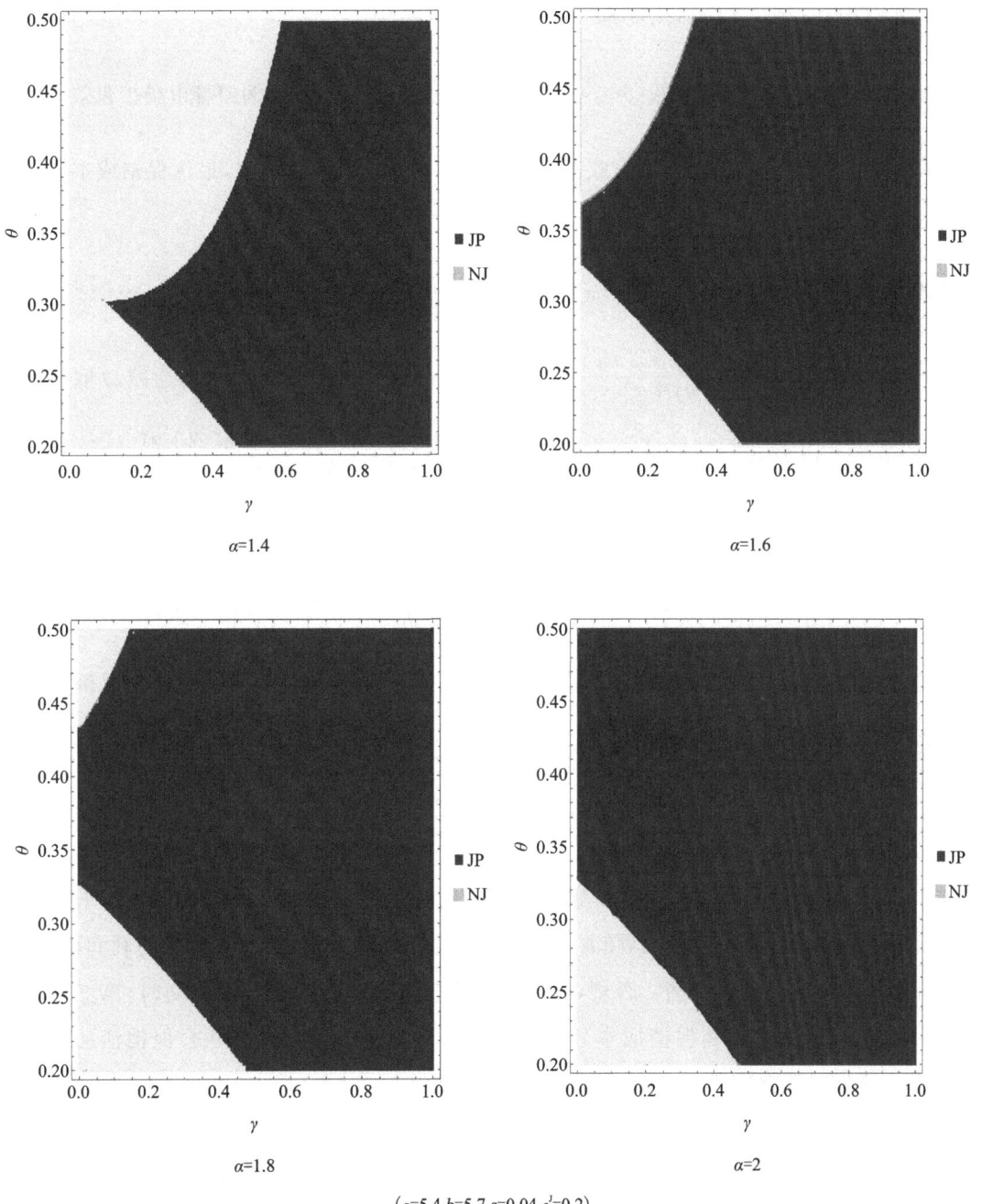

$(a=5.4, b=5.7, s=0.04, c^J=0.2)$

图 5-1 平台自营产品与第三方卖家的产品联合促销策略

命题 5-6(最优促销成本分摊比例)：在平台与第三方卖家进行联合促销的情形下，①如果平台向第三方卖家收费时的佣金率较高 $\left\{\gamma > \dfrac{a[4+\alpha(4-s\alpha)]+2bs\alpha^2}{b[4(1+\alpha)-s\alpha^2]}\right\}$，第三方卖家承担联合促销成本 ($\theta^* = 0$)。②如果平台向第三方卖家收费时的佣金率较低 $\left\{\gamma \leqslant \dfrac{a[4+\alpha(4-s\alpha)]+2bs\alpha^2}{b[4(1+\alpha)-s\alpha^2]}\right\}$，

平台支付的最优促销成本分摊比例为 $\theta^* = \dfrac{a[4+\alpha(4-s\alpha)]-4b(1+\alpha)\gamma+bs\alpha^2(2+\gamma)}{4(1+\alpha)[a+b(2-\gamma)]}$。当平台向第三方卖家收费时的佣金率较低 $\left(\gamma\leqslant\dfrac{a-2b}{b}\right)$ 时,最优促销成本分摊比例随着市场扩张效应强度的增大而减小;当平台向第三方卖家收费时的佣金率较高 $\left(\gamma>\dfrac{a-2b}{b}\right)$ 时,最优促销成本分摊比例随着市场扩张效应强度的增大而增大。

证明:根据命题 5-3,$\Delta\pi_F^{J*} = \pi_F^{J*} - \pi_F^* = \dfrac{1}{4}\left\{\dfrac{s\alpha^2(a+b\gamma)^2}{4(1+\alpha)[\gamma(1-\theta)+\theta]-s\alpha^2(1+\gamma)} - 4c^J\right\}$,易得 $\dfrac{\partial\Delta\pi_F^{J*}}{\partial\theta} = -\dfrac{(1+\alpha)(1-\gamma)s\alpha^2(a+b\gamma)^2}{\{4(1+\alpha)[\gamma(1-\theta)+\theta]-s\alpha^2(1+\gamma)\}^2} \leqslant 0$,因此 $\Delta\pi_F^{J*}$ 关于 θ 单调递减,θ 取最小值时,$\Delta\pi_F^{J*}$ 最大。由命题 5-5 可得 $\max\left\{\dfrac{a[4+\alpha(4-s\alpha)]-4b(1+\alpha)\gamma+bs\alpha^2(2+\gamma)}{4(1+\alpha)[a+b(2-\gamma)]}, 0\right\} \leqslant \theta \leqslant \min\left\{\dfrac{a^2s\alpha^2+2abs\alpha^2\gamma+b^2s\alpha^2\gamma^2+4c^J[s\alpha^2(1+\gamma)-4(1+\alpha)\gamma]}{16c^J(1+\alpha)(1-\gamma)}, 1\right\}$。在此基础上,如果 $\dfrac{a[4+\alpha(4-s\beta)]-4b(1+\alpha)\gamma+bs\alpha^2(2+\gamma)}{4(1+\alpha)[a+b(2-\gamma)]} < 0$,即 $\gamma > \dfrac{a[4+\alpha(4-s\alpha)]+2bs\alpha^2}{b[4(1+\alpha)-s\alpha^2]}$,平台的最优促销成本分摊比例为 $\theta^*=0$。如果 $\gamma \leqslant \dfrac{a[4+\alpha(4-s\alpha)]+2bs\alpha^2}{b[4(1+\alpha)-s\alpha^2]}$,平台的最优促销成本分摊比例为 $\theta^* = \dfrac{a[4+\beta(4-s\beta)]-4b(1+\beta)\gamma+bs\beta2(2+\gamma)}{4(1+\beta)[a-b(-2+\gamma)]}$,此时,$\dfrac{\partial\theta^*}{\partial\alpha} = -\dfrac{s\beta(2+\beta)[a-b(2+\gamma)]}{4(1+\beta)^2[a-b(-2+\gamma)]}$,当 $\gamma \leqslant \dfrac{a-2b}{b}$ 时,$\dfrac{\partial\theta^*}{\partial\alpha} \leqslant 0$;当 $\gamma > \dfrac{a-2b}{b}$ 时,$\dfrac{\partial\theta^*}{\partial\alpha} > 0$。

命题 5-6 分析了平台与第三方卖家联合促销时的最优促销成本分摊比例。当平台向第三方卖家收费时的佣金率较低时,随着市场扩张效应强度的增加,第三方卖家的利润增加,平台会降低其促销成本分摊比例。否则,当平台向第三方收费时的佣金率较高时,第三方卖家的利润降低,平台会增加其促销成本分摊比例来确保第三方卖家参与联合促销活动。命题 5-6 为平台进行最优促销成本分摊比例决策提供了依据。

5.5 考虑促销参与成本的联合促销策略分析

类似于第 4 章讨论的平台和第三方卖家的独立促销策略,当电商平台的自营产品与第三方卖家的产品进行联合促销时,消费者需要通过参与互动活动、抢购优惠券、拼单等方式领取促销优惠进而参与联合促销活动。此时,消费者购买联合促销产品会花费一定的促销参与成本,用 c 表示。因此,类似于 5.2 中的联合促销模型,自营产品 A、第三方卖家的产品 B 以及联合促销产品的需求分别为

$$D_{A1}^J = a - p_{A1}^J - s d_1 + rc \tag{5-12}$$

$$D_{B1}^J = b - p_{B1}^J - s d_1 + rc \tag{5-13}$$

$$D_1^J = (1+\alpha) s d_1 - rc \tag{5-14}$$

其中:r 表示促销参与成本对联合促销产品需求的影响程度,促销参与成本越高,其联合促销产品需求越低,而未进行促销的原价产品需求增加;p_{A1}^J,p_{B1}^J 和 d_1 分别为考虑促销参与成本情形下的自营产品 A 的价格、第三方卖家的产品 B 的价格和平台提供的促销力度。在此情形下,平台和第三方卖家通过设定最优价格来最大化它们的利润,表示如下

$$\begin{cases} \max\limits_{p_{A1}^J, d_1} \pi_{F1}^J = p_{A1}^J D_{A1}^J + \gamma \{ p_{B1}^J D_{B1}^J + [p_{B1}^J - (1-\theta) d_1] D_1^J \} + (p_{A1}^J - \theta d) D_1^J - c^J \\ \max\limits_{p_{B1}^J} \pi_{s1}^J = (1-\gamma) \{ p_{B1}^J D_{B1}^J + [p_{B1}^J - (1-\theta) d_1] D_1^J \} \end{cases} \tag{5-15}$$

$$\text{s. t. } p_{A1}^J, p_{B1}^J, d_1, D_1^J, D_{B1}^J, D_{A1}^J \geq 0$$

因此,通过求解上述博弈模型,可求得考虑促销参与成本情形下的平台自营产品与第三方卖家的产品的均衡价格、需求以及平台和第三方卖家的利润。并与引理 5-1 未促销情形下的均衡结果进行对比,来分析考虑促销参与成本情形下的联合促销策略。

引理 5-5(考虑促销参与成本情形下的价格对比):在考虑促销参与成本的情形下,①平台自营产品和第三方卖家的产品联合促销时的产品原价总是高于未促销情形;②当市场扩张效应较强 $\left(\alpha \geq \frac{1}{s}\right)$ 时,自营产品与第三方卖家的产品的联合促销价格高于未促销时自营产品与第三方卖家的产品总价;当市场扩张效应较弱 $\left(\alpha < \frac{1}{s}\right)$ 时,自营产品与第三方卖家的产品的联合促销价格低于未促销时自营产品与第三方卖家的产品总价。

证明:考虑促销参与成本时,由式(5-15)可得自营产品和第三方卖家的产品的均衡价格、均衡促销力度分别为 $p_{A1}^{J*} = \dfrac{\{\alpha(2cr+bs\alpha)+a[4+\alpha(4-s\alpha)]\}\gamma + 2[cr\alpha + 2a(1+\alpha)](1-\gamma)\theta}{8(1+\alpha)[\gamma(1-\theta)+\theta]-2s\alpha^2(1+\gamma)}$,

$p_{B1}^{J*} = \dfrac{as\alpha^2 + b\{4(1+\alpha)[\gamma(1-\theta)-\theta]+s\alpha^2\} + 2cr\alpha[\gamma(1-\theta)+\theta]}{8(1+\alpha)[\gamma(1-\theta)+\theta]-2s\alpha^2(1+\gamma)}$ 和

$d_1^* = \dfrac{as\alpha + bs\alpha\gamma + 2cr(\gamma+\theta-\gamma\theta)}{s\{4(1+\alpha)[\gamma(1-\theta)+\theta]-s\alpha^2(1+\gamma)\}}$。此外,根据引理 5-1,通过对比平台自营产品促销前后的产品原价和促销价,则有 $\Delta p_{A1}^* = p_{A1}^{J*} - p_A^* > 0$,$\Delta p_{B1}^* = p_{B1}^{J*} - p_B^* > 0$ 以及 $\Delta p_1^* = p_{A1}^{J*} + p_{B1}^{J*} - d_1^* - (p_A^* + p_B^*) = \dfrac{(-1+s\alpha)[as\alpha + bs\alpha\gamma + 2cr(\gamma+\theta-\gamma\theta)]}{s\{4(1+\alpha)[\gamma(1-\theta)+\theta]-s\alpha^2(1+\gamma)\}}$。当 $\alpha \geq \dfrac{1}{s}$ 时,$\Delta p_1^* \geq 0$;当 $\alpha < \dfrac{1}{s}$ 时,$\Delta p_1^* < 0$。

引理 5-5 的结果与命题 5-2 相似。在此基础上,尽管考虑了促销参与成本后,平台联合促销部分的需求降低,但购买原价产品的消费者增加。通过计算可得自营产品的总需求为

$D_{A1}^{J*} = \frac{\{a(2cr+bs\alpha)+a[4-\alpha(4-s\alpha)]\}\gamma+2[cr\alpha+2a(1+\alpha)](1-\gamma)\theta}{8(1+\alpha)[\gamma(1-\theta)+\theta]-2s\alpha^2(1+\gamma)}$,第三方卖家的产品的总需求为 $D_{B1}^{J*} = \frac{as\alpha^2+b\{s\alpha^2+4(1+\alpha)[\gamma(1-\theta)+\theta]\}+2cr\alpha[\gamma(1-\theta)+\theta]}{8(1+\alpha)[\gamma(1-\theta)+\theta]-2s\alpha^2(1+\gamma)}$。因此,自营产品与第三方卖家的产品的需求仍然会增加。此外,在考虑促销参与成本的情形下,本节通过对自营产品与第三方卖家的产品联合促销前后的利润对比来分析平台自营产品与第三方卖家的产品的联合促销策略。由于阈值条件的表达式难以解析,因此本节对平台和第三方卖家的联合促销策略进行了数值分析。根据图 5-2 给出的数值结果得出以下数值结论。

数值结论 5-1:考虑平台自营产品和第三方卖家的产品进行联合促销决策,①如果促销参与成本较小,当平台向第三方卖家收费时的佣金率较高且平台的促销成本分摊比例适中时,平台和第三方卖家将采取联合促销策略;否则,平台自营产品与第三方卖家的产品不会采取联合促销策略;②如果促销参与成本较大,当平台向第三方卖家收费时的佣金率较高或者平台的促销成本分摊比例较大时,平台自营产品与第三方卖家的产品采取联合促销策略;当平台向第三方卖家收费时的佣金率较低且平台的促销成本分摊比例较小时,平台和第三方卖家不会采取联合促销策略;③随着促销参与成本的增大,平台和第三方卖家更倾向于采取联合促销策略。

数值结论 5-1 的结果与命题 5-5 基本一致。对比图 5-1 和图 5-2,如果促销参与成本较小,当且仅当平台向第三方卖家收费时的佣金率较高且平台的促销成本分摊比例适中时,平台与第三方卖家会实行联合促销策略。然而,当促销参与成本较大时,只要平台向第三方卖家收费时的佣金率较高或者平台的促销成本分摊比例较大,平台和第三方卖家均会实施联合促销策略。原因在于,尽管较大促销参与成本使联合促销产品的需求降低,但也增加了消费者购买原价产品的需求,同时,平台和第三方卖家销售原价产品的单位产品利润高于其联合促销的产品利润。因此,随着促销参与成本增大,平台自营产品与第三方卖家的产品进行联合促销的概率增加。这也解释了为什么大多数电商平台商家在参与联合促销活动时,会设置较为复杂的联合促销的方式来增加消费者购买联合促销产品时的促销参与成本。

综上所述,本节考虑了消费者参与促销活动需要付出促销参与成本时平台与第三方卖家的联合促销策略。通过对比联合促销前后的均衡价格、需求以及平台和第三方卖家的利润,发现考虑促销参与成本情形下的联合促销策略与基本模型的相关结论保持一致,这在一定程度上证实了本章相关结论的稳健性。

5.6 讨论与管理洞察

本节总结了平台与第三方卖家进行产品联合促销决策的主要结论和理论贡献。从理论

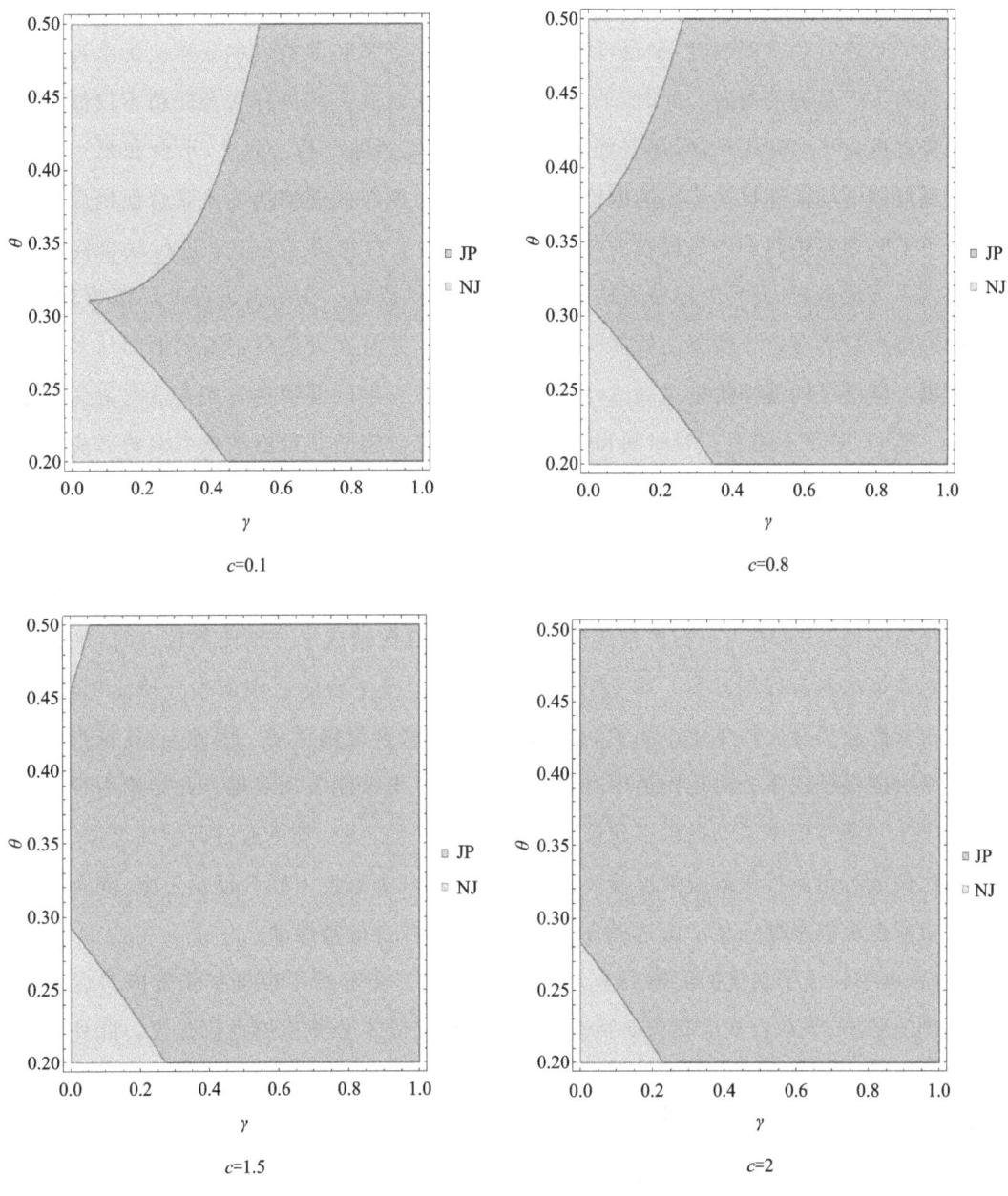

(a=5.4, r=0.05, b=5.7, s=0.04, c^J=0.2, α=1.4)

图 5-2 考虑促销参与成本时平台自营产品与第三方卖家的产品联合促销策略

上讲,现有文献大多对平台和第三方卖家的联合促销进行了广泛的研究,但是很少有文献在双边市场中考虑平台与第三方卖家的促销合作问题。不同于传统市场,双边市场中平台企业单方面决定了联合促销活动的发布以及促销力度决策。本章结合产业实践,分析了电商平台上自营产品与第三方卖家的产品在销售过程中,平台联合促销的发布决策、第三方卖家的参与决策以及平台与第三方卖家的联合促销策略,并得到了一些重要的结论与管理启示。

首先，本书提供了一些关于联合促销定价决策的新见解。研究表明，当自营产品与第三方卖家的产品进行联合促销时，平台可能会通过调节佣金率和促销成本分摊比例来补贴以联合促销价购买产品的消费者。此时，平台和第三方卖家对其产品进行联合促销不仅能吸引更多的消费者进入平台购买产品，而且能刺激消费者购买多种产品。此外，平台和第三方卖家会在大型促销活动前期提高产品的原价，甚至会通过长期布局促销活动使联合促销后的促销价格高于平时未促销时的产品原价。相关结论不仅为平台和第三方卖家进行联合促销活动定价提供了理论指导，而且为消费者购买产品决策提供建议。在平台进行产品联合促销时，价格敏感型消费者应该长期关注所需购买的产品价格，并且在大型促销活动期间从多种渠道获取优惠。当产品的促销价格过高时，消费者可以花费一定的促销参与成本及时避免高价购买产品。然而，对于不愿意花费时间和精力去获取优惠价格的非价格敏感型消费者应该避免促销活动期间购买产品。

其次，本书还获得了一些有关自营产品和第三方卖家的产品联合促销的新发现，这些发现为电商平台对产品进行价格歧视、产品营销、商家合作共赢提供参考。具体来说，当且仅当市场扩张效应较强，或者当市场扩张效应适中且平台的促销成本分摊比例较大时，平台会向第三方卖家推出联合促销方案。对于第三方卖家而言，当平台的促销成本分摊比例较大时，第三方卖家能获得较大的单位产品利润进而选择参与联合促销活动。因此，当且仅当佣金率较高且平台的促销成本分摊比例适中时，平台和第三方卖家能实现双赢。此结论为平台和第三方卖家参与联合促销活动提供了建议，特别是作为平台企业，其可通过调整佣金率、促销成本分摊比例或者市场扩张效应强度等关键因素向第三方卖家推出联合促销方案，同时平台和第三方卖家也可以根据上述结论选择合适的产品参与联合促销活动。

最后，本书讨论了最优的促销成本分摊比例，并进一步分析了市场扩张效应对促销成本分摊比例的影响，为平台推出联合促销活动时设置促销成本分摊比例提供建议。此外还考虑了联合促销给消费者带来促销参与成本时，促销参与成本如何影响平台自营产品与第三方卖家的产品的联合促销决策。结果表明，随着促销参与成本的增大，平台自营产品与第三方卖家的产品进行联合促销的概率增加。这也解释了大多数电商平台在参与联合促销活动时会设置较为复杂且耗时的促销方式（例如，抢购、预售、拼单、秒杀等）来增加消费者的促销参与成本的现象。另外，本书发现存在促销参与成本情形下的联合促销决策与基本模型的相关结果较为一致，这在一定程度上确保了相关结论的稳健性。

5.7 本章小结

近年来，以"跨店满减"为主导的联合促销已经成为电商平台促销活动的主要手段之一。

5 非竞争情境下的电商平台自营产品与第三方卖家的产品联合促销策略

本书分析了当平台和第三方卖家分别提供自营产品和第三方卖家的产品时的联合促销策略,并研究产品的联合促销如何影响其均衡定价以及平台和第三方卖家的利润。本章考虑了两种市场配置:自营产品和第三方卖家的产品均未促销;自营产品和第三方卖家的产品进行联合促销。首先,求解和分析了两种市场配置下的最优产品原价、促销价格、需求以及平台和第三方卖家的利润。其次,通过对比两种市场配置的均衡结果,探讨了市场扩张效应强度、佣金率、促销成本分摊比例等对平台联合促销的发布决策,第三方卖家的参与决策以及自营产品与第三方卖家的产品联合促销策略的影响。最后,进一步考虑了存在促销参与成本情形下平台自营产品与第三方卖家的产品的联合促销策略,进而验证了基本模型结论的稳健性。

6 竞争情境下的电商平台自营产品与第三方卖家的产品联合促销策略

本章主要研究平台自营产品在面对第三方卖家的产品的竞争时平台和第三方卖家的联合促销策略。首先探讨了自营产品与第三方卖家的产品未联合促销和联合促销两种情形下的市场配置。在此基础上,分别分析两种市场配置下的最优产品定价、需求和商家利润。然后通过对两种市场配置的均衡结果进行对比,分析自营产品与第三方卖家的产品的联合促销策略如何影响产品定价、需求以及平台和第三方卖家的利润。最后讨论了市场扩张效应、促销力度、平台向第三方收取的佣金费、促销成本分摊比例等因素如何影响平台和第三方卖家的联合促销策略。此外,与第5章相关研究对比,本章还探讨了自营产品与第三方卖家的产品的竞争如何影响平台与第三方卖家的联合促销决策。

6.1 研究问题描述

随着电商平台的发展日益成熟,越来越多的第三方卖家加入平台使得平台上自营产品与第三方卖家的产品的竞争越来越激烈。为了在产品的竞争中占据优势,平台经常参与大型的联合促销活动,例如京东商城、亚马逊、当当网等双边平台的"跨店满减"优惠促销、满减折扣促销、满减秒杀等促销活动。

在联合促销活动中,平台通常会对其产品进行多种方式的促销。以京东的促销活动为例,消费者可以领取多种优惠券并且叠加使用,其在付款时默认优先使用单品优惠券、店铺优惠券,如订单满足"跨店满减"和"品类购物券"使用条件则可继续叠加使用"跨店满减"和"品类购物券"。当平台对其自营产品进行捆绑促销时,尽管平台与第三方卖家由于销售可替代产品而形成竞争,但平台仍然会向第三方卖家推出联合促销方案[①]。特别地,在促销优惠额度叠加时,若促销的订单在各种优惠叠加后其某一产品价格出现零或负数,"跨店满减"优惠券仍然可继续使用。此时,商家不得不自负产品的生产成本、销售成本以及税费,这种现象在大

---

① 为了方便表述,在本书中,同一商家不同产品参与促销满减活动称为捆绑促销;不同商家参与促销满减活动称为联合促销。

型促销活动中非常普遍。

具体而言,联合促销会增加弱势商品的销售额,促进新品转化。例如,新品上市需要做大量的宣传推广,为新品积累人气。因此,平台商家推出联合促销活动不仅可以通过品牌畅销产品为新品店铺带来流量,还能顺势吸引一批新顾客,为店铺增加客户,提升新品宣传的覆盖率,提高产品售卖的可能性。同时,联合促销还能提高客单价,刺激消费者购买更多的产品。例如,"跨店满减"活动鼓励买家通过凑单的方式购买产品,提高单位消费者的消费额度。此外,联合促销能吸引更多消费者参与购买决策,提高电商平台的流量。但联合促销会因为促销优惠而降低单位产品利润。特别是在自营产品与第三方卖家的产品竞争情境下,产品的联合促销还会加剧产品之间的价格竞争。基于上述现象与疑问,本章旨在研究以下科学问题。

(1)面对第三方卖家的竞争,平台是否会推出联合促销方案?第三方卖家是否会参与联合促销活动?

(2)在自营产品进行捆绑促销的前提下,平台和第三方卖家如何开展联合促销活动?

(3)自营产品与第三方卖家的产品的联合促销如何影响产品的定价、需求以及平台和第三方卖家的利润?

6.2 模 型

本章考虑电商平台上的两个决策主体:作为平台的平台和第三方卖家,并且平台销售两种独立的产品 A 和 B,即产品 A 和 B 在销售过程中互不影响,而第三方卖家销售产品 B。本节通过构建一个两阶段博弈模型来对所研究的问题进行建模。第一阶段,平台上的自营产品 A 和 B 进行捆绑促销并且平台企业设置促销力度,同时第三方卖家销售产品 B,平台决定是否向第三方卖家推出联合促销方案,第三方卖家决定其产品是否参与联合促销活动。第二阶段,平台和第三方卖家分别设定自营产品和第三方卖家的产品价格,然后消费者做出产品购买决策。在此基础上,本书考虑两种市场配置:①自营产品 A 和 B 进行捆绑促销,第三方卖家的产品 B 不参与促销活动(CNJ);②自营产品 A 和 B 进行捆绑促销,同时自营产品 A 和第三方卖家的产品 B 进行联合促销(CJP)。下面本节分别对两种潜在的市场配置进行建模。

当自营产品 A 和 B 进行捆绑促销且第三方卖家的产品 B 未参与促销时,根据以往相关研究(如 Huang 等,2013),自营产品 A 的需求函数可定义为价格 p 的递减线性函数,即 $D_A = a - p_A$,其中 a 表示平台销售的产品 A 在电商平台市场的潜在需求,p_A 表示产品 A 的价格。对于平台与第三方卖家提供的完全可替代产品 B,根据相关文献(Karray 等,2015;Zhang 等,2022),自营产品与第三方卖家的产品 B 的需求可分别表示为 $D_{FB} = b - p_{FB} + p_{SB}$ 和 $D_{SB} = kb - p_{SB} + p_{FB}$[①]。其中 b 是竞争情境下自营产品 B 的市场潜在需求,由于自营产品通常会提供优

---

① 参考文献 Zhang 等(2022),并通过 Hotelling 模型可推导出。

质的客户服务以及快递服务、拥有更好的口碑和信誉等,因此第三方卖家的产品的市场潜在需求较平台自营产品更低,表示为 $kb(k\in[0,1])$。p_{FB} 和 p_{SB} 分别表示平台和第三方卖家销售产品 B 的价格。在此基础上,假设平台设定的促销力度为 d,随着促销力度的增加,部分购买原价产品的消费者会转移到购买捆绑促销产品。此时,一部分消费者购买原价的自营产品和第三方卖家的产品 B,相应地,自营产品与第三方卖家的产品 B 的需求(不包括捆绑促销部分的需求)分别表示为

$$D_{FB}^C = b - p_{FB}^C + p_{SB}^C - wd \tag{6-1}$$

$$D_{SB}^C = kb - p_{SB}^C + p_{FB}^C - td \tag{6-2}$$

式中:wd 和 td 分别表示消费者从购买原价自营产品和第三方卖家的产品 B 转化为购买捆绑促销价格的自营产品 A 和 B;w 和 t 分别表示促销力度 d 对自营产品和第三方卖家的产品 B 的需求的影响程度。此时,$(t+w)d$ 的消费者从购买自营产品 A 转化为购买捆绑促销产品 A 和 B。则消费者购买原价自营产品 A 产生的需求为

$$D_A^C = a - p_A^C - (w+t)d \tag{6-3}$$

因此,捆绑促销部分(同时购买捆绑促销产品 A 和 B)的产品需求为

$$D_{AB}^C = (1+\alpha)(w+t)d \tag{6-4}$$

式中,α 为市场扩张效应强度,反映了自营产品 A 和 B 的捆绑促销刺激平台内的消费者或者吸引平台外的消费者购买促销产品。假设第三方卖家在平台上销售自营产品需要支付佣金费,则平台的利润包括自营产品的利润和第三方卖家支付的佣金费两部分,其中自营产品的利润包括以原价销售的自营产品 A 和 B 的利润,以及自营产品 A 和 B 捆绑促销的利润。因此,平台和第三方卖家的利润分别为

$$\pi_F^C = p_A^C D_A^C + p_{FB}^C D_{FB}^C + (p_A^C + pC_{FB} - d)D_{AB}^C + p_{SB}^C \gamma D_{SB}^C \tag{6-5}$$

$$\pi_S^C = p_{SB}^C (1-\gamma) D_{SB}^C \tag{6-6}$$

式中,$\gamma(\gamma\in[0,1])$ 为平台向第三方卖家收费时的佣金率。

当自营产品 A 和 B 进行捆绑促销且自营产品 A 和第三方卖家的产品 B 进行联合促销时,以原价销售的自营产品 A 与第三方卖家的产品 B 的需求(不包括捆绑促销和联合促销部分的需求)可分别表示为

$$D_{FB}^{CJ} = b - p_{FB}^{CJ} + p_{SB}^{CJ} - wd \tag{6-7}$$

$$D_{SB}^{CJ} = kb - p_{SB}^{CJ} + p_{FB}^{CJ} - zd \tag{6-8}$$

式中,wd 和 zd 分别表示从自营产品和第三方卖家的产品 B 的需求转化为联合促销产品 A 和 B 的需求,w 和 z 分别表示促销力度 d 对自营产品和第三方卖家的产品 B 的需求的影响程度。值得注意的是,消费者从购买原价产品转化为购买促销价产品过程中更倾向于同渠道(自营商店渠道和第三方商店渠道)转化;同时,相较于第三方卖家的产品市场,由于平台自营产品市场潜在需求较大,其转化为购买联合促销产品的消费者较多,则可假设 $w\geqslant z\geqslant t$。在此基础上,有 $(w+z)d$ 的消费者由购买原价自营产品 A 转化为购买捆绑促销和联合促销产

品。则以原价销售的自营产品 A 的需求为

$$D_{\mathrm{A}}^{\mathrm{CJ}}=a-p_{\mathrm{A}}^{\mathrm{CJ}}-(w+z)d \tag{6-9}$$

捆绑促销的自营产品 A 和 B 的需求可表示为

$$D_{\mathrm{F}}^{\mathrm{CJ}}=(1+\alpha)wd \tag{6-10}$$

联合促销的自营产品 A 和第三方卖家的产品 B 的需求为

$$D_{\mathrm{S}}^{\mathrm{CJ}}=(1+\alpha)zd \tag{6-11}$$

则平台的利润包括自营产品的利润和第三方卖家支付的佣金费两部分,其中自营产品的利润包括以原价销售的自营产品 A 和 B 的利润,自营产品 A 和 B 捆绑促销的利润以及自营产品 A 和第三方卖家的产品 B 联合促销中产品 A 的利润。而第三方卖家的利润包括第三方卖家的产品 B 的利润以及自营产品 A 和第三方卖家的产品 B 联合促销中产品 B 的利润。因此,平台和第三方卖家的利润分别为

$$\pi_{\mathrm{F}}^{\mathrm{CJ}}=p_{\mathrm{A}}^{\mathrm{CJ}}D_{\mathrm{A}}^{\mathrm{CJ}}+p_{\mathrm{FB}}^{\mathrm{CJ}}D_{\mathrm{FB}}^{\mathrm{CJ}}+(p_{\mathrm{A}}^{\mathrm{CJ}}-\theta d)D_{\mathrm{F}}^{\mathrm{CJ}}+(p_{\mathrm{A}}^{\mathrm{CJ}}+p_{\mathrm{FB}}^{\mathrm{CJ}}-d)D_{\mathrm{F}}^{\mathrm{CJ}}+$$
$$\gamma\{p_{\mathrm{SB}}^{\mathrm{CJ}}D_{\mathrm{SB}}^{\mathrm{CJ}}+[p_{\mathrm{SB}}^{\mathrm{CJ}}-(1-\theta)d]D_{\mathrm{S}}^{\mathrm{CJ}}\} \tag{6-12}$$

$$\pi_{\mathrm{S}}^{\mathrm{CJ}}=(1-\gamma)\{p_{\mathrm{SB}}^{\mathrm{CJ}}D_{\mathrm{SB}}^{\mathrm{CJ}}+[p_{\mathrm{SB}}^{\mathrm{CJ}}-(1-\theta)d]D_{\mathrm{S}}^{\mathrm{CJ}}\} \tag{6-13}$$

其中 $\theta(0\leqslant\theta\leqslant1)$ 为平台所付出的促销成本分摊比例,即联合促销所支付的价格优惠由平台和第三方卖家共同承担,其中平台单位产品所承担的价格优惠部分为 θd,而第三方卖家所承担的促销力度的分摊比例为 $(1-\theta)$,其所承担的价格优惠部分为 $(1-\theta)d$。表 6-1 总结了本章主要使用的符号含义。

表 6-1 符号解释

符号	含义
A,B	产品类型
CNJ,CJP	自营产品与第三方卖家的产品联合促销前后的市场配置
a	自营产品 A 的市场潜在需求
b	自营产品 B 的市场潜在需求
$p_{\mathrm{A}}^{\mathrm{C}}$	第三方卖家的产品未参与联合促销时自营产品 A 的原价
$p_{\mathrm{FB}}^{\mathrm{C}}$	第三方卖家的产品未参与联合促销时自营产品 B 的原价
$p_{\mathrm{SB}}^{\mathrm{C}}$	第三方卖家的产品未参与联合促销时第三方卖家的产品 B 的原价
$p_{\mathrm{A}}^{\mathrm{CJ}}$	第三方卖家的产品参与联合促销时自营产品 A 的原价
$p_{\mathrm{FB}}^{\mathrm{CJ}}$	第三方卖家的产品参与联合促销时自营产品 B 的原价
$p_{\mathrm{SB}}^{\mathrm{CJ}}$	第三方卖家的产品参与联合促销时第三方卖家的产品 B 的原价
d	促销力度,即促销优惠额度
γ	佣金率

续表 6-1

符号	含义
w	促销力度对自营产品 B 的需求的影响程度
t	捆绑促销时促销力度对第三方卖家的产品 B 的需求的影响程度
z	联合促销时促销力度对第三方卖家的产品 B 的需求的影响程度
θ	平台的促销成本分摊比例
α	市场扩张效应
D_A^C	第三方卖家的产品未参与联合促销时自营产品 A 的需求
D_{FB}^C	第三方卖家的产品未参与联合促销时自营产品 B 的需求
D_{SB}^C	第三方卖家的产品未参与联合促销时第三方卖家的产品 B 的需求
D_{AB}^C	第三方卖家的产品未参与联合促销时捆绑促销的自营产品 A 和 B 的需求
D_A^{CJ}	第三方卖家的产品参与联合促销时自营产品 A 的需求
D_{FB}^{CJ}	第三方卖家的产品参与联合促销时自营产品 B 的需求
D_{SB}^{CJ}	第三方卖家的产品参与联合促销时第三方卖家产品 B 的需求
D_F^{CJ}	第三方卖家的产品参与联合促销时捆绑促销自营产品 A 和 B 的需求
D_S^{CJ}	第三方卖家的产品参与联合促销时自营产品 A 和第三方卖家产品 B 的需求
π_F^C	第三方卖家的产品未参与联合促销时的平台利润
π_S^C	第三方卖家的产品未参与联合促销时的第三方卖家利润
π_F^{CJ}	第三方卖家的产品参与联合促销时的平台利润
π_S^{CJ}	第三方卖家的产品参与联合促销时的第三方卖家利润

6.2.1 第三方卖家未参与联合促销的市场均衡

当第三方卖家未参与联合促销时,由式(6-5)和式(6-6)描述的博弈模型,平台和第三卖家通过设定最优价格来最大化它们的利润:

$$\begin{cases} \max\limits_{p_A^C, p_{FB}^C} \pi_F^C = p_A^C D_A^C + p_{FB}^C D_{FB}^C + (p_A^C + p_{FB}^C - d) D_{AB}^C + p_{SB}^C \gamma D_{SB}^C \\ \max\limits_{p_{SB}^C} \pi_S^C = p_{SB}^C (1-\gamma) D_{SB}^C \end{cases} \quad (6\text{-}14)$$

$$\text{s. t. } p_A^C, p_{FB}^C, p_{SB}^C, D_A^C, D_{FB}^C, D_{SB}^C, D_{AB}^C \geqslant 0$$

通过求解式(6-14)所述的博弈模型可得到引理 6-1。

引理 6-1(情形 CNJ 均衡结果):当自营产品 A 和 B 进行捆绑促销且产品 A 与第三方卖家的产品 B 未进行联合促销时,如果 $d \leqslant \min\left\{\dfrac{a}{(t+w)(2+\alpha)}, \dfrac{b[2+k-(1+k)\gamma]}{t(2+\alpha-\gamma)+w(3+\alpha-\gamma)}\right\}$,则有

自营产品 A 和 B,第三方卖家的产品 B 的最优价格分别为 $p_\text{A}^{C*}=\dfrac{a+\alpha d(w+t)}{2}$,$p_\text{FB}^{C*}=\dfrac{dt+2d(w+t)\alpha-dt\gamma+b(2+k+k\gamma)}{3-\gamma}$ 和 $p_\text{SB}^{C*}=\dfrac{b(1+2k)-dt+d(w+t)\alpha}{3-\gamma}$。相应地,由此产生的各产品总需求分别为 $TD_\text{A}^{C*}=\dfrac{\{a+[d(w+t)]\alpha\}}{2}$,$TD_\text{F}^{C*}=\dfrac{b(2+k-\gamma-k\gamma)+dt+\alpha(dw+dt)(2-\gamma)}{3-\gamma}$ 和 $TD_\text{S}^{C*}=\dfrac{b+2bk-dt+d(w+t)\alpha}{3-\gamma}$,平台和第三方卖家的利润分别为 $\pi_\text{F}^{C*}=\dfrac{Hd^2+Md+N}{(3-\gamma)^2}$① 和 $\pi_\text{S}^{C*}=\dfrac{[b+2kb-dt+d(w+t)\alpha]^2(1-\gamma)}{(3-\gamma)^2}$。

证明:当自营产品 A 和 B 进行捆绑促销且自营产品 A 与第三方卖家的产品 B 未进行联合促销时,由式(6-14)可知平台和第三方卖家的利润函数是各自价格的凹函数,联立平台和第三方卖家的利润函数关于各自价格的一阶条件可以得到最优价格 $p_\text{A}^{C*}=\dfrac{a+\alpha d(w+t)}{2}$,$p_\text{FB}^{C*}=\dfrac{dt+2d(w+t)\alpha-dt\gamma+b(2+k+k\gamma)}{3-\gamma}$ 和 $p_\text{SB}^{C*}=\dfrac{b(1+2k)-dt+d(w+t)\alpha}{3-\gamma}$。将最优价格代入各自的需求函数可得 $D_\text{A}^{C*}=\dfrac{a-(2+\alpha)d(w+t)}{2}$,$D_\text{AB}^{C*}=(1+\alpha)(t+w)d$,$D_\text{FB}^{C*}=\dfrac{(b-wd)(3-\gamma)-d(w+t)\alpha-2dt+dt\gamma-b(1-k+k\gamma)}{3-\gamma}$,$D_\text{SB}^{C*}=\dfrac{b+2bk-dt+d(w+t)\alpha}{3-\gamma}$。因此,$TD_\text{A}^{C*}=D_\text{A}^{C*}+D_\text{AB}^{C*}=\dfrac{a+d(w+t)\alpha}{2}$,$TD_\text{FB}^{C*}=D_\text{FB}^{C*}+D_\text{AB}^{C*}=\dfrac{b(2+k-\gamma-k\gamma)+dt+\alpha d(w+t)(2-\gamma)}{3-\gamma}$,$TD_\text{SB}^{C*}=D_\text{SB}^{C*}=\dfrac{b+2bk-dt+d(w+t)\alpha}{3-\gamma}$。根据平台的最优目标函数对应的 Hessian 矩阵负定、式(6-14)的限制条件以及假设条件 $w\geqslant t$,可得当且仅当 $d\leqslant\min\left\{\dfrac{a}{(t+w)(2+\beta)},\dfrac{b[2+k-(1+k)\gamma]}{t(2+\beta-\gamma)+w(3+\beta-\gamma)}\right\}$ 时,均衡结果存在。此外,将最优的价格和相应的需求代入利润函数可得 $\pi_\text{F}^{C*}=\dfrac{Hd^2+Md+N}{(3-\gamma)^2}$ 和 $\pi_\text{S}^{C*}=\dfrac{[b+2kb-dt+d(w+t)\alpha]^2(1-\gamma)}{(3-\gamma)^2}$。

基于引理 6-1 的均衡结果,本章将对自营产品与第三方卖家的产品未进行联合促销情形下产品的最优价格、需求及商家的利润进行敏感性分析。

命题 6-1(情形 CNJ 价格敏感性分析):当自营产品 A 和 B 进行捆绑促销且产品 A 与第三方卖家的产品 B 未进行联合促销时,①随着平台自营产品 A 和 B 的促销力度(d)的增大,自

---

① $H=(w+t)[(w+t)\alpha^2(5-\gamma)^2-4\alpha(3-\gamma)^2+4t\alpha(4-\gamma)(1-\gamma)+4(6-\gamma)\gamma]-4[9w+(9-t)t]$,$M=8b(2+k)t+2a(w+t)\alpha(3-\gamma)^2+4b[w\alpha(4-\gamma)(2+k+k\gamma)-(1+k)t(5-\gamma)\gamma+t\alpha(4-\gamma)(2+k+k\gamma)]$,$N=4b^2(2+k)^2+a^2(3-\gamma)^2-4b^2(1+k)[1-k(4-\gamma)]\gamma$。

营产品 A 和 B 的原价均升高。②当市场扩张效应较强 $\left[\alpha \geqslant \dfrac{2(3-t-\gamma+t\gamma)}{(w+t)(7-\gamma)}\right]$ 时,随着平台自营产品 A 和 B 的促销力度的增大,自营产品 A 和 B 的捆绑促销价格升高;当市场扩张效应较弱 $\left[\alpha < \dfrac{2(3-t-\gamma+t\gamma)}{(w+t)(7-\gamma)}\right]$ 时,随平台自营产品的促销力度的增大,自营产品的捆绑促销价格降低。③当市场扩张效应较强 $\left(\alpha \geqslant \dfrac{t}{w+t}\right)$ 时,随着平台自营产品的促销力度的增大,第三方卖家的产品的价格升高;当市场扩张效应较弱 $\left(\alpha < \dfrac{t}{w+t}\right)$ 时,随着平台自营产品的促销力度的增大,第三方卖家的产品的价格降低。

证明:当自营产品 A 和 B 进行捆绑促销且自营产品 A 与第三方卖家的产品 B 未进行联合促销时,由引理 6-1 可得,$\dfrac{\partial p_A^{C*}}{\partial d} = \dfrac{\alpha(w+t)}{2} > 0$ 且 $\dfrac{\partial p_{FB}^{C*}}{\partial d} = \dfrac{t+2(w+t)\alpha - t\gamma}{3-\gamma} > 0$,因此,随着平台自营产品 A 和 B 的促销力度的增大,自营产品 A 和 B 的原价均升高。自营产品和第三方卖家的产品的联合促销价格为 $p_F^{C*} = p_A^{C*} + p_{FB}^{C*} - d = \dfrac{[a+\alpha d(w+t)]}{2} + \dfrac{dt + 2d(w+t)\alpha - dt\gamma + b(2+k+k\gamma)}{3-\gamma} - d = \dfrac{(a-2d)(3-\gamma) + 2dt(1-\gamma) + (7-\gamma)d(w+t)\alpha + 2b(2+k+k\gamma)}{2(3-\gamma)}$,对价格 p_F^{C*} 关于 d 求导可得 $\dfrac{\partial p_F^{C*}}{\partial d} = \dfrac{2t(1-\gamma) + (7-\gamma)(w+t)\alpha - 2(3-\gamma)}{2(3-\gamma)}$。那么,当且仅当 $\alpha \geqslant \dfrac{2(3-t-\gamma+t\gamma)}{(w+t)(7-\gamma)}$ 时,$\dfrac{\partial p_F^{C*}}{\partial d} \geqslant 0$ 成立;当 $\alpha < \dfrac{2(3-t-\gamma+t\gamma)}{(w+t)(7-\gamma)}$ 时,$\dfrac{\partial p_F^{C*}}{\partial d} < 0$。而对于第三方产品而言,对价格 p_{SB}^{C*} 关于 d 求导,可得 $\dfrac{\partial p_{SB}^{C*}}{\partial d} = \dfrac{-t+(w+t)\alpha}{3-\gamma}$。那么,当 $\alpha \geqslant \dfrac{t}{w+t}$ 时,$\dfrac{\partial p_F^{C*}}{\partial d} \geqslant 0$;当 $\alpha < \dfrac{t}{w+t}$ 时,$\dfrac{\partial p_F^{C*}}{\partial d} < 0$。即当市场扩张效应较强时,随着平台自营产品 A 和 B 的促销力度增大,自营产品 A 和 B 的联合促销价和第三方卖家的产品价格均会升高;然而,当市场扩张效应较弱时,随着平台自营产品促销力度的增大,自营产品的联合促销价以及第三方卖家的产品的价格均会降低。

命题 6-1 表明,随着平台自营产品促销力度的增大,平台自营产品与第三方卖家的产品的价格并不总是递增的。原因在于,随着的促销力度增大,市场扩张效应的存在增加了消费者的市场规模,平台总是提高其各产品原价。然而,平台自营产品的捆绑促销价以及第三方卖家的产品价格的单调性依赖于市场扩张效应强度。当市场扩张效应较强时,联合促销能吸引较多的消费者购买促销产品,因此,消费者市场规模的扩大将导致平台和第三方卖家的竞争有所缓和。此时,随着促销力度的增大,平台和第三方卖家有动机提升产品价格力求获得更高的单位产品利润。否则,当市场扩张效应较弱时,随着促销力度的增大,平台为了吸引更多的消费者而降低捆绑促销价格并且第三方卖家的产品价格也随之降低。在此基础上,命题

6-2 讨论了联合促销情形下,平台和第三方卖家的定价策略。

命题 6-2(情形 CNJ 定价策略):如果平台和第三方卖家进行联合促销,①平台和第三方卖家总是通过销售其原价产品获利($p_A^{C*}, p_{SB}^{C*}, p_{FB}^{C*} > 0$)。②当市场扩张效应较强$\left[\alpha \geqslant \dfrac{2(3-\gamma)-2t(1-\gamma)}{(w+t)(7-\gamma)}\right]$时,平台通过销售捆绑促销价的自营产品获利($p_A^{C*} + p_{FB}^{C*} - d \geqslant 0$);当市场扩张效应较弱$\left[\alpha < \dfrac{2(3-\gamma)-2t(1-\gamma)}{(w+t)(7-\gamma)}\right]$时,如果促销力度较小$\left[d \leqslant \dfrac{2b(2+k+k\gamma)+a(3-\gamma)}{2(3-\gamma)-\alpha(w+t)(7-\gamma)-2t(1-\gamma)}\right]$,平台通过销售捆绑促销价的自营产品获利($p_A^{C*} + p_{FB}^{C*} - d \geqslant 0$),否则,如果促销力度较大$\left[d > \dfrac{2b(2+k+k\gamma)+a(3-\gamma)}{2(3-\gamma)-\alpha(w+t)(7-\gamma)-2t(1-\gamma)}\right]$,平台将补贴购买捆绑促销产品的消费者($p_A^{C*} + p_{FB}^{C*} - d < 0$)。

证明:根据引理 6-1 的均衡价格以及 $d \leqslant \min\left\{\dfrac{a}{(t+w)(2+\alpha)}, \dfrac{b[2+k-(1+k)\gamma]}{t(2+\alpha-\gamma)+w(3+\alpha-\gamma)}\right\}$,可得 $p_{FB}^{C*} = \dfrac{dt+2d(w+t)\alpha-dt\gamma+b(2+k+k\gamma)}{3-\gamma} > 0$,$p_{SB}^{C*} = \dfrac{b(1+2k)-dt+d(w+t)\alpha}{3-\gamma} > 0$ 和 $p_A^{C*} = \dfrac{[a+\alpha d(w+t)]}{2} > 0$。此外,$p_A^{C*} + p_{FB}^{C*} - d = \dfrac{2dt(1-\gamma)+\alpha d(w+t)(7-\gamma)+2b(2+k+k\gamma)}{2(3-\gamma)} - \dfrac{a-2d}{2}$,当 $\alpha \geqslant \dfrac{2(3-\gamma)-2t(1-\gamma)}{(w+t)(7-\gamma)}$ 时,$p_A^{C*} + p_{FB}^{C*} - d \geqslant 0$;否则,当 $\alpha < \dfrac{2(3-\gamma)-2t(1-\gamma)}{(w+t)(7-\gamma)}$ 时,如果促销力度 $d \leqslant \dfrac{2b(2+k+k\gamma)+a(3-\gamma)}{2(3-\gamma)-\alpha(w+t)(7-\gamma)-2t(1-\gamma)}$,可得 $p_A^{C*} + p_{FB}^{C*} - d \geqslant 0$;如果促销力度 $d > \dfrac{2b(2+k+k\gamma)+a(3-\gamma)}{2(3-\gamma)-\alpha(w+t)(7-\gamma)-2t(1-\gamma)}$,可得 $p_A^{C*} + p_{FB}^{C*} - d < 0$。

命题 6-2 表明,平台自营产品捆绑促销时,当市场扩张效应较弱且促销力度较大时,平台有动机去增大促销力度力求降低联合促销价格。

6.2.2 第三方卖家参与联合促销的市场均衡

当第三方卖家参与联合促销时,由式(6-12)和式(6-13)描述的博弈模型,平台和第三方卖家通过设定最优价格来最大化它们的利润:

$$\begin{cases} \max_{p_A^{CJ}, p_{FB}^{CJ}} \pi_F^{CJ} = p_A^{CJ} D_A^{CJ} + p_{FB}^{CJ} D_{FB}^{CJ} + (p_A^{CJ} - \theta d) D_F^{CJ} + (p_A^{CJ} + p_{FB}^{CJ} - d) D_F^{CJ} + \\ \qquad \gamma\{p_{SB}^{CJ} D_{SB}^{CJ} + [p_{SB}^{CJ} - (1-\theta)d] D_S^{CJ}\} \\ \max_{p_{SB}^{CJ}} \pi_S^{CJ} = (1-\gamma)\{p_{SB}^{CJ} D_{SB}^{CJ} + [p_{SB}^{CJ} - (1-\theta)d] D_S^{CJ}\} \end{cases} \quad (6\text{-}15)$$

$$\text{s. t. } p_A^{CJ}, p_{FB}^{CJ}, p_{SB}^{CJ}, D_A^{CJ}, D_{FB}^{CJ}, D_F^{CJ}, D_{SB}^{CJ}, D_S^{CJ} \geqslant 0$$

通过求解式(6-15)所述的博弈模型可得引理 6-2。

引理 6-2(情形 CJP 均衡结果)：当平台自营产品与第三方卖家的产品进行联合促销时，如果 $d \leqslant \min\left\{\dfrac{a}{(z+w)(2+\alpha)}, \dfrac{b[2+k-(1+k)\gamma]}{w(3+\alpha-\gamma)-z\alpha(1-\gamma)}\right\}$，则平台上自营产品和第三方卖家的产品的最优价格分别为 $p_A^{CJ*} = \dfrac{a+d(z+w)\alpha}{2}$，$p_{FB}^{CJ*} = \dfrac{b(2+k+k\gamma)+d\alpha(z+2w+z\gamma)}{3-\gamma}$ 和 $p_{SB}^{CJ*} = \dfrac{b+2bk+2dz\alpha+dw\alpha}{3-\gamma}$，相应的产品需求分别为 $TD_A^{CJ*} = \dfrac{1}{2}[a+d(z+w)\alpha]$，$TD_F^{CJ*} = \dfrac{d\alpha[w(2-\gamma)+z(1-\gamma)]+b[2+k(1-\gamma)-\gamma]}{3-\gamma}$ 和 $TD_S^{CJ*} = \dfrac{b+2bk+[d(2z+w)]\alpha}{3-\gamma}$，平台和第三方卖家利润分别可表示为 $\pi_F^{CJ*} = \dfrac{[b(1+2k)+\alpha d(2z+w)]^2 \gamma}{(3-\gamma)^2} - d^2(1+\alpha)\{[\theta+(1-\theta)\gamma]z+w\} + \dfrac{[a+\alpha d(z+w)]^2}{4} + \dfrac{\{\alpha dw(2-\gamma)+dz\alpha(1-\gamma)+b[2+k(1-\gamma)-\gamma]\}[b(2+k+k\gamma)+d\alpha(z+2w+z\gamma)]}{(3-\gamma)^2}$ 和 $\pi_S^{CJ*} = \left\{\dfrac{[b(1+2k)+\alpha d(2z+w)]^2}{(3-\gamma)^2} - d^2 z(1-\theta)(1+\alpha)\right\}(1-\gamma)$。

证明：当平台自营产品和第三方卖家的产品进行联合促销时，由式(6-15)可知平台和第三方卖家的利润函数是各自价格的凹函数，联立平台和第三方卖家的利润函数关于各自价格的一阶条件，可以得到各产品最优价格分别为 $p_A^{CJ*} = \dfrac{1}{2}[a+d(z+w)\alpha]$，$p_{FB}^{CJ*} = \dfrac{b(2+k+k\gamma)+d\alpha(z+2w+z\gamma)}{3-\gamma}$ 和 $p_{SB}^{CJ*} = \dfrac{b+2bk+2dz\alpha+dw\alpha}{3-\gamma}$。将产品最优价格代入需求函数可得 $D_A^{CJ*} = a - \dfrac{[a+\alpha d(w+z)]}{2} - (w+z)d = \dfrac{a-(2+\alpha)d(w+z)}{2}$，$D_F^{CJ*} = (1+\alpha)wd$，$D_S^{CJ*} = (1+\alpha)zd$，$D_{FB}^{CJ*} = b + \dfrac{bk\gamma-b+bk+dz\alpha(1-\gamma)-dw\alpha}{3-\gamma} - wd = \dfrac{(b-wd)(3-\gamma)+b(k\gamma-1+k)+d\alpha[z(1-\gamma)-w]}{3-\gamma}$ 以及 $D_{SB}^{CJ*} = b - \dfrac{bk\gamma-b+bk+dz\alpha(1-\gamma)-dw\alpha}{3-\gamma} - zd = \dfrac{(b-zd)(3-\gamma)-b(k\gamma-1+k)-d\alpha[z(1-\gamma)-w]}{3-\gamma}$。则各产品需求为 $TD_S^{CJ*} = D_{SB}^{CJ*} + D_S^{CJ*} = \dfrac{b+2bk+[d(2s+w)]\alpha}{3-\gamma}$，$TD_A^{CJ*} = D_A^{CJ*} + D_F^{CJ*} + D_S^{CJ*} = \dfrac{1}{2}[a+d(z+w)\alpha]$ 以及 $TD_F^{CJ*} = D_{FB}^{CJ*} + D_F^{CJ*} + D_S^{CJ*} = \dfrac{d\alpha[w(2-\gamma)+z(1-\gamma)]+b[2+k(1-\gamma)-\gamma]}{3-\gamma}$。由平台的最优目标函数对应的 Hessian 矩阵负定、式(6-15)的限制条件以及假设条件 $w \geqslant z \geqslant t$，易得 $d \leqslant \min\left\{\dfrac{a}{(z+w)(2+\beta)}, \dfrac{b[2+k-(1+k)\gamma]}{w(3+\beta-\gamma)-z\beta(1-\gamma)}\right\}$。因此，将平台上各产品的最优价格和相应的需求代入利润函数可得 $\pi_F^{CJ*} = \dfrac{[a+\alpha d(z+w)]^2}{4} - d^2(1+\alpha)\{[\theta+(1-\theta)\gamma]z+w\} + \dfrac{\{\alpha dw(2-\gamma)+dz\alpha(1-\gamma)+b[2+k(1-\gamma)-\gamma]\}[b(2+k+k\gamma)+d\alpha(z+2w+z\gamma)]}{(3-\gamma)^2} + \to$

$\dfrac{[b(1+2k)+\alpha d(2z+w)]^2}{(3-\gamma)^2}\gamma$ 和 $\pi_S^{CJ*}=\left\{\dfrac{[b(1+2k)+\alpha d(2z+w)]^2}{(3-\gamma)^2}-d^2z(1-\theta)(1+\alpha)\right\}(1-\gamma)$。

根据引理6-2,本节分析了平台自营产品与第三方卖家的产品联合促销情形下的产品均衡价格。命题6-3将讨论平台自营产品和第三方产品原价和促销价关于促销力度的敏感性。

命题6-3(情形CJP价格敏感性分析):当平台与第三方卖家进行联合促销时,①随着促销力度的增大,平台自营产品A和B以及第三方卖家的产品B的原价均升高。②当市场扩张效应较强时,随着促销力度的增大,促销价格(包括平台自营产品A和B的捆绑促销价格,平台自营产品A和第三方卖家的产品B的联合促销价格)升高;然而,当市场扩张效应较弱时,促销价格随着促销力度的增大而降低。

证明:当平台自营产品A和B进行捆绑促销且平台自营产品A与第三方卖家的产品B进行联合促销时,由引理6-2均衡结果可得 $\dfrac{\partial p_A^{CJ*}}{\partial d}=\dfrac{(z+w)\alpha}{2}>0$,$\dfrac{\partial p_{FB}^{CJ*}}{\partial d}=\dfrac{\alpha(z+2w+z\gamma)}{3-\gamma}>0$ 和 $\dfrac{\partial p_{SB}^{CJ*}}{\partial d}=\dfrac{2z\alpha+w\alpha}{3-\gamma}>0$。因此,平台自营产品A和B以及第三方卖家的产品B的原价均随着促销力度的增大而升高。此外,平台自营产品A和B进行捆绑促销的价格为 $p_F^{CJ*}=p_A^{CJ*}+p_{FB}^{CJ*}-d=\dfrac{[a+d(z+w)\alpha-2d](3-\gamma)+2b(2+k+k\gamma)+2d\alpha(z+2w+z\gamma)}{2(3-\gamma)}$,对 p_F^{CJ*} 关于 d 求导可得 $\dfrac{\partial p_F^{CJ*}}{\partial d}=\dfrac{[(z+w)\alpha-2](3-\gamma)+2\alpha(z+2w+z\gamma)}{2(3-\gamma)}$。那么,当 $\alpha\geqslant\dfrac{2(3-\gamma)}{(5-\gamma)(z+w)+2(w+z\gamma)}$ 时,$\dfrac{\partial p_F^{CJ*}}{\partial d}\geqslant 0$;当 $\alpha<\dfrac{2(3-\gamma)}{(5-\gamma)(z+w)+2(w+z\gamma)}$ 时,$\dfrac{\partial p_F^{CJ*}}{\partial d}<0$。同理,平台自营产品A和第三方卖家的产品B进行联合促销时的联合促销价格为 $p_S^{CJ*}=p_A^{CJ*}+p_{SB}^{CJ*}-d=\dfrac{[a+d(z+w)\alpha-2d](3-\gamma)+2b(1+2k)+2d\alpha(w+2z)}{2(3-\gamma)}$,则可得

$\dfrac{\partial p_S^{CJ*}}{\partial d}=\dfrac{[(z+w)\alpha-2](3-\gamma)+2\alpha(w+2z)}{2(3-\gamma)}$。那么,当 $\alpha\geqslant\dfrac{2(3-\gamma)}{(5-\gamma)(z+w)+2z}$ 时,$\dfrac{\partial p_S^{CJ*}}{\partial d}\geqslant 0$;当 $\alpha<\dfrac{2(3-\gamma)}{(5-\gamma)(z+w)+2z}$ 时,$\dfrac{\partial p_S^{CJ*}}{\partial d}<0$。因此,当市场扩张效应较强时,随着促销力度的增大,平台自营产品A和B的捆绑促销价格以及平台自营产品A和第三方卖家的产品B的联合促销价均会升高;然而,当市场扩张效应较弱时,随着促销力度的增大,平台自营产品A和B以及平台自营产品A和第三方卖家的产品B的联合促销价均会降低。

命题6-3表明,当平台自营产品A和B进行捆绑促销且自营产品A与第三方卖家的产品B进行联合促销时,随着促销力度的增大,产品原价均升高;而促销价的单调性依赖于市场扩张效应的强度,类似于命题6-2。命题6-4给出了平台和第三方卖家联合促销时的自营产品与第三方卖家的产品的定价策略。

命题 6-4(情形 CJP 定价策略)：如果平台和第三方卖家进行联合促销，①平台和第三方卖家总是通过销售其原价产品获利（$p_A^{CJ*}, p_{SB}^{CJ*}, p_{FB}^{CJ*} > 0$）。②当市场扩张效应较强或者促销力度较小时，平台和第三方卖家均能从销售促销价的产品(包括平台自营产品的捆绑促销以及平台自营产品与第三方卖家的产品的联合促销)中获利（$p_A^{CJ*} + p_{FB}^{CJ*} - d \geq 0, p_A^{CJ*} + p_{SB}^{CJ*} - d \geq 0$），否则，当市场扩张效应较弱且促销力度较大时，平台和第三方卖家会补贴购买促销价产品的消费者（$p_A^{CJ*} + p_{FB}^{CJ*} - d < 0, p_A^{CJ*} + p_{SB}^{CJ*} - d < 0$）。

证明：根据引理 6-2 的均衡价格，可以得到 $p_A^{CJ*} = \frac{1}{2}[a + d(z+w)\alpha] > 0$，$p_{FB}^{CJ*} = \frac{b(2+k+k\gamma) + d\alpha(z+2w+z\gamma)}{3-\gamma} > 0$ 和 $p_{SB}^{CJ*} = \frac{b+2bk+2dz\alpha+dw\alpha}{3-\gamma} > 0$。则联合促销价为 $p_F^{CJ*} = p_A^{CJ*} + p_{FB}^{CJ*} - d = \frac{d\alpha[(7-\gamma)(z+w) - 2z(1-\gamma)] + 2b(2+k+k\gamma) - 2(3-\gamma)d + a(3-\gamma)}{2(3-\gamma)}$，因此，当 $\alpha \geq \frac{2(3-\gamma) + 2z(1-\gamma)}{(w+z)(7-\gamma)}$ 或者 $d \leq \frac{2b(2+k+k\gamma) + a(3-\gamma)}{2(3-\gamma) - \alpha(w+z)(7-\gamma) + 2z(1-\gamma)}$ 时，$p_A^{CJ*} + p_{FB}^{CJ*} - d \geq 0$，当 $\alpha < \frac{2(3-\gamma) + 2z(1-\gamma)}{(w+z)(7-\gamma)}$ 且 $d > \frac{2b(2+k+k\gamma) + a(3-\gamma)}{2(3-\gamma) - \alpha(w+z)(7-\gamma) + 2z(1-\gamma)}$ 时，$p_A^{CJ*} + p_{FB}^{CJ*} - d < 0$。同理可得，$p_S^{CJ*} = p_A^{CJ*} + p_{SB}^{CJ*} - d = \frac{2b(1+2k) + 2dz\alpha + \alpha d(z+w)(5-\gamma) - 2(3-\gamma)d + a(3-\gamma)}{2(3-\gamma)}$，则当 $\alpha \geq \frac{2(3-\gamma)}{(w+z)(5-\gamma) - 2z}$ 或者 $d \leq \frac{2b(1+2k) + a(3-\gamma)}{2(3-\gamma) - \alpha(w+z)(5-\gamma) + 2z\alpha}$ 时，$p_A^{CJ*} + p_{FB}^{CJ*} - d \geq 0$，当 $\alpha < \frac{2(3-\gamma)}{(w+z)(5-\gamma) - 2z}$ 且 $d > \frac{2b(1+2k) + a(3-\gamma)}{2(3-\gamma) - \alpha(w+z)(5-\gamma) + 2z\alpha}$ 时，$p_A^{CJ*} + p_{FB}^{CJ*} - d < 0$。

显然，平台自营产品的定价策略与命题 6-1 和命题 6-2 的较为相似。此外，由于第三方卖家参与联合促销决策，第三方卖家的产品的定价策略与自营产品的相关结论基本一致。

6.3 策略对比分析

在平台自营产品和第三方卖家的产品竞争情境下，本节首先对比了第三方卖家的产品未参与联合促销和参与联合促销两种情形下的均衡价格和需求，分析了平台自营产品和第三方卖家的产品的联合促销如何影响产品定价以及需求。然后通过对比平台自营产品和第三方卖家的产品联合促销前后平台和第三方卖家的利润来探讨其联合促销策略。

6.3.1 均衡价格及需求对比分析

根据 6.2 节的市场配置均衡结果，本节将对比分析平台自营产品与第三方卖家的产品联合促销前后的价格和需求。命题 6-5 给出了平台自营产品和第三方卖家的产品的联合促销如何影响其产品定价。

命题 6-5（均衡价格对比）：在平台自营产品与第三方卖家的产品竞争情境下，①自营产品 A 和第三方卖家的产品 B 在联合促销情形下的原价均高于未联合促销情形的产品原价（$p_A^{CJ*} > p_A^{C*}$，$p_{SB}^{CJ*} > p_{SB}^{C*}$）；②当平台向第三方卖家收费时的佣金率较高$\left(\gamma > \frac{2t-z}{z}\right)$且市场扩张效应较弱$\left[\alpha < \frac{dt(1-\gamma)}{d(z-2t+z\gamma)}\right]$时，平台自营产品 A 与第三方卖家的产品 B 的联合促销会使平台降低其自营产品 B 的原价，否则$\left[\gamma \leqslant \frac{2t-z}{z}\text{或者}\alpha \geqslant \frac{dt(1-\gamma)}{d(z-2t+z\gamma)}\right]$，平台在联合促销情形下会提高其自营产品 B 的原价；③当且仅当平台向第三方卖家收费时的佣金率较低$\left(\gamma \leqslant \frac{7t-5z}{z+t}\right)$或者市场扩张效应较强$\left[\alpha \geqslant \frac{2dt(1-\gamma)}{dz(5+\gamma)-dt(7-\gamma)}\right]$时，联合促销情形下自营产品的捆绑促销价格高于非联合促销情形。

证明：根据引理 6-1 和引理 6-2 的均衡价格，通过对比平台的自营产品与第三方卖家的产品联合促销前后的原价可以得到 $p_A^{CJ*} - p_A^{C*} = \frac{d\alpha(z-t)}{2} > 0$，$p_{SB}^{CJ*} - p_{SB}^{C*} = \frac{d(2z\alpha+t-t\alpha)}{3-\gamma} > 0$，$p_{FB}^{CJ*} - p_{FB}^{C*} = \frac{d\alpha(z+z\gamma-2t)-dt(1-\gamma)}{3-\gamma}$。当 $\gamma \leqslant \frac{2t-z}{z}$ 或者 $\alpha \geqslant \frac{dt(1-\gamma)}{d(z-2t+z\gamma)}$ 时，$p_{FB}^{CJ*} - p_{FB}^{C*} \geqslant 0$；当 $\gamma > \frac{2t-z}{z}$ 且 $\alpha < \frac{dt(1-\gamma)}{d(z-2t+z\gamma)}$ 时，$p_{FB}^{CJ*} - p_{FB}^{C*} < 0$。此外，通过对比联合促销前后平台自营产品 A 和 B 的捆绑促销价格可得 $(p_A^{CJ*} + p_{FB}^{CJ*} - d) - (p_A^{C*} + p_{FB}^{C*} - d) = \frac{d\alpha(z-t)}{2} + \frac{d\alpha(z+z\gamma-2t)-dt(1-\gamma)}{3-\gamma}$。因此，当且仅当 $\gamma \leqslant \frac{7t-5z}{z+t}$ 或者 $\alpha \geqslant \frac{2dt(1-\gamma)}{dz(5+\gamma)-dt(7-\gamma)}$ 时，$(p_A^{CJ*} + p_{FB}^{CJ*} - d) - (p_A^{C*} + p_{FB}^{C*} - d) \geqslant 0$；当 $\gamma > \frac{7t-5z}{z+t}$ 且 $\alpha < \frac{2dt(1-\gamma)}{dz(5+\gamma)-dt(7-\gamma)}$ 时，$(p_A^{CJ*} + p_{FB}^{CJ*} - d) - (p_{FB}^{C*} + p_A^{C*} - d) < 0$。

命题 6-5 揭示了在平台自营产品与第三方卖家的产品竞争情境下，第三方卖家参与联合促销如何影响产品原价、自营产品的捆绑促销价格以及自营产品与第三方卖家的产品的联合促销价格。显然，当平台自营产品与第三方卖家的产品进行联合促销时，市场扩张效应的增强会进一步地扩大产品 A 和 B 的市场规模，从而使平台提高其自营产品 A 的价格以及第三方卖家提高其产品 B 的价格。同时，平台自营产品 A 与第三方卖家的产品 B 的联合促销也会影响平台自营产品 B 的定价。当佣金率较低或者市场扩张效应较强时，由于市场规模的扩大，第三方卖家参与联合促销会缓和平台自营产品与第三方卖家的产品 B 的竞争。因此，平台会提高其自营产品 B 的原价。在此基础上，平台自营产品 A 和 B 的捆绑促销价格也随之升高。命题 6-5 表明,第三方卖家参与联合促销会通过提高产品原价来获利,但却会影响平台其他自营产品的价格,并且对其他产品价格的影响取决于市场扩张效应强度和佣金率的高低。命题 6-6 将对比分析自营产品与第三方卖家的产品联合促销后的促销价格与联合促销前的产品原价。

命题 6-6(联合促销价与原价对比):在平台自营产品与第三方卖家的产品竞争情境下,当且仅当佣金率较高 $\left(\gamma > \frac{7t-5z}{z+t}\right)$ 且市场扩张效应较强 $\left[\alpha > \frac{2t(1-\gamma)+2(3-\gamma)}{z(5+\gamma)-(7-\gamma)t}\right]$ 时,平台自营产品 A 与第三方卖家的产品 B 进行联合促销时的联合促销价高于其未进行联合促销时的产品原价。

证明:根据引理 6-1 和引理 6-2 的均衡价格,平台自营产品与第三方卖家的产品进行联合促销时的联合促销价格可表示为 $p_F^{CJ*} = p_A^{CJ*} + p_{FB}^{CJ*} - d = \frac{[a+d(z+w)\alpha-2d](3-\gamma)+2b(2+k+k\gamma)+2d\alpha(z+2w+z\gamma)}{2(3-\gamma)}$,促销前的总价为 $p_F^{C*} = p_A^{C*} + p_{FB}^{C*} = \frac{a(3-\gamma)+2dt(1-\gamma)+(7-\gamma)d(w+t)\alpha+2b(2+k+k\gamma)}{2(3-\gamma)}$,通过对比联合促销前后的价格 p_F^{C*} 和 p_F^{CJ*} 可得 $p_F^{C*} - p_F^{CJ*} = \frac{d[2t(1-\gamma)+(7-\gamma)t\alpha+2(3-\gamma)-2\alpha z(5+\gamma)]}{2(3-\gamma)}$。由于 $w \geq z \geq t$,当 $\gamma \leq \frac{7t-5z}{z+t}$ 或者 $\alpha \leq \frac{2t(1-\gamma)+2(3-\gamma)}{z(5+\gamma)-(7-\gamma)t}$ 时,$p_F^{CJ*} - p_F^{C*} \leq 0$;当 $\gamma > \frac{7t-5z}{z+t}$ 且 $\alpha > \frac{2t(1-\gamma)+2(3-\gamma)}{z(5+\gamma)-(7-\gamma)t}$ 时,$p_F^{CJ*} - p_F^{C*} > 0$。因此,当且仅当 $\gamma > \frac{7t-5z}{z+t}$ 且 $\alpha > \frac{2t(1-\gamma)+2(3-\gamma)}{z(5+\gamma)-(7-\gamma)t}$ 时,平台自营产品 A 与第三方卖家的产品 B 联合促销时的促销价高于其未进行联合促销时其产品原价。

命题 6-6 表明,平台自营产品与第三方卖家的产品在进行联合促销时,其联合促销价并不总是低于其未进行联合促销时的产品原价。原因在于,较高的佣金率以及较强的市场扩张效应会缓和平台自营产品与第三方卖家的产品竞争,从而使平台和第三方卖家提高产品原价以及联合促销价,甚至超过平台自营产品与第三方卖家的产品未进行联合促销时的产品价格,此时,消费者在促销活动期间购买联合促销产品并不一定能从中受益。事实上,大多数平台向第三方卖家收费时的佣金率较低,如 2020 年京东商城各类目资费一览表中手机配件的佣金率仅 2%[①]。因此,大多数情况下,购买联合促销产品能给消费者带来优惠。接下来,命题 6-7 将探讨平台与第三方卖家联合促销如何影响平台自营产品和第三方卖家的产品的需求。

命题 6-7(需求对比):在平台自营产品与第三方卖家的产品竞争情境下,①第三方卖家参

---

① https://www.yubaibai.com.cn/article/5615324.html。

与联合促销会使平台自营产品 A 和第三方卖家的产品 B 的需求均增加($D_A^{CJ*}>D_A^{C*}$,$D_{SB}^{CJ*}>D_{SB}^{C*}$)。②当平台向第三方卖家收费时的佣金率较低$\left(\gamma<\frac{z-2t}{z-t}\right)$且市场扩张效应较弱$\left[\alpha<\frac{t}{z(1-\gamma)-t(2-\gamma)}\right]$时,平台自营产品 A 与第三方卖家的产品 B 进行联合促销会使自营产品 B 的需求降低;否则$\left[\gamma\geqslant\frac{z-2t}{z-t}或者\alpha\geqslant\frac{t}{z(1-\gamma)-t(2-\gamma)}\right]$,平台自营产品 B 的需求增加。

证明:根据引理 6-1 和引理 6-2 的均衡结果,当平台自营产品与第三方卖家的产品未进行联合促销时,可得 $D_A^{C*}=\frac{a+[d(w+t)]\alpha}{2}$,$D_{FB}^{C*}=\frac{b(2+k-\gamma-k\gamma)+dt+\alpha(dw+dt)(2-\gamma)}{3-\gamma}$ 和 $D_{SB}^{C*}=\frac{b+2bk-dt+d(w+t)\alpha}{3-\gamma}$。当平台与第三方卖家对它们的产品进行联合促销时,可得 $D_{SB}^{CJ*}=\frac{b+2bk+[d(2z+w)]\alpha}{3-\gamma}$,$D_{FB}^{CJ*}=\frac{d\alpha[w(2-\gamma)+z(1-\gamma)]+b[2+k(1-\gamma)-\gamma]}{3-\gamma}$ 以及 $D_A^{CJ*}=\frac{a+d(w+z)\alpha}{2}$。由于 $w\geqslant z\geqslant t$,易得 $D_A^{CJ*}>D_A^{C*}$,$D_{SB}^{CJ*}>D_{SB}^{C*}$。此外,通过对比联合促销前后平台自营产品 B 的需求,可得 $D_{FB}^{CJ*}-D_{FB}^{C*}=\frac{d\alpha[z(1-\gamma)-t(2-\gamma)]-dt}{3-\gamma}$。当 $\gamma\geqslant\frac{z-2t}{z-t}$ 或者 $\alpha\geqslant\frac{t}{z(1-\gamma)-t(2-\gamma)}$ 时,$D_{FB}^{CJ*}-D_{FB}^{C*}\geqslant 0$;当 $\gamma<\frac{z-2t}{z-t}$ 且 $\alpha<\frac{t}{z(1-\gamma)-t(2-\gamma)}$ 时,$D_{FB}^{CJ*}-D_{FB}^{C*}<0$。

结果表明,尽管平台自营产品与第三方卖家的产品提供相同的产品会产生竞争,但第三方卖家参与联合促销仍然会增加平台自营产品 A 和第三方卖家的产品 B 的需求,但却可能会降低平台自营产品 B 的需求。当平台向第三方卖家收费时的佣金率较低且市场扩张效应较弱时,尽管平台上消费者的市场规模有所扩大,但第三方卖家参与联合促销加剧了平台自营产品与第三方卖家的产品的竞争。第三方卖家通过联合促销使更多的消费者从购买平台自营产品转移到购买第三方卖家的产品而使得平台自营产品 B 的需求降低。

6.3.2 均衡利润对比分析

本节在平台自营产品 A 和 B 进行捆绑促销的前提下,讨论平台的联合促销发布决策以及第三方卖家的参与决策。首先,通过对比引理 6-1 和引理 6-2 中平台的均衡利润,命题 6-8 讨论了平台在何种条件下会向第三方卖家推出联合促销方案。

命题 6-8(平台联合促销发布决策)[①]:在平台自营产品与第三方卖家的产品竞争情境下,

---

① $O_1=dz^2(1+\gamma)(13-3\gamma)-dt^2(5-\gamma)^2$,$Q_1=2\{a(t-v)+2d\{t-z[\theta(1-\gamma)+\gamma]\}\}(3-\gamma)^2-4\{(dt^2-bz)(4-\gamma)(1-\gamma)+bt(4-\gamma)(2+k+k\gamma)-2kbz[1+(4-\gamma)\gamma]\}$ 且 $R_1=4d\{t(3-\gamma)^2-t^2-z(3-\gamma)^2[\theta+(1-\theta)\gamma]\}-4bt\{(4-\gamma)(1-\gamma)+k[2-(5-\gamma)\gamma]\}$。

①如果联合促销时促销力度对自营产品和第三方卖家的产品 B 的需求的影响程度均较大或者较小,平台会向第三方卖家推出联合促销方案;②如果联合促销时促销力度对自营产品和第三方卖家的产品 B 需求的影响程度中一方较大而另一方较小,平台不会推出联合促销方案。

证明:根据引理 6-1 和引理 6-2 中平台的均衡结果,对比平台自营产品捆绑促销前后的利润,则有 $\Delta \pi_F^{CJ*} = \pi_F^{CJ*} - \pi_F^{C*} = 2dv\alpha[t\alpha(5-\gamma)^2 + 2t(4-\gamma)(1-\gamma) - z\alpha(17-\gamma^2)] - (O_1\alpha^2 + Q_1\alpha + R_1)$。由引理 6-1 和引理 6-2 的限制条件可知 $d \leq \min\left\{\dfrac{a}{(z+w)(2+\alpha)}, \dfrac{b[2+k-(1+k)\gamma]}{w(3+\alpha-\gamma)-t\alpha(1-\gamma)}\right\}$,因此,当且仅当以下两个条件之一成立:① $z \geq \dfrac{2t(\alpha(5-\gamma)^2 + 2(4-\gamma)(1-\gamma)}{\alpha(17-\gamma^2)}$ 且 $w \geq \dfrac{O_1\alpha^2 + Q_1\alpha + R_1}{2d\alpha[v\alpha(5-\gamma)^2 + 2t(4-\gamma)(1-\gamma) - z\alpha(17-\gamma^2)]}$;或者② $z \leq \dfrac{2t(\alpha(5-\gamma)^2 + 2(4-\gamma)(1-\gamma)}{\alpha(17-\gamma^2)}$ 且 $w \leq \dfrac{O_1\alpha^2 + Q_1\alpha + R_1}{2d\alpha[v\alpha(5-\gamma)^2 + 2t(4-\gamma)(1-\gamma) - z\alpha(17-\gamma^2)]}$ 时,$\Delta\pi_F^{CJ*} \geq 0$。当且仅当以下两条件之一成立:① $z \geq \dfrac{2t(\alpha(5-\gamma)^2 + 2(4-\gamma)(1-\gamma)}{\alpha(17-\gamma^2)}$ 且 $w < \dfrac{O_1\alpha^2 + Q_1\alpha + R_1}{2d\alpha[v\alpha(5-\gamma)^2 + 2t(4-\gamma)(1-\gamma) - z\alpha(17-\gamma^2)]}$;或者② $z < \dfrac{2t(\alpha(5-\gamma)^2 + 2(4-\gamma)(1-\gamma)}{\alpha(17-\gamma^2)}$ 且 $w \geq \dfrac{O_1\alpha^2 + Q_1\alpha + R_1}{2d\alpha[v\alpha(5-\gamma)^2 + 2t(4-\gamma)(1-\gamma) - z\alpha(17-\gamma^2)]}$ 时,$\Delta\pi_F^{J*} < 0$ 成立。

命题 6-8 表明,平台对于联合促销的发布决策取决于促销力度对平台自营产品需求的影响程度,如图 6-1 所示。其中"OJP"代表平台向第三方卖家推出联合促销方案,"NOP"代表平台未推出联合促销方案。如果联合促销时促销力度对平台自营产品和第三方卖家的产品 B 需求的影响程度均较大,更多购买原价产品的消费者会转移到购买联合促销产品。此时,由于市场扩张效应的存在,购买联合促销产品的消费者的增加会吸引更多消费者参与购买决策。同时,联合促销刺激消费者购买多种产品,即购买联合促销的两种产品 A 和 B。因此,平台通过销售更多的自营产品或者获得更多的佣金收益来获得利润。当促销力度对自营产品和第三方卖家的产品 B 需求的影响程度均较小时,根据命题 6-5 和命题 6-6,平台在联合促销情形下会提高其自营产品原价并通过较高的自营产品单品利润获利而推出联合促销方案。否则,当促销力度对自营产品和第三方卖家的产品 B 需求的影响程度的一方影响程度较大,而另一方影响程度较小时,由于自营产品 A 和第三方卖家的产品 B 的联合促销会加剧平台和第三方卖家销售产品 B 的竞争而降低自营产品的单品利润,平台将不会向第三方卖家推出联合促销方案。

从企业的角度看,平台会选择促销力度对自营产品和第三方卖家的产品需求的影响程度一致的自营产品进行联合促销。这为许多电商平台选择同品类产品进行联合促销提供了一定的理论依据。例如,在购物节期间,平台会进行各种同品类产品满减促销活动。比较典型的有美妆产品"满 199 减 100 元"活动、电脑数码产品五折活动、运动户外产品"满 200 减 30 元"活动。

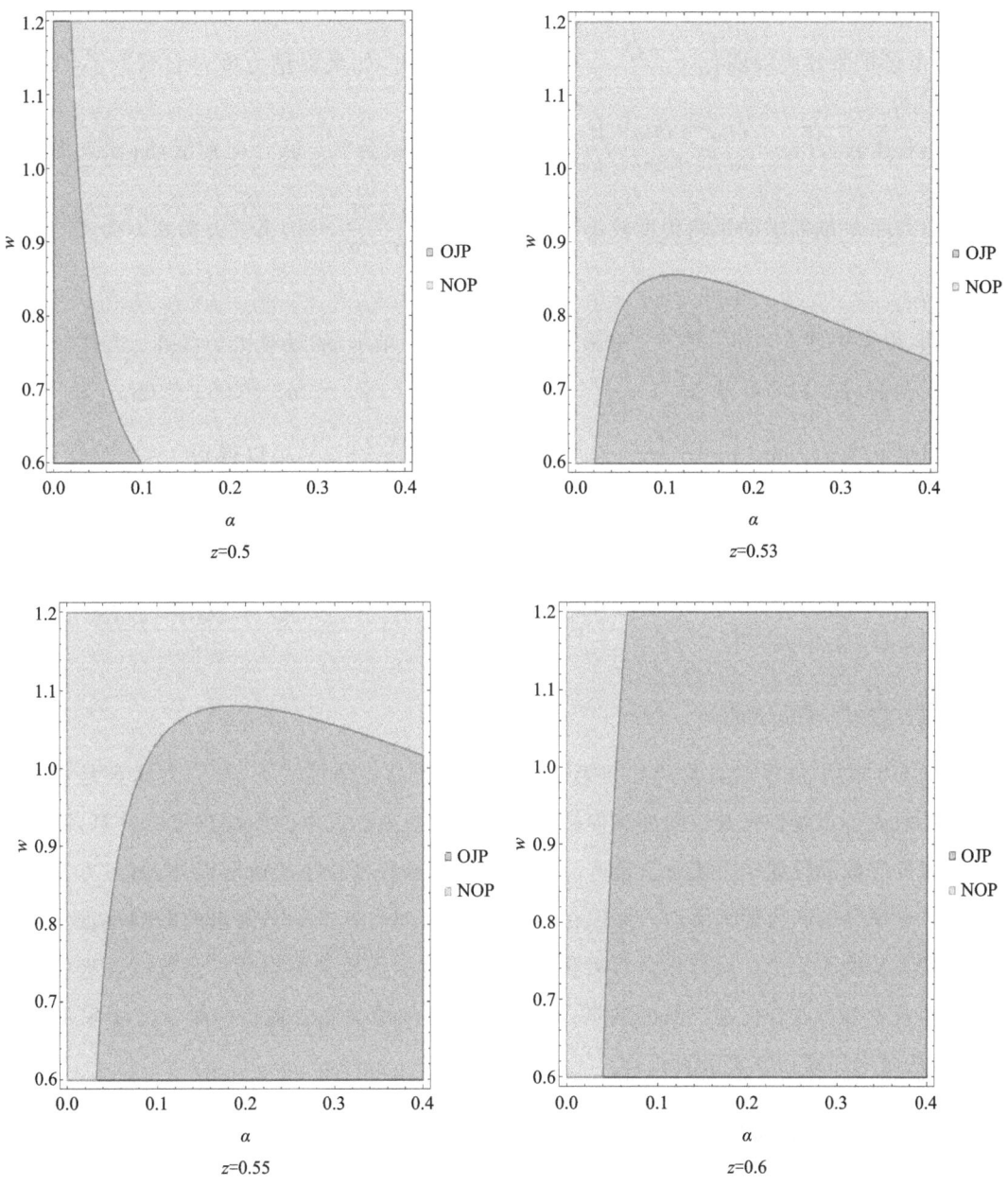

(a=9,b=2.9,k=0.4,t=0.1,d=1.9,v=0.45,γ=0.05)

图 6-1 平台的联合促销发布决策

当平台推出联合促销方案时,第三方卖家会做出参与决策。因此,命题 6-9 阐述了第三方卖家关于联合促销的参与决策。

命题 6-9（第三方卖家联合促销参与决策）[①]：在平台自营产品与第三方卖家的产品竞争情境下，①当市场扩张效应较强 $\left(\alpha \geqslant \dfrac{-Q_2 - \sqrt{Q_2^2 - 4O_2R_2}}{2O_2}\right)$ 时，第三方卖家会参与联合促销活动；②当市场扩张效应较弱 $\left(\alpha < \dfrac{-Q_2 - \sqrt{Q_2^2 - 4O_2R_2}}{2O_2}\right)$ 时，如果促销力度对自营产品 B 的需求的影响程度较大 $\left[w \geqslant \dfrac{O_2\alpha^2 + Q_2\alpha + R_2}{2d\alpha(t + 2z\alpha - t\alpha)}\right]$ 时，第三方卖家会参与联合促销活动；如果促销力度对自营产品 B 的需求的影响程度较小 $\left[w < \dfrac{O_2\alpha^2 + Q_2\alpha + R_2}{2d\alpha(t + 2z\alpha - t\alpha)}\right]$ 时，第三方卖家不会参与联合促销活动。

证明：根据引理 6-1 和引理 6-2 中第三方卖家的均衡结果，通过对比平台第三方卖家的产品联合促销前后的利润可得 $\Delta\pi_S^{CJ*} = \pi_S^{CJ*} - \pi_S^{C*} = 2wd\alpha(t + 2z\alpha - t\alpha) - (O_2\alpha^2 + Q_2\alpha + R_2)$。由均衡的限制条件 $d \leqslant \min\left\{\dfrac{a}{(z+w)(2+\alpha)}, \dfrac{b[2 + k - (1+k)\gamma]}{w(3+\alpha-\gamma) - t\alpha(1-\gamma)}\right\}$，可以得到 $O_2 < 0$ 且 $Q_2 < R_2$。因此，当且仅当以下两条件之一成立：① $\alpha \geqslant \dfrac{-Q_2 - \sqrt{Q_2^2 - 4O_2R_2}}{2O_2}$；或者② $\alpha < \dfrac{-Q_2 - \sqrt{Q_2^2 - 4O_2R_2}}{2O_2}$ 且 $w \geqslant \dfrac{O_2\alpha^2 + Q_2\alpha + R_2}{2d\alpha(t + 2z\alpha - t\alpha)}$ 时，$\Delta\pi_S^{CJ*} \geqslant 0$ 成立。当且仅当 $\alpha < \dfrac{-Q_2 - \sqrt{Q_2^2 - 4O_2R_2}}{2O_2}$ 且 $w < \dfrac{O_2\alpha^2 + Q_2\alpha + R_2}{2d\alpha(t + 2z\alpha - t\alpha)}$ 时，$\Delta\pi_S^{CJ*} < 0$。

命题 6-9 表明，在平台自营产品与第三方卖家的产品竞争情境下，第三方卖家是否参与联合促销取决于市场扩张效应强度和促销力度对自营产品的需求的影响程度。并且，除了在市场扩张效应较弱且促销力度对自营产品 B 需求的影响程度较小的情形以外，第三方卖家均会参与平台举办的联合促销活动。原因在于，促销力度对自营产品 B 需求的影响程度较大会刺激消费者从购买原价产品转化为购买联合促销价产品，而较强的市场扩张效应会吸引更多的潜在消费者参与联合促销产品的购买。它们均会增加参与联合促销的第三方卖家的产品的需求，从而增加第三方卖家的利润。

6.3.3 联合促销策略分析

根据命题 6-8 和命题 6-9，命题 6-10 描述了在何种条件下自营产品与第三方会进行联合促销策略。

[①] $O_2 = -d(4z^2 - t^2)$，$Q_2 = -2b(1+2k)(2z-t) - 2dt^2 - dz[\theta(9-5\gamma) - (3-\gamma)^2]$ 且 $R_2 = dt^2 - 2b(1+2k)t + dt(1-\theta)(3-\gamma)^2$。

命题 6-10(联合促销策略)[①]：在自营产品与第三方卖家的产品竞争情境下，①如果联合促销时促销力度对第三方卖家的产品 B 的需求的影响程度较大 $\left\{z \geqslant \dfrac{2t[\alpha(5-\gamma)^2+2(4-\gamma)(1-\gamma)]}{\alpha(17-\gamma^2)}\right\}$，当促销力度对自营产品 B 需求的影响程度较大 $\left\{w > \max\left\{\dfrac{O_1\alpha^2+Q_1\alpha+R_1}{2d\alpha[t\alpha(5-\gamma)^2+2t(4-\gamma)(1-\gamma)-z\alpha(17-\gamma^2)]}, \dfrac{O_2\alpha^2+Q_2\alpha+R_2}{2d\alpha(t+2z\alpha-t\alpha)}\right\}\right\}$ 时，平台和第三方卖家会实行联合促销策略；当促销力度对自营产品 B 需求的影响程度较小 $\left\{w < \max\left\{\dfrac{O_1\alpha^2+Q_1\alpha+R_1}{2d\alpha[t\alpha(5-\gamma)^2+2t(4-\gamma)(1-\gamma)-z\alpha(17-\gamma^2)]}, \dfrac{O_2\alpha^2+Q_2\alpha+R_2}{2d\alpha(t+2z\alpha-t\alpha)}\right\}\right\}$ 时，平台和第三方卖家不会进行联合促销。②如果联合促销时促销力度对第三方卖家的产品 B 的需求影响程度较小 $\left\{z < \dfrac{2t[\alpha(5-\gamma)^2+2(4-\gamma)(1-\gamma)]}{\alpha(17-\gamma^2)}\right\}$，当促销力度对自营产品 B 需求的影响程度适中 $\left\{\dfrac{O_2\alpha^2+Q_2\alpha+R_2}{2d\alpha(t+2z\alpha-t\alpha)} \leqslant w \leqslant \dfrac{O_1\alpha^2+Q_1\alpha+R_1}{2d\alpha[t\alpha(5-\gamma)^2+2t(4-\gamma)(1-\gamma)-z\alpha(17-\gamma^2)]}\right\}$ 时，平台和第三方卖家会实行联合促销策略；当促销力度对自营产品 A 需求的影响程度较大或者较小 $\left\{w < \dfrac{O_2\alpha^2+Q_2\alpha+R_2}{2d\alpha(t+2z\alpha-t\alpha)} \text{或者} w > \dfrac{O_1\alpha^2+Q_1\alpha+R_1}{2d\alpha[t\alpha(5-\gamma)^2+2t(4-\gamma)(1-\gamma)-z\alpha(17-\gamma^2)]}\right\}$ 时，平台和第三方卖家不会进行联合促销。

证明：根据命题 6-8，平台推出联合促销方案的充分必要条件为：① $z \geqslant \dfrac{2t[\alpha(5-\gamma)^2+2(4-\gamma)(1-\gamma)]}{\alpha(17-\gamma^2)}$ 且 $w \geqslant \dfrac{O_1\alpha^2+Q_1\alpha+R_1}{2d\alpha[t\alpha(5-\gamma)^2+2t(4-\gamma)(1-\gamma)-z\alpha(17-\gamma^2)]}$；或者 ② $z \leqslant \dfrac{2t[\alpha(5-\gamma)^2+2(4-\gamma)(1-\gamma)]}{\alpha(17-\gamma^2)}$ 且 $w \leqslant \dfrac{O_1\alpha^2+Q_1\alpha+R_1}{2d\alpha[t\alpha(5-\gamma)^2+2t(4-\gamma)(1-\gamma)-z\alpha(17-\gamma^2)]}$。而由命题 6-9，当且仅当 $w \geqslant \dfrac{O_2\alpha^2+Q_2\alpha+R_2}{2d\alpha(t+2z\alpha-t\alpha)}$ 时，第三方卖家参与联合促销。当且仅当 ① $z \geqslant \dfrac{2t[\alpha(5-\gamma)^2+2(4-\gamma)(1-\gamma)]}{\alpha(17-\gamma^2)}$ 且 $w > \max\left\{\dfrac{O_1\alpha^2+Q_1\alpha+R_1}{2d\alpha[t\alpha(5-\gamma)^2+2t(4-\gamma)(1-\gamma)-z\alpha(17-\gamma^2)]}, \dfrac{O_2\alpha^2+Q_2\alpha+R_2}{2d\alpha(t+2z\alpha-t\alpha)}\right\}$，或者 ② $z < \dfrac{2t[\alpha(5-\gamma)^2+2(4-\gamma)(1-\gamma)]}{\alpha(17-\gamma^2)}$ 且 $\dfrac{O_2\alpha^2+Q_2\alpha+R_2}{2d\alpha(t+2z\alpha-t\alpha)} \leqslant w \leqslant \dfrac{O_1\alpha^2+Q_1\alpha+R_1}{2d\alpha[t\alpha(5-\gamma)^2+2t(4-\gamma)(1-\gamma)-z\alpha(17-\gamma^2)]}$ 时，自营产品与第三方卖家的产品的联合促销会使平台和第三方卖家达成双赢；否则，平台和第三方卖家不会进行联合促销。

命题 6-10 表明，在自营产品 A 和 B 进行捆绑促销的前提下，当且仅当①联合促销力度对自营产品和第三方卖家的产品 B 需求的影响程度均较大，或者②联合促销时促销力度

[①] 参数 O_1, Q_1, R_1, O_2, Q_2 和 R_2 的表达式见命题 6-8 和命题 6-9。

对第三方卖家的产品 B 需求的影响程度较小且促销力度对自营产品 B 需求的影响程度适中时,自营产品 A 与第三方卖家的产品 B 的联合促销会使平台和第三方卖家达成共赢,如图 6-2 所示。其中"CJP"表示自营产品 A 和 B 进行捆绑促销且自营产品 A 与第三方卖家的产品 B 进行联合促销,"CNJ"表示自营产品 A 和 B 进行捆绑促销且自营产品 A 与第三方卖家的产品 B 未进行联合促销。

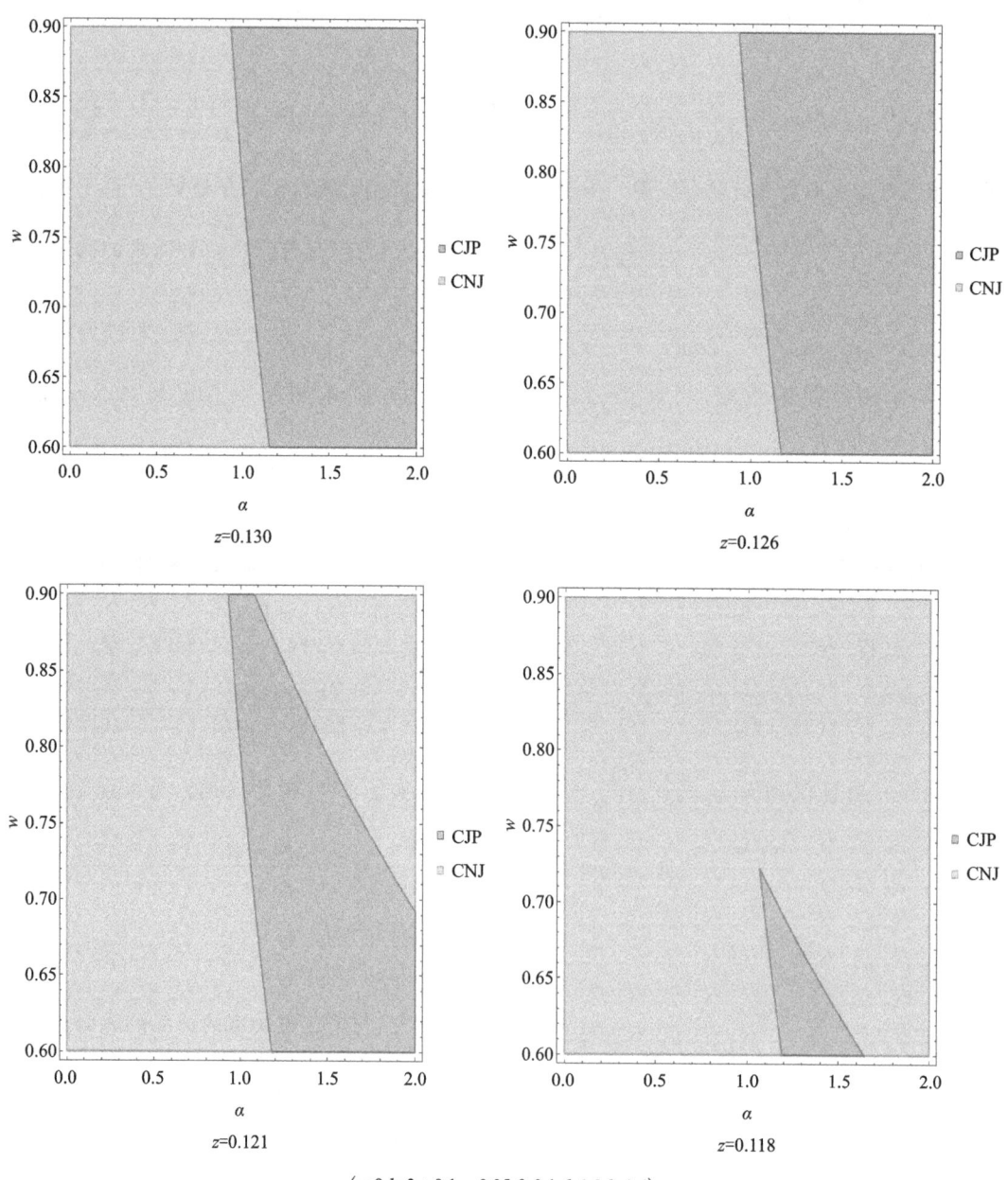

$(a=9, b=3, t=0.1, \gamma=0.05, \theta=0.1, d=1.8, k=0.4)$

图 6-2　自营产品与第三方卖家的产品竞争情境下的联合促销策略

当联合促销时促销力度对第三方卖家的产品 B 的需求的影响程度较小时,根据命题 6-9,如果促销力度对自营产品 B 的需求的影响程度较小,第三方卖家将不会参与联合促销;如果促销力度对自营产品 B 需求的影响程度较大,平台将不会对第三方卖家推出联合促销方案。因此,当联合促销情形下的促销力度对自营产品 B 需求的影响程度较大或者较小时,平台和第三方卖家将不会实行联合促销策略。否则,当促销力度对自营产品 B 需求的影响程度适中时,自营产品与第三方卖家的产品的联合促销将成为平台和第三方卖家的最优策略。此外,当促销力度对自营产品和第三方卖家的产品 B 需求的影响程度较大时,购买原价自营产品和第三方卖家的产品 B 的消费者转化为购买联合促销,则市场扩张效应吸引的潜在消费者人数相应增加。此时,自营产品与第三方卖家的产品 B 的竞争有所缓和,自营产品与第三方卖家的产品 B 的均衡原价升高且均衡需求增加,所以平台和第三方卖家均能通过联合促销获得更高的利润。

命题 6-10 表明,电商平台企业以及第三方卖家应根据促销力度对自营产品和第三方卖家的产品需求的影响程度来决定联合促销策略。在平台自营产品进行捆绑促销的前提下,尽管平台向第三方卖家推出联合促销方案会加剧自营产品和第三方卖家的产品的促销竞争,但平台和第三方卖家均能通过联合促销受益。并且不管平台选择何种产品进行联合促销,总会有第三方卖家选择合适的产品参与联合促销活动使平台和第三方卖家达成共赢。

6.4 讨论与管理洞察

本章是对第 5 章内容的补充,考虑了更一般化的场景,即平台自营产品与第三方卖家的产品竞争情境下的平台和第三方卖家的联合促销决策,并探讨了促销力度、佣金率、促销力度对产品需求的影响程度等因素如何影响平台向第三方卖家推出联合促销方案、第三方卖家参与决策以及它们的联合促销策略。本书的结论与管理洞察如下。

首先,本书讨论了双边市场中自营产品与第三方卖家的产品竞争情境下的联合促销定价策略。从产品定价的敏感性角度看,不管自营产品与第三方卖家的产品是否进行联合促销,随着促销力度的增大,自营产品以及第三方卖家的产品的原价均升高。但是,当市场扩张效应较弱时,自营产品和第三方卖家的产品的联合促销价格随着促销力度的增大而降低;当市场扩张效应较强时,促销价格随着促销力度的增大而升高。从产品定价策略角度看,平台和第三方卖家总是通过销售其原价产品获利,但是平台可以通过调节佣金率和促销力度来补贴以联合促销价购买产品的消费者。从联合促销前后的均衡价格对比角度看,平台和第三方卖家在联合促销情形下有动机去提高它们的产品原价。这些发现为平台企业和商家进行联合促销活动时实施产品的价格歧视、定价策略以及销售策略提供了理论指导。平台企业应该根据自营产品的市场扩张效应、促销成本分摊比例来进行产品定价以及促销力度设置,并策略性地协调其与第三方卖家的产品的竞争。第三方卖家则需根据平台企业联合促销活动的规则和平台收取的佣金费用、产品促销力度以及平台的促销成本分摊比例来确定第三方卖家的产品的定价策略。

其次,本书探究了双边市场中自营产品与第三方卖家的产品的联合促销对产品需求的影响。具体而言,平台自营产品与第三方卖家的产品进行联合促销会使各自产品的需求均增加。然而,当佣金率较低且市场扩张效应较弱时,平台自营产品与第三方卖家的产品进行联合促销会使其他自营产品的需求降低。此外,即使平台向第三方卖家推出联合促销方案可能会降低其他自营产品的需求,平台仍然可以依靠参与联合促销的自营产品需求的增加来获取利润。结论也暗示了平台向第三方卖家推出联合促销方案时需要考虑其对其他竞争性自营产品需求的影响。

最后,本书在自营产品与第三方卖家的产品竞争情境下,提出一些关于平台和第三方卖家联合促销策略的新见解。对于平台而言,当联合促销情形的促销力度对自营产品和第三方卖家的产品需求的影响程度均较大或者较小时,平台会向第三方卖家推出联合促销方案;当促销力度对自营产品和第三方卖家的产品需求的影响程度中一方较大而另一方较小时,平台不会向第三方卖家提供联合促销活动。而对于第三方卖家而言,除市场扩张效应较弱且促销力度对自营产品需求的影响程度较小的情形外,第三方卖家都会参与平台推出的联合促销活动。此外,当且仅当促销力度对自营产品和第三方卖家的产品需求的影响程度均较大,或者促销力度对第三方卖家的产品需求的影响程度较小且其对自营产品需求的影响程度适中时,平台和第三方卖家实施联合促销策略能够达成双赢。相关研究结果为电商平台上的一些现象提供了可能的解释。例如,平台会选择促销力度对自营产品和第三方卖家的产品需求的影响程度一致的自营产品开展联合促销活动,这解释了为什么许多电商平台会按照产品所属品类推出满减促销活动。此外,相关结论也为平台联合促销的发布决策、第三方卖家参与决策以及自营产品与第三方卖家的产品的联合促销策略提供了建议。平台和第三方卖家应该根据市场扩张效应、促销力度对自营产品和第三方卖家的产品需求的影响程度等因素进行联合促销决策。

6.5 本章小结

本章主要讨论了平台自营产品在面对第三方卖家的产品竞争时,平台和第三方卖家的联合促销策略。首先,本章考虑了两种市场配置:①非竞争自营产品进行捆绑促销,第三方卖家的产品不参与促销;②非竞争自营产品进行捆绑促销,同时非竞争自营产品和第三方卖家的产品进行联合促销。其次,通过模型求解出各市场配置的最优产品原价、促销价格、需求及平台和第三方卖家的利润并进行分析。最后,通过对两种市场配置的均衡结果进行对比,探讨了联合促销如何影响平台和第三方卖家的产品定价、产品需求以及商家利润,进一步讨论了在自营产品进行捆绑促销的前提下,平台的联合促销发布决策、第三方卖家的参与决策以及平台自营产品与第三方卖家的产品的联合促销策略选择。

7 总结与展望

本书针对电商平台自营产品与第三方卖家的产品选择及其促销问题,主要进行了以下4项研究:①考虑平台和第三方卖家在销售其自营产品和第三方卖家的产品时的产品选择策略;②在平台自营产品与第三方卖家的产品竞争情境下,考虑市场扩张效应强度、平台向第三方卖家收费时的佣金率、促销参与成本等因素对自营产品和第三方卖家的产品独立促销策略的影响;③考虑平台自营产品与第三方卖家的产品非竞争情境下,市场扩张效应、促销成本分摊比例、佣金率等因素对自营产品和第三方卖家的产品联合促销定价策略的影响;④考虑平台自营产品与第三方卖家的产品竞争情境下,电商平台联合促销的发布决策,第三方卖家参与决策以及平台和第三方卖家的联合促销策略。本章将在总结全书的基础上,阐述本书的管理学贡献并指出未来的研究方向。

7.1 全书总结

本书聚焦于电商平台自营产品与第三方卖家的产品选择及其促销策略,其主要工作和研究结论概括如下。

第一,解决了初创电商平台上平台和第三方卖家的产品选择问题。首先,根据产业实践,本书构建两阶段序贯博弈模型,刻画了初创平台先选择销售自营产品然后第三方卖家进入平台并销售第三方卖家的产品的现实场景。其次,结合双边市场的特性,本书分别考虑了会员费制和佣金费制情形下的平台和第三方卖家对于高端或低端产品类型的选择策略。在此基础上,本书探讨了双边网络外部性、平台的收费制度以及自营产品的竞争强度等因素对平台和第三方卖家产品选择决策的影响,即选择相同类型的竞争性产品还是不同类型的非竞争性产品。研究表明,尽管第三方卖家销售与平台相同的产品时会引起竞争进而降低各自产品的市场份额,但是当自营产品的竞争优势较大,或者自营产品竞争优势较适中且卖家到消费者的网络外部性较强时,平台和第三方卖家仍会选择销售相同类型的竞争性产品。不管平台采用佣金费制还是会员费制,随着自营产品竞争优势的减弱,平台和第三方卖家倾向于选择销售相同类型产品的竞争策略,实施非竞争策略的可能性降低。

第二,解决了电商平台自营产品与第三方卖家的产品的独立促销决策问题。在分析平台和第三方卖家产品选择的基础上,本书探讨了平台和第三方卖家如何通过产品独立促销策略及促销产品选择来扩大市场规模。根据自营产品与第三方卖家的产品促销与否,本书首先构建了4种潜在的市场配置:①自营产品和第三方卖家的产品均未促销;②自营产品促销且第三方卖家的产品未促销;③自营产品未促销且第三方卖家的产品促销;④自营产品和第三方卖家的产品均促销。然后分别求解了这4种配置下的最优产品原价、促销价、均衡需求以及商家的均衡利润,通过对比分析,探讨了电商平台自营产品和第三方卖家的产品的促销策略选择。结果表明,平台自营产品和第三方卖家的产品的促销定价决策取决于市场扩张效应、价格敏感型消费者比例、促销参与成本以及佣金率。当第三方卖家不参与促销活动时,当且仅当市场扩张效应较强且佣金率较高时,自营产品参与促销活动时会降低其产品原价;当第三方卖家参与促销活动时,平台自营产品的促销总是会使自营产品和第三方卖家的产品的原价升高。此外,无论平台还是第三方卖家参与促销活动均能缓和双方产品竞争并达成双赢。随着市场扩张效应的增强,平台和第三方卖家中的一方进行促销,另一方不进行促销更可能成为市场均衡。

第三,进一步考虑了平台和第三方卖家进行促销合作时,平台联合促销的发布决策、第三方卖家的参与决策以及平台和第三方卖家的联合促销定价策略。基于平台和第三方卖家是否参与联合促销活动,本书首先考虑两种潜在市场配置:①自营产品和第三方卖家的产品均未参与促销;②自营产品和第三方卖家的产品进行联合促销。然后通过对比两种市场配置下的产品均衡价格、需求以及商家利润来分析平台和第三方卖家的联合促销策略。研究表明,当自营产品与第三方卖家的产品进行联合促销时,电商平台和第三方卖家总是通过销售其原价产品获利,但是平台可能会通过调节佣金率和促销成本分摊比例来补贴以联合促销价购买产品的消费者。此外,当且仅当市场扩张效应较强,或者市场扩张效应适中且平台的促销成本分摊比例较小时,平台会向第三方卖家推出联合促销活动。进一步地,当佣金率较高且平台的促销成本分摊比例适中时,自营产品与第三方卖家的产品进行联合促销将使平台和第三方卖家均受益。

第四,探讨了更一般化的竞争场景,即平台自营产品和第三方卖家的产品竞争时,平台和第三方卖家的联合促销策略。考虑电商平台上的两个决策主体:平台和第三方卖家,并且平台销售两种独立的产品A和B,而第三方卖家销售产品B。基于平台自营产品和第三方卖家的产品是否进行联合促销,本书考虑两种潜在的市场配置:①平台提供的自营产品A和B进行捆绑促销,与第三方卖家提供的产品B竞争;②平台提供自营产品A分别和自营产品B捆绑促销,以及与第三方卖家的产品B联合促销,通过对比这两种市场配置的均衡结果发现,当且仅当在联合促销情形下,促销力度对自营产品和第三方卖家的产品需求的影响程度均较大或者较小时,平台会向第三方卖家推出联合促销方案。除市场扩张效应较弱且促销力度对自营产品需求的影响程度较小的情形外,第三方卖家在大多数情况下都会参与平台举办的联合促销活动。此外,当且仅当促销力度对自营产品和第三方卖家的产品需求的影响程度均较大,或者促销力度对自营产品需求的影响程度适中且对第三方卖家的产品需求的影响程度较小时,平台和第三方卖家实施联合促销策略能实现共赢。

7.2 管理启示和政策建议

本书不仅为平台商家的产品选择及促销定价策略提供了决策支持和管理启示,还为政府部门与行业组织引导电商平台健康发展提供了参考性建议。

首先,本书为电商平台的产品选择提供了新的见解。在电商平台建立之初,平台应该根据双边网络外部性(即消费者到第三方卖家的网络外部性和第三方卖家到消费者的网络外部性)强度的不同,选择高端产品或者低端产品在平台上销售。对于初创平台,自营产品的选择直接影响到进入平台的消费者基础,平台的消费者基础又会促进第三方卖家加入平台,进一步影响到消费者规模的扩大,由此形成卖家与消费者不断扩大的良性循环系统。这一结论也解释了一些零售企业在不同时期进行平台化转型时选择不同产品组合的原因,并为双边市场诸如"先有鸡还是先有蛋"的问题提供了解决方案。此外,平台应该根据网络外部性的强弱适当地调整其对第三方卖家的收费制度选择以及定价策略。同时,较强的双边网络外部性也可以解释平台在创建初期更愿意补贴卖家使其加入平台这一现象。随着平台发展的日益成熟,相对于固定的预先收取的会员费制,佣金费制可以根据产品的不同进行差异化收费,平台实施佣金费制能更有效地缓和自营产品和第三方卖家的产品间的竞争。从长期看,双边网络外部性会随着社会环境的变化而变化,平台企业需要对第三方卖家实施动态定价的收费策略以实现利润最大化。

其次,本书为电商平台的竞争合作策略提供了一些理论指导。一是在平台和第三方卖家进行产品选择时,尽管第三方卖家选择销售与平台相同的产品会引起竞争,但平台和第三方卖家在自营产品竞争优势较弱时将实行竞争策略。因此,电商平台企业应该向第三方卖家开放其平台,且第三方卖家可能会销售与平台互相竞争的产品,并且此类竞争在一定条件下对平台有利。相关结论也与产业实践结果相一致,例如,当当网、京东等零售平台和第三方卖家不仅提供独立的非竞争性产品,而且提供相同或者相关的竞争性产品。在此基础上,电商平台发展迅速,其产品种类更加齐全,平台向着多样化、多元化、规模化快速发展。二是平台可以通过调整自营产品布局来调节自营产品的竞争优势,以此来缓和自营产品与第三方卖家的产品之间的竞争,调整平台内的产品结构。三是自营产品与第三方卖家的产品的独立促销和联合促销均可成为调节自营产品与第三方卖家的产品竞合关系的手段。在平台企业与第三方卖家促销其产品时,平台应该根据产品的市场扩张效应、促销成本分摊比例、佣金率等因素来设置产品定价以及促销力度,并策略性地协调其与第三方卖家的产品的竞争与合作。

再次,本书为电商平台的独立促销策略提供了一些管理启示。平台和第三方卖家应该根据市场扩张效应强度、促销策略决策以及平台向第三方卖家收费时的佣金率等关键因素制定其独立促销后的产品定价策略。此时,平台和第三方卖家对其产品进行促销不仅能吸引更多的消费者进入平台购买产品,还能刺激消费者重复购买。本书还为消费者的产品购买时机提供建议。对于消费者而言,在电商平台产品进行独立促销时,价格敏感型消费者应该经常关注所需购买产品的价格,并且在大型促销活动期间从多种渠道获取优惠价格购买产品。对于非价格敏感型消费者,其最优决策是在非促销期间购买原价产品。原因在于,电商平台在非促销期设置的产品价格可能低于促销期间的产品原价。此外,平台可以通过促销活动来改变消费者构成比例并动态评估价格敏感型消费者的占比。例如产品促销通过吸引平台外的价格敏感型消费者进入平台,可以增加平台内价格敏感型消费者占比,这也解释了近年来京东频繁地通过促销活动渗透到下沉市场的现象。此外,平台应该根据价格敏感型消费者的比例、市场扩张效应、佣金率、促销参与成本等重要因素考虑自营产品的促销决策,然后进行促销产品选择力求实现平台和第三方卖家双赢。

最后,本书为电商平台自营产品与第三方卖家的产品的联合促销决策提供一些建议。一方面,平台企业应该根据自营产品的市场扩张效应、促销成本分摊比例来进行产品定价以及促销力度设置,并策略性地协调自营产品与第三方卖家的产品的竞争。第三方卖家则需根据平台企业联合促销活动的规则、佣金费、促销力度、促销成本分摊比例等因素进行产品定价决策。另一方面,平台可以通过调整佣金率和促销成本分摊比例或者选择市场扩张效应较强的产品参与联合促销。此外,提高促销参与成本能够增加自营产品与第三方卖家的产品进行联合促销的概率,这也解释了为什么大多数电商平台在进行联合促销时会设置较为复杂且耗时的促销方式。此时,第三方卖家也可以根据电商平台的现状及平台的决策进行产品选择和联合促销参与决策。

此外,本书也为电商平台经济领域的政策制定提供了一些有价值的参考。政策部门和行业组织可以规范零售平台转型规则以及制定平台化转型扶持政策,推动平台经济规范健康持续发展。具体而言,相关部门应该对大型电商平台实施监管,制定反垄断以及防止恶性竞争政策,包括对平台进行产品布局和促销监管,遏制平台的不正当竞争,鼓励第三方卖家和消费者多平台接入等。例如,在京东"618"购物节期间,平台和第三方卖家在促销活动前夕会对产品进行提价,而在促销期间降价出售。此时,消费者会向有关部门反映电商平台的这种价格欺诈现象。为了杜绝此类现象，国家市场监督管理总局出台的《规范促销行为暂行规定》表明，经营者折价、减价，应当标明或者通过其他方便消费者认知的方式表明折价、减价的基准。未标明或者表明基准的，其折价、减价应当以同一经营者在同一经营场所内，在本次促销活动前 7 日内最低成交价格为基准。如果前 7 日内没有交易的，折价、减价应当以本次促销活动前最后一次交易价格为基准。此外，相关部门可以要求电商平台公开产品价格数据并进行价格监管，保证平台上的产品促销价格为活动期间最低价，甚至为全年最低价。此时，电商平台可以通过长期的价格规划来支持相关政策，或者通过改变促销参与成本，选择合适的促销产品等方式来实施促销定价策略。

综上所述，本书丰富和拓展了电商平台产品选择策略、定价策略、促销策略以及竞争合作策略的相关理论，解释了电商平台产品营销实践过程中关于平台收费制度、平台与第三方卖家的产品选择、自营产品与第三方卖家的产品的独立促销与联合促销策略、产品定价及促销定价策略等方面的新的经济现象，为平台企业及其内部商家的产品定价决策、产品策略选择以及消费者产品购买决策提供了建议，还为国家相关政府部门或者行业组织对电商平台经济领域的政策制定和监管提供了参考。

7.3 未来研究展望

尽管本书在考虑电商平台产品选择与促销策略时获得了一定的研究成果，但由于平台、第三方卖家和消费者结构复杂性、交互的多样性以及双边市场情境下的研究要素种类繁多且关系错综复杂，因此本书的研究存在着一定的局限性。未来的研究可从以下几个方面进行深入拓展。

(1) 平台间存在竞争时自营产品与第三方卖家的产品的选择与促销策略。本书考虑的是垄断电商平台环境下的产品选择及促销问题，而现实生活中存在着多平台竞争的情形。当平台和第三方卖家在进行产品选择时，第三方卖家以及消费者的多平台接入均会影响平台的产品选择。同时，平台和第三方卖家在布局其产品时也会面临其他平台的可替代产品带来的竞争。因此，考虑平台间的竞争可以更贴近现实并对相关结论产生影响。例如在天猫"双十一"购物节期间，京东也会举办大型"双十一"促销活动。此时，平台上第三方卖家的多平台接入以及平台间的竞争如何影响产品选择与促销等都是电商平台举办促销活动需要考虑的关键问题。

(2) 电商平台自营产品设计对平台开放策略的影响。当初创平台在布局其自营产品时，不仅需要明确产品的类别、性质、功能等，还要考虑产品组合的长度、宽度、深度、关联度等对产品选择的影响。此外，电商平台自营产品的选择直接影响到其与第三方卖家的产品的交互关系。本书在考虑电商平台与第三方卖家选择同类型的竞争性产品还是非同类型的独立产品时，假设平台总是向第三方卖家开放并且存在大量的第三方卖家加入平台。事实上，平台在提供自营产品时会面临第三方卖家的产品的竞争，而且第三方卖家的加入也会考虑平台的用户规模以及平台相应的配套设施服务。因此，平台的自营产品选择设计及其对第三方卖家的开放策略等问题的研究至关重要。

（3）平台促销活动的设计与管理。在双边市场环境下，平台开展促销活动的时机、时长、促销方式等都会对促销效果产生影响。例如，平台选择节假日开展促销活动，或者在京东"618"购物节进行促销时，促销持续时间长达几十天并覆盖多品类产品。同时，平台的大型促销活动会产生一定的溢出效应，即一种产品的促销会增加平台内其他产品的曝光度，刺激更多的消费者购买多种产品而增加其他未参与促销活动产品的需求。未来的研究可以针对此问题进行深入探讨。

（4）平台促销方式的选择，包括平台自营产品与第三方卖家的产品均不采取促销、采取独立促销、采取联合促销、同时采取独立促销和联合促销4种方式的选择决策。本书在考虑自营产品与第三方卖家的产品进行独立促销和联合促销时，并没有考虑到产品会同时进行独立促销和联合促销。事实上，平台在进行产品促销时，会设置较为复杂的促销方式，例如满减、折扣、预售、限时秒杀等，并且一种产品经常会参与多种促销活动以达到价格歧视的目的。因此，4种不同促销方式的选择将会给平台进行产品促销提供指导和建议，值得进一步研究。

主要参考文献

曹俊浩,陈宏民,孙武军,2010.多平台接入对B2B平台竞争策略的影响——基于双边市场视角[J].财经研究,36(9):91-99.

车雯雯,2010.电子商务C2C平台定价模型及盈利影响因素研究[D].上海:上海交通大学.

陈斐然,朱道立,2021.垄断双边平台的价格策略和数量策略设计问题[J].管理科学学报,24(3):18-31.

陈瑞义,江烨,黄卫东,2018.平台企业新产品预告策略选择研究:垄断与双寡头竞争[J].南京邮电大学学报(社会科学版),20(2):68-78.

池坤鹏,2012.基于双边市场理论的网络团购定价策略研究[D].北京:北京交通大学.

代建生,孟卫东,2014.风险规避下具有促销效应的收益共享契约[J].管理科学学报,17(5):25-34.

范小军,刘艳,2014.制造商引入在线渠道的双渠道价格与服务竞争策略[J].中国管理科学,24(7):143-148.

韩睿,2005.西方促销研究及其启示[J].华东经济管理,19(5):102-105.

郝辽钢,2008.消费者对促销的反应及促销效果研究[D].成都:西南交通大学.

纪汉霖,2011.用户部分多归属条件下的双边市场定价策略[J].系统工程理论与实践,31(1):75-83.

纪汉霖,管锡展,2006.双边市场及其定价策略研究[J].外国经济与管理(3):15-23.

姜璇,程相惠,李沿海,2020.基于收益共享契约的网络零售联合促销策略研究[J].管理工程学报,34(3):122-133.

金磊,陈伯成,肖勇波,2013.双渠道下库存与定价策略的研究[J].中国管理科学,21(3):104-122.

李娟,濮阳小娟,2017.具有折扣销售期的网络零售商定价策略分析[J].管理工程学报,31(3):149-154.

李佩,魏航,2018. 分销,平台还是混合?——零售商经营模式选择研究[J]. 管理科学学报,21(9):50-75.

罗美玲,李刚,梁冬寒,2019. 知名品牌制造商与零售商的联合消费者返利促销[J]. 系统管理学报,28(1):174-184.

骆品亮,傅联英,2014. 零售企业平台化转型及其双边定价策略研究[J]. 管理科学学报,17(10):1-12.

彭讲华,2012. 基于双边市场理论视角下网上购物平台的定价机制研究[D]. 南京:南京财经大学.

万兴,高觉民,2013. 纵向差异化双边市场中平台策略[J]. 系统工程理论与实践,33(4):934-941.

王道平,张博卿,杨岑,2015. 联合促销下网络零售商的动态定价策略[J]. 工业工程与管理,20(4):68-74.

辛欣,2018. 促销方式对消费者感知促销利益和购买意愿的影响研究——基于购物动机和双重加工的调节效应分析[D]. 长春:吉林大学.

殷哲,胡芳芳,2019. 大型网络促销下最优定价与物流补贴策略研究[J]. 工业工程与管理,24(2):88-93.

禹爱民,刘丽文,2012. 随机需求和联合促销下双渠道供应链的竞争与协调[J]. 管理工程学报,26(1):151-155.

赵丽,罗亚,2008. 网络促销活动对消费者购物意愿影响的实证研究[J]. 商业时代,28:31-32+34.

周永卫,范贺花,2015. 随机需求与联合促销下双渠道供应链定价策略[J]. 统计与决策,18:51-55.

ABAD P L,2010. Determining optimal selling price and lot size when the supplier offers all-unit quantity discounts[J]. Decision Sciences,19(3):622-634.

ABHISHEK V,JERATH K,ZHANG Z J,2016. To platform-sell or resell? Channel structures in electronic retailing[J]. Management Science,62(8):2259-2280.

AHN S,KIM H,FORNEY J A,2010. Fashion collaboration or collision? [J]. Journal of Fashion Marketing and Management:An International Journal,14(1):6-20.

ALEXANDER R,TOBIAS W,2013. Piracy in a two-sided software market[J]. Journal of Economic Behavior & Organization,88:78-89.

ARCELUS F J,KUMAR S,SRINIVASAN G,2007. Pricing and rebate policies for the newsvendor problem in the presence of a stochastic redemption rate[J]. International Journal of Production Economics,107(2):467-482.

ARMSTRONG M,2006. Competition in two-sided markets[J]. The RAND Journal of Economics,37(3):668-691.

ARMSTRONG M,WRIGHT J,2007. Two-sided markets,competitive bottlenecks and exclusive contracts[J]. Economic Theory,32(2):353-380.

AUST G, BUSCHER U, 2014. Cooperative advertising models in supply chain management:A review[J]. European Journal of Operational Research,234(1):1-14.

AVIV Y,PAZGAL A,2008. Optimal pricing of seasonal products in the presence of forward-looking consumers [J]. Manufacturing Service Operations Management, 10(3): 339-359.

BAKOS Y,KATSAMAKAS E,2008. Design and ownership of two-sided networks: Implications for Internet platforms[J]. Journal of Management Information Systems,25(2): 171-202.

BANCIU M,GAL-OR E,MIRCHANDANI P,2010. Bundling strategies when products are vertically differentiated and capacities are limited[J]. Management Science,56(12):2207-2223.

BAUNER C,JAENICKE E,EMILY E,et al.,2019. Couponing strategies in competition between a national brand and a private label product[J]. J. Retail.,95(1):57-66.

BELL D R,HILBER C,2006. An empirical test of the theory of sales:do household storage constraints affect consumer and store behavior? [J]. Quant. Market. Econ. ,4(2): 87-117.

BERGEN M,JOHN G,1997. Understanding cooperative advertising participation rates in conventional channels[J]. Journal of Marketing Research,34:357-369.

BERGER P D, MAGLIOZZI T, 1992. Optimal co-operative advertising decisions in direct mail operations[J]. Journal of the Operational Research Society,43(11):1079-1087.

BESANKO D, WINSTON W, 1990. Optimal price skimming by a monopolist facing rational consumption[J]. Marketing Science,36:555-567.

BLATTBERG R C,EPPEN G D,LIEBERMAN J,1981. A theoretical and empirical evaluation of price deals for consumer nondurables [J]. Journal of Marketing, 45 (1): 116-129.

BLUEMELHUBER C,CARTER L L,LAMBE C J,2007. Extending the view of brand alliance effects:An integrative examination of the role of country of origin[J]. International Marketing Review,24(4):427-443.

BRASSINGTON F, PETTIT S, 1997. Principles of marketing[M]. 3rd ed. London: Pitman.

BUCKLIN L P, SENGUPTA S, 1993. Organizing successful co-marketing alliances[J]. Journal of Marketing, 57(2):32-46.

CACHON G P, LARIVIERE M, 2005. Supply chain coordination with revenue sharing contracts: Strengths and limitations[J]. Management Science, 51(1):30-44.

CACHON G P, ROBERT S, 2009. Purchasing, pricing, and quick response in the presence of strategic consumers[J]. Management Science, 55(3):497-511.

CAI G, 2010. Channel selection and coordination in dual-channel supply chains[J]. Journal of Retailing, 86(1):22-36.

CAI G, ZHE G, ZHANG M, 2009. Game theoretical perspectives on dual-channel supply chain competition with price discounts and pricing schemes[J]. International Journal of Production Economics, 117:80-96.

CAO K, XU X, BIAN Y, et al., 2019. Optimal trade-in strategy of business-to-consumer platform with dual-format retailing model[J]. Omega, 82:181-192.

CHANDON P, WANSINK B, LAURENT G, 2000. A benefit congruency framework of sales promotion effectiveness[J]. Journal of Marketing, 64(4):65-81.

CHEN P, ZHAO R, YAN Y, et al., 2020. Promotional pricing and online business model choice in the presence of retail competition[J]. Omega, 281(1):114-128.

CHEN R, ROMA P, 2015. Group buying of competing retailers[J]. Production and Operations Management, 20(2), 181-197.

CHEN Y, MOORTHY S, ZHANG J, 2005. Price discrimination after the purchase rebates as state-dependent discounts[J]. Management Science, 51(7):1131-1140.

CHIANG W, CHHAJED D, HESS J, 2003. Direct marketing, indirect profits: A strategic analysis of dual-channel supply-chain design[J]. Management Science, 49(1):1-20.

CHOI J P, 2010. Tying in two-sided markets with multi-homing[J]. Journal of Industrial Economics, 58(3):607-626.

CHOI S, 1991. Price competition in a channel structure with a common retailer[J]. Marketing Science, 10(4):271-296.

CRAWFORD C, 1970. A new look at retailer horizontal cooperation[J]. Journal of Retailing, 46(2):64-79.

DANT R P, BERGER P D, 1996. Modelling cooperative advertising decisions in franchising[J]. Journal of the Operational Research Society,47(9):1120-36.

DAVID A,ADIDA E,2015. Competition and coordination in a two-channel supply chain [J]. Production and Operations Management,24(8):1358-1370.

DE GIOVANNI P, KARRAY S, MARTIN-HERRAN G, 2019. Vendor management inventory with consignment contracts and the benefits of cooperative advertising [J]. European Journal of Operational Research,272(2):465-480.

DEKIMPE M G,HANSSENS D M,SILVA-RISSO G M,1999. Long-run effects of price promotions in scanner markets[J]. Journal of Econometrics,89:269-291.

DEMIRAG O C, KESKINOCAK P, SWANN J, 2011. Customer rebates and retailer incentives in the presence of competition and price discrimination[J]. European Journal of Operational Research,215(1):268-280.

DHAR S K,HOCH S J,1996. Price discrimination using in-store merchandising[J]. The Journal of Marketing,60(1):17-30.

DIAMOND W D, 1992. Just what is "Dollar's Worth"? Consumer reactions to price discounts vs. extra product promotions[J]. Journal of Retailing,68(3):254-270.

DODSON J A, TYBOUT A M, STERNTHAL B, 1978. Impact of deals and deal retraction on brand switching[J]. Journal of Marketing Research,15(1):72-81.

DOGAN K, HARUVY E, RAO R C, 2010. Who should practice price discrimination using rebates in an asymmetric duopoly? [J]. Quant. Mark. Econ. ,8:61-90.

FALUDI J,BAYLEY C,BHOGAL S,et al. ,2015. Comparing environmental impacts of additive manufacturing VS traditional machining via life-cycle assessment [J]. Rapid Prototyping Journal,21(1):14-33.

FANG X, MISHRA S, 2002. The effect of brand alliance portfolio on the perceived quality of an unknown brand[J]. Advances in Consumer Research,29:519-520.

GABSZEWICZ J J,WAUTHY X Y,2014. Vertical product differentiation and two-sided markets[J]. Economics Letters,123(1):58-61.

GAMMOH B S,VOSS K E,2013. Alliance competence:The moderating role of valence of alliance experience[J]. European Journal of Marketing,47(5-6):964-986.

GENG Q, MALLIK S, 2011. Joint mail-in rebate decisions in supply chains under demand uncertainty[J]. Production and Operations Management,20(4):587-602.

GERSTNER E,HESS J D,1991. Who benefits from large rebates:manufacturer,retailer or consumer?[J]. Economics Letters,36(1):5-8.

GIANNOCCARO I, PONTRANDOLFO P, 2004. Supply chain coordination by revenue sharing contract[J]. International Journal of Production Economics, 89(2): 131-139.

GUPTA S, 1988. Impact of sales promotions on when, what, and how much to buy[J]. Journal of Marketing Research, 25(4): 342-355.

HAGIU A, SPULBER D, 2013. First-party content and coordination in two-sided markets[J]. Management Science, 59(4): 933-949.

HAGIU A, WRIGHT J, 2015. Marketplace or reseller? [J]. Management Science, 61(1): 184-203.

HEILMAN C M, NAKAMOTO K, RAO A G, 2002. Pleasant Surprises: Consumer response to unexpected in-store coupons[J]. Journal of Marketing Research, 39(2): 242-252.

HO Y, HO Y, TAN Y, 2017. Online cash-back shopping: Implications for consumers and e-businesses[J]. Inf. Syst. Res., 28(2): 250-264.

HUANG J, LENG M, PARLAR M, 2013. Demand functions in decision modeling: A comprehensive survey and research directions[J]. Decis. Sci., 44(3): 557-609.

HUO D, HUNG K, WANG X, et al., 2018. Country of origin and online promotion in cross-border e-business: A study of consumer behavior for quality management[J]. International Trade Journal, 32: 140-149.

JIANG B, JERATH K, SRINIVASAN K, 2011. Firm strategies in the "mid tail" of platform-based retailing[J]. Marketing Science, 30(5): 757-775.

JIANG Y, LIU Y, SHANG J, et al., 2008. Optimizing online recurring promotions for dual-channel retailers: Segmented markets with multiple objectives[J]. European Journal of Operational Research, 267(2): 612-627.

JOHNSON J, TELLIS G J, IP E H, 2013. To whom, when, and how much to discount? A constrained optimization of customized temporal discounts[J]. Journal of Retailing, 89(4): 361-373.

JORGENSEN S, ZACCOUR G, 2014. A survey of game-theoretic models of cooperative advertising[J]. European Journal of Operational Research, 237(1): 1-14.

JULLIEN B, 2004. Two-sided markets and electronic intermediaries[J]. CESifo Economic Studies, 51(2-3): 233-260.

JUSTUS H, ULRICH H, 2014. Google, Facebook, Amazon, eBay: Is the Inter driving competition or market monopolization? [J]. International Economics and Economic Policy, 11: 49-61.

KAREN G, NESLIN S, AILAWADI L, 2006. Sales Promotion[M]. Retailing In the 21st Century: Current and Future Trends, 302-315.

KARRAY S, 2011. Effectiveness of retail joint promotions under different channel structures[J]. European Journal of Operational Research, 210(3): 745-751.

KARRAY S, 2015. Cooperative promotions in the distribution channel[J]. Omega. 51: 49-58.

KARRAY S, AMIN S H, 2015. Cooperative advertising in a supply chain with retail competition[J]. International Journal of Production Research, 53(1): 88-105.

KIM S Y, STAELIN R, 1999. Manufacturer allowances and retailer pass-through rates in a competitive environment[J]. Marketing Science, 18(1): 59-76.

KOTLER P, 2003. Marketing management [M]. New Jersey: Pearson Education, Prentice Hall.

KRISHNAMURTHI L, MAZUMDAR T, RAJ S, 1992. Asymmetric response to price in consumer brand choice and purchase quantity decisions[J]. Journal of Consumer Research, 19(3): 387-400.

KUKSOV D, PRASAD M, 2017. In-store advertising by competitors[J]. Mark. Sci., 36(3): 402-425.

KUMAR V, SWAMINATHAN S, 2005. The different faces of coupon elasticity[J]. Journal of Retailing, 81(1): 1-13.

KUNTER M, 2012. Coordination via cost and revenue sharing in manufacturer-retailer channels[J]. European Journal of Operational Research, 216(2): 477-486.

KWARK Y, CHEN J, RAGHUNATHAN S, 2017. Platform or wholesale? A strategic tool for online retailers to benefit from third-party information[J]. MIS Quarterly, 41(3): 763-785.

LI C, ZHANG F, 2013. Advance demand information, price discrimination, and preorder strategies[J]. Manufacturing & Service Operations Management, 5(1): 57-71.

LI S, LIU Y, BANDYOPADHYAY S, 2010. Network effects in online two-sided market platforms: A research note[J]. Decision Support Systems, 49(2): 245-249.

LI Z, AGARWAL A, 2017. Platform integration and demand spillovers in complementary markets: Evidence from Facebook's integration of Instagram[J]. Management Science, 63(10): 3438-3458.

LU Q, MOORTHY S, 2007. Coupons versus rebates[J]. Marketing Science, 26(1): 67-82.

MANTENA R, SAHA R, 2012. Co-opetition between differentiated platforms in two-sided markets[J]. J. Manag. Inform. System, 29(2): 109-140.

MANTIN B, KRISHNAN H, DHAR T, 2014. The strategic role of third-party marketplaces in retailing[J]. Prod. Oper. Manag., 23(11): 1937-1949.

MARTIN-HERRAN G, SIGUE S P, 2015. Trade deals and/or on-package coupons[J]. European Journal of Operational Research, 241(2): 541-554.

MILL E S, 1959. Uncertainty and price theory[J]. The Quarterly Journal of Economics, 73(1): 116-130.

MOON I, DEY K, SAHA S, 2018. Strategic inventory: manufacturer vs. retailer investment[J]. Transportation Research Part E: Logistics and Transportation Review, 109: 63-82.

MOORTHY S, CHEN Y, TEHRANI S S, 2018. Selling your product through competitors' outlets: Channel strategy when consumers comparison shop[J]. Marketing Science, 37(1): 138-152.

MUTHERS J, WISMER S, 2013. Why do platforms charge proportional fees? Commitment and seller participation[R]. Germany, Wurzburg: University of Wurzburg: 1-28.

NARASIMHAN C, 1984. A price discrimination theory of coupons[J]. Marketing Science, 3(2): 128-147.

NARASIMHAN C, 1988. Competitive promotional strategies[J]. Journal of Business, 61: 427-449.

PASHIGIAN B, BOWEN B, 1991. Why are products sold on sale? Explanations of pricing regularities[J]. The Quarterly Journal of Economics, 106(4): 1015-1038.

PETRUZZI N C, DADA M, 1999. Pricing and the newsvendor problem: A review with extensions[J]. Operations Research, 47(2): 183-194.

PRASAD A, STECKE K, ZHAO X, 2011. Advance Selling by a newsvendor retailer[J]. Production and Operations Management, 20(1): 129-142.

RAGHUBIR P, CORFMAN K, 1999. When do price promotions affect pretrial brand evaluations? [J]. Journal of Marketing Research, 36(2): 211-222.

RAO R A, RUEKERT R W, 1994. Brand alliances as signals of product quality[J]. Sloan Management Review, 36(1): 87-97.

ROCHET J, TIROLE J, 2003. Platform competition in two-sided markets[J]. Journal of the European Economic Association,1(4):990-1029.

ROCHET J,TIROLE J,2006. Two-sided markets: A progress report[J]. The RAND Journal of Economics,37(3):645-667.

RUTH J A, SIMONIN B L, 2003. " Brought to you by Brand A and Brand B" Investigating multiple sponsors' influence on consumers' attitudes toward sponsored events [J]. Journal of Advertising,32(3):19-30.

RYAN J K,SUN D,ZHAO X,2012. Competition and coordination in online marketplaces[J]. Production and Operations Management,21(6):997-1014.

SCHIFF R, 2003. Open and closed systems of two-sided networks[J]. Information Economics and Policy,4(15):425-442.

SON M,HAHN M,KANG H,2006. Why firms do co-promotions in mature markets? [J]. Journal of Business Research,59:1035-1042.

SONG W,CHEN J,LI W,2021. Spillover effect of consumer awareness on third parties' selling strategies and retailers' platforms openness [J]. Inform. Systems Res. , 32 (1): 172-193.

SRINIVASAN S,PAUWELS K,HANSSENS D,et al.,2004. Do Promotions benefit manufacturers,retailers,or both? [J]. Management Science,50(5):617-629.

SU M,ZHENG X,SUN L,2014. Coupon trading and its impacts on consumer purchase and firm profits[J]. Journal of Retailing,90(1),40-61.

TAUSCHER K,LAUDIEN S,2018. Understanding platform business models:A mixed methods study of marketplaces[J]. Eur. Manag. J,36:319-329.

TIAN L, VAKHARIA A J, TAN Y, et al. , 2018. Marketplace, reseller, or hybrid: strategic analysis of an emerging E-commerce model[J]. Production and Operations Management, 27(8):1595-1610.

VARADARAJAN P R,1986. Horizontal cooperative sales promotion: A framework for classification and additional perspectives[J]. Journal of Marketing,50:61-73.

VARADARAJAN P R, 1985. Joint sales promotion: An emerging marketing tool[J]. Business Horizons,28:1-7.

VARIAN H R,1980. A model of sales[J]. The American Economic Review,70(4):651-659.

VOSS K E, TANSUHAJ P, 1999. A consumer perspective on foreign market entry: Building brands through brand alliances[J]. Journal of International Consumer Marketing,11 (2):39-58.

VOSS K, GAMMOH B, 2004. Building brands through brand alliances: Does a second ally help? [J]. Marketing Letters, 15(2-3): 147-159.

WANG H, LI S, LUO J, 2018. Optimal markdown pricing for holiday basket with customer valuation[J]. International Journal of Production Research(18): 5982-5996.

WEBER T A, 2016. Product pricing in a peer-to-peer economy[J]. Journal of Management Information Systems, 33(2): 573-596.

XIE J, AI S, 2006. A note on "Cooperative advertising, game theory and manufacturer-retailer supply chains"[J]. Omega, 34(5): 501-504.

XIE J, WEI J, 2009. Coordinating advertising and pricing in a manufacturer-retailer channel[J]. European Journal of Operational Research, 197(2): 785-791.

YAO Z, LEUNG S, LAI K, 2008. Manufacturer's revenue-sharing contract and retail competition[J]. European Journal of Operational Research, 186(2): 637-651.

YOUNG K, CHEN J Q, 2014. Online product reviews: Implications for retailers and competing manufacturers[J]. Information Systems Research, 25(1): 93-110.

YU M, KAPUSCINSKI R, AHN H, 2015. Advance selling: effects of interdependent consumers valuations and seller's capacity[J]. Management Science, 61(9): 2100-2117.

YUSUKE Z, 2016. Competition between Vertically Differentiated Platforms[J]. Journal of Industry Competition and Trade, 16: 309-321.

ZENG, C, 2013. Optimal advance selling strategy under price commitment[J]. Pacific Economic Review, 13(2): 233-258.

ZHANG G, SHANG J, YILDIRIM P, 2016. Optimal pricing for group buying with network effects[J]. Omega, 63: 59-82.

ZHANG J, GOU Q, LIANG L, et al., 2013. Supply chain coordination through cooperative advertising with reference price effect[J]. Omega, 41(2): 345-353.

ZHANG J, LIU Z, RAO R, 2018. Flirting with the enemy: Online competitor referral and entry-deterrence[J]. Quant. Mark. Econom, 16(2): 209-249.

ZHANG Z, MA M, LESZCZYC P, et al., 2020. The influence of coupon duration on consumers' redemption behavior and brand profitability[J]. European Journal of Operational Research, 281(1): 114-128.

ZHAO L, TIAN P, LI X, 2012. Dynamic pricing in the presence of consumer inertia[J]. Omega, 40(2): 137-148.

ZHAO X,STECKE K,2010. Pre-orders for new to-be-released products considering consumer loss aversion[J]. Production and Operations Management,19(2):198-215.

ZHAO Y,WANG S,CHEN T,et al.,2010. Coordination of supply chains by option contracts: A cooperative game theory approach[J]. European Journal of Operational Research,207(2):668-675.

ZHOU Y W,CAO B,TANG Q,et al.,2017. Pricing and rebate strategies for an e-shop with a cash-back website[J]. European Journal of Operational Research,262(1):108-122.